本书得到国家社科基金一般项目（编号 14BJY152）“财政货币政策在提高居民消费中的动态反馈协调机制研究”以及江西财经大学科技金融研究中心、江西金融发展研究院的资助

财政货币政策动态反馈协调机制的研究

—— 基于提高居民消费水平的视角 ——

Research on the Dynamic Feedback Coordination Mechanism of Fiscal and Monetary Policy in Enhancing Residents' Consumption

—Based on Perspective of Enhancing Redidents' Consumption

吴伟军 ◎ 著

经济管理出版社
ECONOMY & MANAGEMENT PUBLISHING HOUSE

图书在版编目（CIP）数据

财政货币政策动态反馈协调机制的研究——基于提高居民消费水平的视角/吴伟军著．—北京：经济管理出版社，2018.12
ISBN 978-7-5096-6132-1

Ⅰ．①财…　Ⅱ．①吴…　Ⅲ．①财政政策—研究—中国 ②货币政策—研究—中国
Ⅳ．①F812.0 ②F822.0

中国版本图书馆 CIP 数据核字（2018）第 258052 号

组稿编辑：申桂萍
责任编辑：申桂萍　赵　杰
责任印制：黄章平
责任校对：王淑卿

出版发行：经济管理出版社
（北京市海淀区北蜂窝 8 号中雅大厦 A 座 11 层　100038）
网　　址：www.E-mp.com.cn
电　　话：（010）51915602
印　　刷：三河市延风印装有限公司
经　　销：新华书店
开　　本：720mm×1000mm/16
印　　张：12.75
字　　数：221 千字
版　　次：2018 年 12 月第 1 版　　2018 年 12 月第 1 次印刷
书　　号：ISBN 978-7-5096-6132-1
定　　价：58.00 元

联系地址：北京阜外月坛北小街 2 号
电话：（010）68022974　　邮编：100836

前　言

改革开放以来，我国经济实现了飞跃式的发展，财政政策与货币政策搭配使用的方法发挥了重要的作用。随着经济的发展，经济运行过程中出现的问题更加复杂，这对财政政策与货币政策的协调配合提出了严峻的挑战。然而，政府实行的财政政策与货币政策总是过于强调经济总量的增长，这往往会造成我国经济结构的严重扭曲，从而导致我国居民消费的严重不足。从国家统计局 1978 ~ 2015 年的数据看，我国居民消费率由 48.4% 下降为 38%，而国际上各国居民消费占 GDP 的比例绝大多数在 50% 以上，发达国家更在 55% 以上，由此可见我国居民消费水平远远不足。由于目前居民消费的持续健康增长难以完全依靠市场力量来驱动，我国政府应通过财政政策与货币政策的合理配合来刺激我国居民消费水平的提高。近年来我国经济增长持续下滑，2010 年我国 GDP 季度同比增长率为 11.9%，2014 年下降为 7.4%，到 2016 年第一季度同比增长率仅为 6.7%。其原因在于我国经济结构不合理，经济对于投资的依赖性过高，居民消费水平远远不足。在经济“新常态”下，政府提出要调整经济结构，着力解决制约经济持续发展的重大结构性问题。在这个经济背景下，以财政政策与货币政策协调配合为视角，研究如何提高居民消费水平这个问题，具有重大的理论意义与实际意义。

本书从我国居民消费现状出发，对比国际大多数国家进行分析，结果表明我国居民消费水平虽然不断增长，但居民消费率仍处于较低水平。对我国居民消费现状进行进一步分析，发现我国投资消费严重失衡、城乡居民消费水平差距较大、各省居民消费存在较大差异、居民消费结构有待完善，由此得出结论，如何通过财政政策与货币政策来提高我国居民的消费水平是重要问题。

基于我国居民消费现状分析，本书结合有向无环图（DAG），利用结构向量自回归（SVAR）模型探讨了我国财政政策和货币政策对居民消费的影响机制及效应。研究结果表明，财政政策主要通过“税收机制”来影响居民消费，且方差分解结果表明，在短期内，企业所得税对居民消费的影响较小，在长期内消费税与企业所得税对居民消费的影响较大；而增值税和个人所得税，无论在短期内还是在长期内，对居民消费的影响都较小。与此同时，货币政策主要通过“信贷机制”影响居民消费，其方差分解结果表明，利率只在长期内对居民消费有影响，而货币供应量和贷款无论在长期还是短期内都有较大影响。基于以上结论，本书从政府、央行和财政货币政策协调配合角度提出相关政策建议。

针对 SVAR 模型所得的不同变量之间的结构关系，本书运用动态优化方法对各微观经济主体（居民、厂商、政府、货币当局、金融机构等）在不确定环境下的行为决策进行详细的刻画，构建动态随机一般均衡模型（DSGE 模型），校准相关参数，得到符合中国实际宏观经济现状的随机模型，最后通过该模型的稳态增长路径来分析我国财政政策和货币政策对居民消费的动态影响路径。本书同时考虑财政政策的内生性，以及引入消费信贷作为财政货币政策影响居民消费的重要信贷渠道，来研究财政货币政策对居民消费的动态影响。本书实证结果表明，相比数量型货币政策工具，价格型货币政策工具的时滞性较小，能够迅速刺激居民消费增长，且居民消费增长幅度较大；而数量型货币政策可以使居民消费较平稳地增长，并且实际产出和居民消费的增长有一定的持续相关性。根据不同的经济运行情况，政策制定者应该考虑不同的政策搭配对宏观经济进行调控。在经济下行压力大的情况下，选择价格型货币政策优于数量型货币政策；但在经济较平稳时期，运用数量型货币政策优于价格型货币政策。

本书以居民消费为研究对象，运用系统动力学模型探究了财政政策与货币政策对居民消费的动态影响，并进行了财政货币政策的动态仿真分析，结果表明，在财政政策中，所得税因子对居民消费的影响较小，消费税税率因子对居民消费影响较为显著。但所得税只是我国财政收入的一小部分，难以通过财政收入直接影响居民消费。在货币政策中，准备金率因子和利率因子对居民消费的影响较为明显。此外，本书还发现财政政策与货币政策相结合对提高居民消费有更加显著的效果。最后，本书还针对提高居民消费给出了相关的政策建议。

目　录

第一章　绪论

第一节　研究背景和问题提出

一、研究背景

根据现代经济理论和宏观经济理论的分析，经济增长和经济波动很大程度上取决于消费、投资和出口的数量。而就经济增长而言，在即期消费和各类投资之中，最优分配社会可支配的各类资源，是决定社会经济发展和提高人民生活水平的关键所在。消费量的增长水平和速度由两方面因素决定：一方面由居民的收入水平决定，另一方面由总体消费结构决定。中国作为一个新兴经济体，其宏观经济的稳定运行有利于经济社会的长期平稳发展。自改革开放以来，在出口和投资“两驾马车”的推动下，我国国民经济得到了飞速发展，这种跨越式发展为我国综合国力的提升打下了坚实的基础。2010 年以来，我国 GDP 规模超过日本成为全球第二大经济体，但经济增长速度持续下滑，2012 ~2013 年连续两年 GDP 增速都低于 8%，至 2017 年，GDP 增速只有 6.9%，从此我国进入经济新常态。中国经济新常态最显著的特征一是经济增速放缓的新常态。从 2012 年开始，中国经济增长速度明显放缓，GDP 增长率跌破 8%，此后一路下跌，直至跌破 7%。首先，经济增长放缓将是我们在经济新常态下所面临的最大挑战。其次就是结构优化调整的新常态。中国目前正处于一个经济转型的过程中，所以结构性调整就显得更加重要。在新常态下，中国将分别从需求结构、产业结构、供给侧结构三个方面进行结构性调整。最后就是要素供给和增长动力的新常态。在中国目前复杂的经济环境之下，过去那种依靠出口和投资拉动经济增长的模式已经难以维系。所以，寻找新的经济增长动力、提高要素生产率已经迫在眉睫了。改革与宏观调控政策也步入了新常态。改革是最根本的动力，中国将在新常态下进行全面、深化的改革。而在新常态下，过去的宏观调控政策也很难适用，未来的宏观调控政策将成为更加注重供给侧、促进有效需求提高、能使消费变成增长点的综合性政策。

在经济新常态下，国家领导人提出要加快转变经济发展方式，提高经济效益。李克强强调，政府要把握好经济增长的总体要求，着眼于中高速增长，并指出政府要简政放权并转变自身职能，给企业松绑，为创业提供便利，营造公平竞争环境，打造大众创业、万众创新、增加公共产品和公共服务“双引擎”、完善收入分配制度以促进社会公平正义，协调推动经济稳定增长和结构优化，实现中国经济体制增效升级。自2014年11月以来，为拉动经济的稳定增长，中国人民银行多次不等下调金融机构存款和贷款基准利率，达到了降低社会融资成本的目的。2015年5月，中国人民银行考虑我国经济转轨时期所面临的各项问题，在下调金融机构贷款及存款基准利率的基础上，同时下调金融机构存款准备金率，以便更好地维持结构优化和总量稳定的关系，促进稳增长、调结构并行，并且降低社会融资成本，以达到稳定经济增长的目的。

自2008年全球经济危机以来，我国经济结构进入重要转型时期，而如何进行经济转型，形成可持续发展的新动力，已成为我国政策制定过程中需要特别考虑的问题。由于世界各大经济主体出现了不同程度的经济问题，以美国的次贷危机和欧洲债务危机为代表，这些问题导致了世界经济的衰退，世界各国经济出现需求不足和发展减慢的现象，以往作为我国发展优势的出口顺差已经不能像过去一样给我国经济发展带来持续的推动力，更不再能够保证我国经济的持续快速发展。因此大家把目光转向了同样促进经济增长的另外“两驾马车”，即投资和消费。鉴于当前国内经济环境受到经济危机的影响，投资对促进经济发展的作用有限，因而消费成为了我们着重考虑的一个因素。中国是人口最多的发展中国家，国内市场广阔是我国最大的发展优势之一。国内需求是推动经济增长的重要源泉，扩大国内需求意味着增加居民消费，居民消费增长在某种程度上意味着财政收入增加，财政收入的增长又促进我国经济的持续稳健发展，增加了我国抵御金融风险的能力，同时也有助于缓解其他国家的经济压力。但我国长期处于计划经济体制，居民的消费观念并没有完全建立，因此如何建立居民的消费观念，提升居民消费信心成为我国亟待解决的一个发展难题。尽管我国已经进入中等偏上收入国家的行列，但是我国经济发展中存在许多现实问题。统计数据表明，我国居民人均可支配收入在改革开放以来已一跃提升至世界前列，取代日本，跻身世界第二大经济体，世界在瞪大眼睛看中国的经济奇迹的同时，也对中国充满了好奇。而在经济腾飞的同时，所暴露出来的是我国居民消费支出的严重不足，甚至我国居民消费率同比呈现下降的趋势，1999 年为 61.2%，2006 年为 50.5%，2013 年为 49%，从这些数据可以看出，我国居民最终消费率在逐年下降。[①] 我国居民人均消费率（居民人均消费水平与人均 GDP 之比）由 1997 年的 45.95% 下降到 2015 年的 38.62%。这种“高储蓄，低消费”的现象已成为被广泛关注的问题。居民是社会微观主体中非常重要的一部分，而消费是经济发展的“三驾马车”之一，居民对消费—储蓄的决策将直接影响一国经济的增长水平。居民最终消费率的逐渐降低已经成为我国内需不足的重要表现，目前这种居民消费率偏低所体现出的我国经济结构失衡的问题，已经严重影响到我国经济健康平稳的运行。如何运用各种经济手段和政策来提高居民消费水平，已成为促进我国经济持续快速发展的重要议题。为此，政府也采取了很多刺激政策来提高居民消费水平，但目前来看，效果不是很明显。

宏观调控对当今各国经济的发展起到了举足轻重的作用，这只“看得见的手”已成为弥补市场调节不足的重要手段。宏观经济调控手段包括财政政策和货币政策两类，这两种手段对经济调控的渠道和力度各有侧重点。如何利用好这两种经济宏观政策来提高居民消费率和促进内需增加成为政策制定者所关注的重要问题。更重要的一点，这两种政策相互关联，财政货币政策的合理配合使用能更好地调控宏观经济，2008 年的全球经济危机给世界各国带了重大的负面影响，我国政府在当前复杂的国际经济背景条件下，经过三个月的充分讨论，最终选择采用扩张性的财政与货币政策相结合的方式，充分应对此次金融危机，为我国经济的发展带来长远的影响。而在货币政策的实施方式上，我国更是首次积极运用调整存款准备金率的方式，使得国内经济维持一个总体前进的势头，对我国经济的发展影响深远。在供给侧改革的经济大背景下，如何增加国内居民消费，成为经济长期稳定发展的关键因素。作为经济运行主要调控手段的财政货币政策，在增加居民消费上起了十分重要的作用。

① 资料来源：国家统计局。

目前学界对宏观经济和政策的研究十分丰富，存在许多比较成熟的技术和方法。有向无环图（DAG 技术）和动态随机一般均衡模型（DSGE 模型）属于宏观研究中比较流行和有说服力的方法。DAG 技术的运用不仅增进了我们对政策变量与实体经济部门“同期因果关系”的理解，而且克服了 Granger 因果检验等传统研究方法的局限性，DSGE 模型避免了传统经济预测模型所面对的 Lucas 批判的问题，它的将微观和宏观分析完美结合、将动态跨期分析有机整合等特性日益受到各国中央银行的青睐。国内许多学者利用这两种模型做了大量研究，并且得出了许多符合中国实际国情的参数和模型，为本书的研究打下了基础。

二、问题的提出

从消费率的水平看，2016 年印度、巴西等发展中国家的消费率均在 50% 以上，美国、德国、英国等发达国家的消费率均在 55% 以上，与上述国家相比，中国的消费率在 40% 以下。长期以来，我国的消费率一直维持在较低水平，甚至低于发展中国家的平均水平。虽然我国政府的消费率一直比较稳定，但最终消费率的趋势实际上由居民消费率决定。提高居民消费水平，才能提升国家消费水平，或者说，它是扩大最终消费需求的关键。居民是消费的主体，提高居民消费率是我们结构调整、扩大内需战略中的艰巨任务，也是一项需要分配政策、财政政策、金融政策、产业政策等长期配合的系统工程。基于此，如何利用好财政货币政策来促进居民消费水平的提高是我国政策制定者要考虑的重要问题，也是本书要研究的重点问题。财政政策通常包含财政收入和财政支出两个部分，财政支出主要包括政府对外进行商品与劳务的购买和对内进行有关民生性的转移支付，由可支配的财政收入决定；而财政收入包括政府对居民个人及企业的税收，财政收入的变化则主要通过改革税率和税率结构。税收的变动影响居民可支配收入，而政府支出影响总产出，可以利用积极的财政政策来刺激居民消费，如减税、增加工资、加大对中低收入者的转移支付等。政府应该制定最优的税收结构和政府预算来增加居民消费。货币政策即通过选定政策最终目标来预先设定中介目标，如利率，再通过各种政策工具的有效搭配，以实现中介目标为基础进而达到最终目标，进而达到调控金融的目的。货币政策的三大工具为法定准备金率，公开市场业务和贴现政策。每一种工具对经济的调节程度不同，随着利率市场化程度的提高和人民币汇率的调整，货币政策在宏观经济调节中起着越来越大的作用。由于财政政策和货币政策对宏观经济影响的力度、时滞和侧重点不同，因此要利用不同的政策组合来解决宏观经济的波动，达到预期的宏观经济目标，对政策制定者来说十分重要。不同的财政货币政策工具对居民消费都有影响，并且渠道和程度不同，考虑到经济中存在的不确定性，财政货币政策到底如何影响居民消费支出水平是一个值得探究的问题。利用新的方法技术和结构模型来探究这一问题，也将得到与传统方法不同的结果。

第二节　研究意义和研究方法

一、研究意义

1. 理论意义

本书从我国经济运行现状进行分析，分析了我国以往实行的财政货币政策，并提出了自己的政策建议，丰富了我国宏观调控理论，对我国政府调整财政货币政策具有指导和借鉴意义。本书立足当前的国内经济形势，分析了我国低消费率的现状，对我国“高储蓄，低消费”问题进行了补充，对提升我国居民消费率具有参考意义。理论意义主要有：

第一，研究方法的创新性。本书结合了金融学、财政学等相关知识，运用DAG方法、DSGE模型、系统动力学方法、复杂系统动态反馈分析技术，分析了财政货币政策工具对居民消费水平的长期和短期同期因果关系。本书所采用的方法，可以为以后的研究者提供一条新的研究思路。

第二，研究视角的独特性。本书基于如何提高我国居民消费率的问题，从财政政策和货币政策工具的角度进行了一系列的检验，选择具有典型代表的财政政策和货币政策工具，运用多种计量方法进行比较实证分析，最后采用系统动力学技术进行政策的模拟分析，比较全面地分析了财政货币政策对居民消费的影响，研究视角有一定的创新性，研究结论对财政政策理论、货币政策传导理论以及消费理论是有益补充。

2. 现实意义

通过研究财政货币政策的配合效应对居民消费的动态影响，来促进居民消费率的提高，可以减少经济波动，促进经济稳健发展；可以提高人民生活水平，促进民生问题的解决和实现社会的公平与和谐；促进由粗放型向节约型经济发展方式的转变，促进投资效率的提高，从而实现经济的可持续发展，现实意义主要有：

第一，运用DAG方法分析了财政货币政策对居民消费的同期影响，基于扩大居民消费的目的，构建和模拟了含有财政货币政策冲击的DSGE模型。以上模型所得出的结果，可以帮助政府对以调节居民消费为目的的财政货币政策有一个更清晰的认识，从而做出更为合理高效的决策。

第二，目前我国经济正处于转轨关键时期，居民消费不足的问题已经严重制约了我国经济的快速发展。本书采用逻辑学和系统动力学相结合的方法，论证在改善居民消费的前提下，不同的财政与货币政策相互搭配所产生的效用，为破解我国发展难题，改善我国经济金融环境提供了科学方法，最终为我国经济的持续发展找到不竭的动力源泉。

二、研究方法

本书从宏观经济的实际情况出发，从理论角度和现实角度，分别研究了财政货币政策的配合以及对居民消费的动态影响。财政政策配合的理论基础为IS－LM模型，居民消费理论包括凯恩斯的绝对收入假说和相对收入假说、弗里德曼的持久收入假说、莫迪利亚尼的生命周期假说、预防性储蓄理论、缓冲库存储蓄理论；现实角度为从宏观及经济数据中分析财政货币政策与居民消费的经验事实。

对于实证部分的研究方法有以下两种：

1. 运用DAG技术

区别于传统的Granger因果关系检验，DAG方法最早由Spirtes等（2000）提出，是一种基于数据的分析方法，通过对变量扰动项之间的相关系数和偏相关系数进行分析，以识别变量间的同期因果关系。该方法用图形的方式来表示变量间同期因果关系的依赖性和指向性，这些图形由代表变量的节点和连接这些节点所刻画的变量同期因果关系的“有向边”组成，若两个节点间有“有向边”相连，则表明这两个变量存在同期因果关系，反之则两变量相互独立。具体来讲，假设存在A和B两个变量，即AB会形成2个节点，若AB的关系图为“A→B”，则表示当其他变量保持不变时，A的变化将导致B的变化，即存在着由A到B的单向因果关系；“A↔B”表示两者之间存在双向因果关系；“AB”则表示两者相互独立。此外，DAG 形成的图形不会出现有向循环，即从某个变量出发，“有向边”最后回不到初始变量。此外，当我们研究一个变量对另一个变量的单向影响时，要避免双向关系的存在，此时我们应该对变量扩大样本、施加约束条件或改变算法。此外，当样本数量较小时（如小于 200 个观测值），DAG 的估计会出现一定程度偏低，此时采用较高的显著水平（如 10% 或 20%）能够改善 DAG 的分析效果。①

2. 构建 DSGE 模型

在不确定环境下研究经济的一般均衡问题时，大部分学者开始使用 DSGE 模型。DSGE 模型构建的出发点是按照严格的一般均衡理论，利用动态优化的方法在不确定环境下对各个微观经济主体（包括居民、厂商、政府、货币当局、金融机构等）的行为决策进行详细的刻画，从而得到在信息约束、资源约束和技术约束等条件下的最优行为决策方程，再加上市场的出清条件，并考虑加总的方法，最终得到在不确定的经济环境下总体经济均衡所满足的条件。

一般 DSGE 模型的构建包括以下几个步骤：

（1）微观理论分析。针对具体的问题，确定模型所包含的经济主体，模型通常假设包括居民、厂商、政府、货币当局、金融机构等经济主体，然后对各经济主体的行为决策进行描述并得到其行为方程，转化为不确定情况下优化问题的求解。

（2）从微观行为方程推导宏观行为方程。对单个经济主体的行为决策进行求解会非常复杂，因此我们要从宏观上得到更容易处理的模型，针对不同类型的经济主体采用不同的加总方法。

（3）模型的整体结构分析。对模型整体结构进行分析，了解该模型是否能够对经济的长期均衡状态进行很好的刻画，是否能够对经济的动态调整机制进行很好的刻画。

（4）模型的求解。

（5）模型参数的确定。

（6）经济模拟。

（7）最优政策选择。

① 杨子晖. 财政政策与货币政策对私人投资的影响研究——基于有向无环图的应用分析［J］. 经济研究，2008（5）.

第三节 逻辑思路和研究内容

一、逻辑思路

本书借鉴了国内外现有研究成果，在分析我国居民消费水平变动趋势的基础上，以提高居民消费为目标，利用 DAG 技术和 DSGE 模型构建和模拟了财政货币政策的动态反馈机制。本书结构如图 1－1 所示：

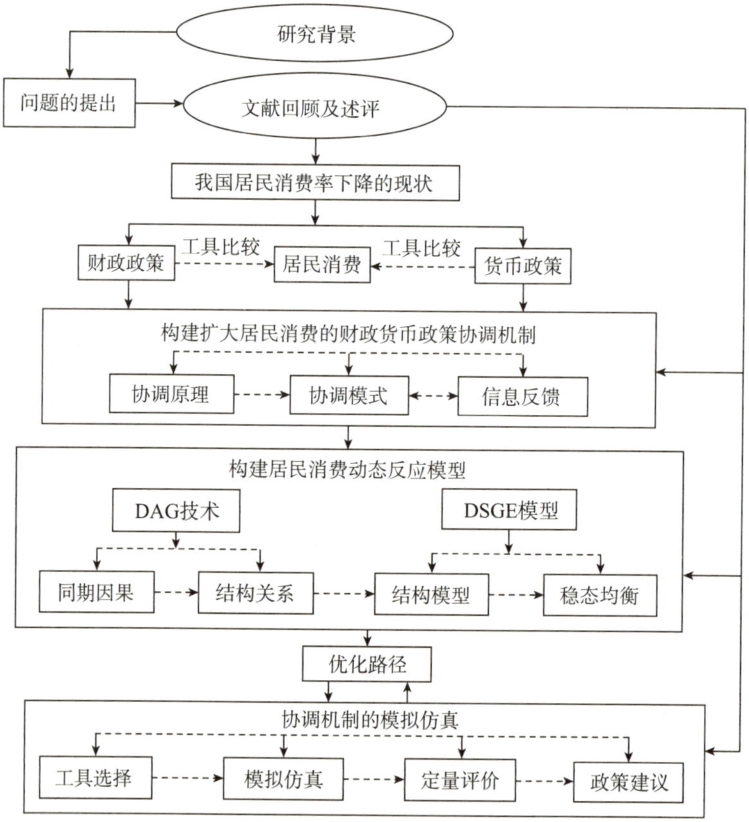

图 1－1 本书研究思路

二、研究内容

本书一共分为八章，每一章的内容分别是：

第一章是本书的绪论部分，本章详述了本书的研究背景以及研究的意义，并对现有研究成果进行了简单的评述，对经济运行的实际情况进行了详细的分析，从这些研究分析提出了本书研究的主要问题，再简要介绍本书的研究意义，思路及研究内容，最后指出本书可能存在的创新及不足。

第二章是理论基础和文献回顾部分。本章主要回顾了国内外有关财政货币政策与居民消费的文献以及相关实证方法运用的文献，并对文献进行了述评。接下来为本书所涉及的理论基础，介绍了影响居民消费行为的相关理论以及财政货币政策配合的各个学派理论等，如消费函数理论和预防性储蓄假说理论，关于财政货币政策配合的主要学派包括凯恩斯学派、新古典学派、货币学派、供给学派、新凯恩斯学派等，最后以财政货币政策配合为微观视角构建了本书研究主题的理论框架。

第三章通过统计数据分析判断当前居民消费率低的情况，并对我国居民消费水平及消费结构进行了分析，明晰我国居民消费水平的发展趋势，比较分析西方发达国家和我国居民消费水平和消费结构的差异，发现我国存在居民消费水平对国民经济的促进作用小、城乡居民消费水平差距较大的问题。同时，分析财政货币政策配合的主要方式，并总结国内财政政策与货币政策配合的实践经验，来为增加居民消费的政策制定提供理论基础和现实经验。

第四章根据前面对财政政策与货币政策配合效应的理论分析和对国内财政政策与货币政策配合的实践经验的总结，以及我国所处的经济结构调整的环境，在参考中国年度宏观经济计量模型设定的基础上，决定设立以财政货币政策和居民消费为主的宏观经济模型，分析我国的财政货币政策对居民消费的影响。对财政货币政策等变量间的相关性进行了研究。首先运用 DAG 分析法分析财政政策与货币政策等变量对居民消费的同期因果关系，并对检验结果进行验证。利用得出的相关性结果构建 SVAR 模型。

第五章严格按照一般均衡理论，利用动态优化的方法在不确定环境下对各微观经济主体（包括居民、厂商、政府、货币当局、金融机构等）的行为决策进行详细的刻画，并构建动态随机一般均衡模型，结合上一章所得的不同变量之间的结构关系，校准相关参数，得到符合中国实际宏观经济现状的随机模型，利用该模型得到的稳态增长路径来研究优化财政货币政策对居民消费动态影响的路径。

第六章模拟分析了财政政策和货币政策对居民消费水平的影响。该章中主要采用动力系统模型来进行模拟分析，选择典型的政策手段与财政政策，如税收调节和不同的财政支出等，以及货币政策，如利率和货币存量等手段，并对各个政策手段进行随机搭配。以政府税收、政府支出、M_2 增加额、利率等模型中的政策冲击对居民消费水平的影响进行模拟并对模拟结果进行定量分析，确定最优政策搭配策略。在上述研究的基础上，以提高居民消费水平为目标，总结财政货币政策的动态反馈协调机制，以该动态机制的模拟结果为主要依据，提出政策手段有效协调配合的最优路径。

第七章在前文研究结论的基础上，提出五个方面的政策建议来提高我国居民消费率。首先，本章从完善税收政策的角度提出政策建议，建议减少流转税、优化个人所得税制度、开征社会保障税等；其次，本章提出完善我国居民消费贷款政策，建议完善居民消费贷款制度、丰富消费信贷品种、优化信贷手续和流程、完善个人信用体系建设等；再次，针对我国居民收入增长缓慢的问题提出提高居民收入的政策建议，建议实行减税以扩大就业、调整收入分配结构、加大重点领域的支出等；又次，针对房价增长过快问题提出控制房价的政策建议，建议大力发展房地产二级市场、完善住房金融体系、优化住房的供求结构等；最后，提出协调财政货币政策的政策建议，建议提高中央银行的适当独立性、推进财政体制改革与转型、加强政府部门与央行的合作与交流等。这些建议对促进我国居民消费，实现经济持续健康发展有一定的作用。

第八章是对前文的总结及期望。本章总结了前文的所有研究结论，提出了创新观点，为更好地解决居民消费支出问题提供了新思路。

第四节　可能的创新点和不足

在借鉴相关研究成果的基础上，本书对调节居民消费支出条件下财政货币政策的相互搭配进行创新性研究，有如下创新点：

第一，创新性的视角。现有的研究结论大多以总量固定和结构性调整为基础对调节居民消费水平时的财政货币政策的搭配进行分析论证，视角固定，缺乏独特性、新颖性，但本书在选择分析对象时直接对财政收入、财政支出、利率及货币供应量的相互变化关联及其对居民消费水平的影响进行研究，具有动态代表性。

第二，方法的创新。本书结合了金融学以及财政学的相关知识，运用有向无环图技术分析了财政货币政策对居民消费的同期影响关系，并构建了动态随机一般均衡模型，来模拟财政货币政策对居民消费的影响，进一步利用动力系统模型来模拟影响的程度，为学者后面的研究提供了一条新的研究思路。

尽管本书积极借鉴前人的研究并进行创新，但还是存在一些不足，主要包括：

第一，本书各个模型中选取的变量比较多，而变量的选取主要靠学习前人的研究成果总结得到，参数也比较多，参数的估计方法存在些许误差，同时各模型中数据的可得性也可能会使得模型的准确性受到影响。

第二，目前所能获取的资料及相关数据有限，因此本书在研究内容的深入上有一定的局限性，同时在模型分析过程中得出的结果精确度不够，导致分析结果的准确性受到影响，相关政策建议的效果仍待考证。

第二章　文献回顾及相关理论基础

第一节　特定概念界定

一、财政政策

财政政策指通过财政支出、税收政策、国债等手段来调节总需求，进而实现社会供求总量平衡和结构协调这一政府宏观调控的目标。从广义上说，财政政策就是政府为了达到一定的经济和社会目标而制定的指导财政分配活动、处理财政分配关系的基本准则和措施的总称。

财政政策包括扩张性财政政策、紧缩性财政政策和均衡性财政政策。扩张性财政政策又称积极财政政策，指通过增加财政支出、降低税率、增加国债等手段来增加和刺激社会总需求，进而促进经济增长。紧缩性财政政策指通过减少财政支出、提高税率、减少国债等手段减少和抑制总需求，进而抑制经济过度繁荣。均衡性财政政策又称中性财政政策，指政府财政收支活动大体相等，以保持社会总供求同步增长，维持社会总供求基本平衡的财政政策。但我国主要采用积极财政政策和稳健财政政策两种，其中我国积极财政政策即扩张性财政政策，稳健财政政策类似于适度从紧财政政策。

财政政策能直接对投资和消费产生影响，从而直接影响社会总需求，是一种比较直接的宏观调控政策。另外，它还可以运用各种政策手段来影响社会总需求，间接影响投资和需求。财政政策对内需的影响机制如图 2－1 所示。

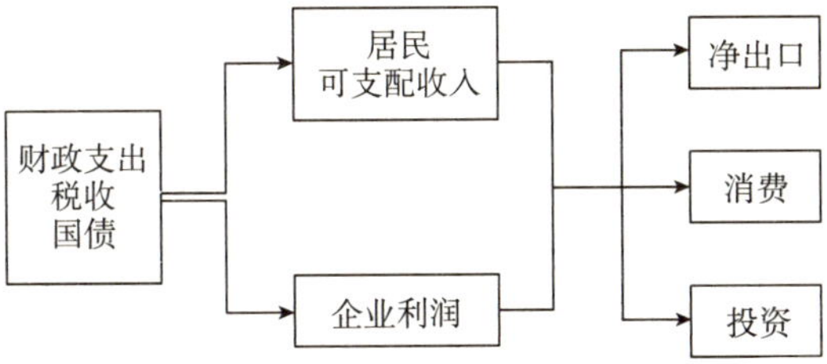

图 2－1　财政政策对内需作用的机制

（1）从财政支出角度来看，支出包括政府购买性支出、政府转移性支出和政府投资。政府购买性支出是社会总需求的一部分，直接影响消费结构，在经济达到充分就业之前，总需求增加，就业增加，进而导致居民收入水平上升，而居民收入是影响居民消费的主要因素，收入上升则居民消费增加。政府通过购买性支出直接改变消费与投资的比例关系。转移性支出针对特殊人群的财政转移支付，主要通过分配和再分配直接增加居民个人可支配收入，从而影响其消费支出，改变消费和投资的比例关系。但这其中由于挤出效应只能部分转化为居民可支配收入，因而相同的政府转移性支出对居民可支配收入的增加效果要优于政府购买性支出。政府投资是指财政用于资本项目的建设支出，会对社会总投资产生重要的影响。一方面，政府对投资的财政支出增加，会直接影响社会投资需求，导致社会总投资扩大；另一方面，在政府财政收入一定的情况下，对投资支出的增加会间接减少转移支付和社会福利支出，进而导致居民消费的减少，最终造成消费与投资比例差距不断扩大。

（2）从税收角度来看，政府税收杠杆是各国政府宏观调控运用的基本手段。税收实质上相当于把一部分收入从纳税人手上无偿转移给政府。对个人征收个人所得税减少了居民的可支配收入，影响了居民消费。对企业征收企业所得税，改变了企业投资的资本成本和预期收益率，进而影响企业投资。

（3）从国债发行的角度来看，国债的发行是国家通过国家信用，将居民和企业所支配的一部分收入转给政府，供政府分配，该融资方式减少了企业利润和个人可支配收入，增加了政府及其可支配收入，政府资金的投向一般与居民和企业资金的投向会有所不同，增加的政府可支配收入扩大了政府政策活动的规模和范围。这样就可以从宏观上把握社会资金的流向，调节好消费、投资和进出口的结构。

二、货币政策

货币政策从广义上讲是指一切有关货币方面的规定和措施。货币政策的主体是中央银行，其采用的货币政策都是为了实现其特定的经济目标。我国货币政策又分为积极货币政策和稳健货币政策。前者指政府和中央银行为应对经济萧条而采取增加货币供给、降低利率等措施，来刺激投资和净出口，进而增加总需求以促进经济增长。后者指政府和中央银行为应对经济过热采取减少货币供给，提高利率等措施，进而抑制投资和消费，减少总产出，降低经济增速。

一般而言，货币政策不能直接影响居民、企业等微观主体的行为，而是通过货币政策工具间接影响经济以实现其政策目标。具体来讲，中央行业可以通过公开市场业务、法定存款准备金率和再贴现率等工具影响货币供应量，货币供应量的变化首先会直接影响银行的信贷行为，其次可以通过影响利率来影响投资。以上央行的三种货币政策工具可以分为两类：数量型货币政策工具和价格型货币政策工具，货币政策的作用机制如图 2－2 所示。

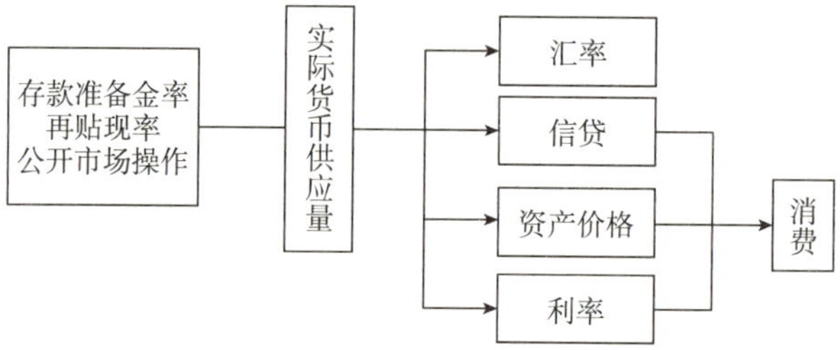

图 2－2 货币政策对内需的作用机制

（1）数量型货币政策工具包括：公开市场操作和存款准备金。前者影响基础货币的投放量，后者通过货币乘数的效应影响广义货币供应量。通过运用公开市场操作和提高存款准备金率的货币政策手段，央行能达到收缩金融机构信贷扩张能力的目标，使存贷款利率上升，相对来说，居民名义收入水平下降。因此各商业银行对贷款的审核将会变得更加严格，贷款发放变得谨慎，这在一定的程度上会影响社会总体信贷与投资规模。在企业资金方面，抑制了银行的放贷能力，给企业贷款增加了难度。但是，随着存款准备金制度逐渐形成，越来越多的中央银行开始实行零准备金制度，这使得存款准备金率的货币政策工具在货币政策调控经济中的地位下降。[①] 货币供应量对于投资、消费的影响作用是同向的，即货币供应量对内需总量的调节效果较为明显，但对于内需结构的调整作用却无法分析。

（2）价格型货币政策工具：在我国利率作为货币政策的中介目标之一，对于货币政策的传导发挥了重要的作用，尤其在我国利率市场化放开以后，利率所扮演的角色越来越重要。利率有很多种，不同利率的作用也不同。存款利率会直接影响居民当期消费与储蓄的比例，投资回报率会直接影响投资者的投资力度。但是在现实的情况中，利率的提高并不一定导致消费的减少。对存款的利率而言，若居民将当期的资金存入银行就会产生额外的回报，这就是利率的收入效应；对贴现的利率而言，未来消费难以与当期消费替换，未来消费进行折现就是当期消费，这就是利率的替代效应。因此，只有综合考虑并比较利率的收入效应和替代效应才能判断利率对消费的影响。只有当替代效应大于收入效应时，利率的降低才能增加消费水平。中央银行可以通过公开市场业务、法定存款准备金率和再贴现率等工具影响货币供应量，货币供应量的变化首先会直接影响银行的信贷行为，其次可以通过利率影响商业银行信用贷款，另外还能对投资产生影响，最终能在一定程度上影响消费与储蓄。

从货币政策调控的最终目的及调控的指示器来说，货币政策的目标可分为三个层次，第一层次的最终目标、第二层次的中介目标和第三层次的直接目标。第一层次的最终目标有充分就业、物价稳定、经济增长和国际收支平衡。作为调控的指示器，第二层次的中介目标可进一步划分为数量型指标和质量型指标，其中数量型目标涵盖货币供应量、储备总量、贷款规模等经济数据，而质量型指标主要包括利率、汇率和金融市场稳定等。货币政策的三个层次的目标彼此相互关联，互为依靠。直接目标，作为央行直接调控的工具，是实现中介目标的前提性标志；而中介目标，则是在实现最终目标的过程中首先必须达到过程性目标，从而最终实现货币政策的基本目标或终极目标。

三、DAG 技术

区别于传统的 Granger 因果关系检验，排除因果发生的时间先后因素，Spirtes 等（2000）和 Pearl 等（1995，2000）提出了“有向无环图”，以考察变

① 黄飞鸣．准备金政策新框架与内需结构调整［J］．当代财经，2011（4）：63－71.

量间与时间次序无关的因果关系。DAG 技术，也称为有向无环图技术，通过不同变量箭头的指向性来判断变量间的同期因果关系。DAG 技术基于各变量扰动项的相关系数和偏相关系数，通过各变量箭头的指向性来识别变量间的同期因果关系。

四、DSGE 模型

DSGE 模型是在不确定环境下研究经济的一般均衡问题。它的出发点是严格依据一般均衡理论，利用动态优化方法对各微观经济主体（居民、厂商、政府、货币当局、金融机构等）在不确定环境下的行为决策进行详细的刻画，从而得到经济主体在资源约束、技术约束及信息约束等条件下的最优行为方程，再加上市场出清条件，并考虑加总方法，最终得到不确定性环境下总体经济满足的方程。

动态随机一般均衡的分析方法最初来自于对经济波动的分析，Frisch（1937）研究发现，经济波动是由外生的随机冲击造成的，此后，Slutsky（1937）在 Frisch 的研究基础之上，对一个稳定的随机差分系统施加外生随机冲击，从而产生了类似经济波动的行为，此后这种方法发展成为"Frisch - Slutsky"范式。

DSGE 模型起源于实际经济周期理论（RBC），RBC 是 Kydland 和 Pyescott（1982）提出的，他们在市场出清、价格弹性及完全信息的假设条件下，通过动态优化的方程，发现了在不确定环境下经济主体的最优化的行为方程，并得出技术冲击是经济波动的主要根源的结论。但是，在最初的 RBC 模型中，由于加入货币变量的因素，该模型不能用来对货币政策的效应进行分析。此后，为解决这一缺陷，Svensson 和 Cooley（1989）在效用函数中引入货币变量，从而可以实现对货币政策的分析。这些模型尽管在一定程度上实现了利用 RBC 模型对货币政策进行分析，但是这些模型都得到了货币中性的结果，即货币供应量的变化及供应量增长率的变化都不会对实体经济产生影响。有学者研究分析发现，基于上述模型得出的货币中性结论是由于价格弹性的假设造成的。为解决这一问题，经济学家在模型中加入了价格黏性这一因素，于是产生了新凯恩斯主义的 DSGE 模型。

五、居民消费

居民消费是指在一定时期内，一个国家（或地区）内所有常住居民对最终商品和服务的全部消费性支出，居民消费与政府消费之和称为最终消费。居民消费一般包括直接以货币形式购买商品和服务的消费、以其他方式（如虚拟性消费）获得的商品和服务的消费。

社会经济活动包括生产、交换、分配、收入调节和消费环节。消费是指为了满足人民的某种需要而使用物质资料的行为过程。消费与生产、交换、交配、收入调节相互联系、相互制约。首先，消费是生产的前提，消费促进新的生产；其次，分配作为生产与消费的桥梁，对消费具有一定的制约作用；再次，消费作为分配的最终实现形式，对分配也会产生较大的影响；最后，消费水平对于交换的规模具有一定的制约作用，消费水平的高低，代表着市场上人们购买能力的高低，而购买能力又制约着交换规模，此外消费结构、消费心理偏好对于交换结构、交换取向都具有影响。

第二节　文献回顾

一、国外文献回顾

国外对财政政策和货币政策的研究比较多。对于政府支出挤入居民消费的研究，不同学者有不同的角度和方法。Turnovsky（1998）用内生劳动的供给，Ganelli & Tervala（2009）用政府消费与居民消费的互补关系，Kuhn（2010）借助于价格黏性和泰勒规则来说明居民消费的挤入效应，但很少有文献从政府支出的生产性角度来推导出居民消费的挤入效应。[①] 货币政策对居民消费的影响方面，Giuliodori（2005）认为房价会改变货币政策对居民消费的影响，且在较发达的房地产抵押市场这种影响效应更显著。Liang & Cao（2007）认为短期银行信贷对资产价格的影响较为显著，长期效果反而不明显。Ryan（2011）认为家庭的流动性约束不足以驱动信贷渠道，货币政策可以通过影响手持现金的成本来影响

① Kuhn S.，Muysken J.，Veen A. P. Government Spending in a New Keynesian Endogenous Growth Model [M]. METEOR, Maastricht Research School Economics of Technology and Organizations, 2010.

居民消费。① 以往关于货币政策与房价对消费影响的研究主要采用线性的方法，但房价与消费、信贷间可能存在非线性关系（Balcilar 等，2011）。② Guerrieri 和 Iacoviello（2015）采用非线性模型方法考察当借贷约束发生状态转换时政府投资对居民消费的不对称性影响。③

1. 财政货币政策协调配合的文献回顾

通过财政货币政策对经济进行调节、干预是以凯恩斯（Keynes）理论为基础的。凯恩斯认为，资本主义经济的自我调节能力具有局限性，常常会导致有效需求的不足。凯恩斯主张国家宏观调控应以财政政策为主，货币政策为辅，两者相互配合使用，刺激社会总需求的增加。随后西方各经济学家开始重视对财政货币政策的研究。

Pindyck（1976）较早提出了财政政策和货币政策存在的目标冲突问题，并通过离散的博弈计量模型计算了两大政策部门由于目标冲突产生的成本。④ Blinder（1982）通过分析政策配合的目标和工具存在的差异，论述财政货币政策搭配不当形成的原因，进而提出财政货币政策配合不当对经济产生的影响。⑤ Findlay（1999）运用凯恩斯 IS – LM 模型研究分析财政和货币政策的配合效果。⑥

Kydland Prescott（1982）最早研究最优货币政策执行时间的不一致，提出扭曲性税收会是造成最优货币政策时间不一致的主要因素。⑦ Sargent 和 Wallace（1981）认为由于税收和有关政府债务的货币存量可以相互替代，这将可能导致扩张性财政政策使得紧缩性货币政策失效。⑧

① Ryan R. Brady. Consumer Credit, Liquidity, and the Transmission Mechanism of Monetary Policy, Economic Inquiry, 2011, 49 (1): 246 – 263.

② Balcilar M., Gupta R. and Shah Z. B. An In – sample and Out – of – sample Empirical Investigation of the Nonlinearity in House Prices of South Africa [J]. Economic Modelling, 2011, 28 (3): 891 – 899.

③ Guerrieri L. and Iacoviello M. Occ Bin: A Toolkit for Solving Dynamic Models with Occasionally Binding Constraints Easily [J]. Journal of Monetary Economics, 2015 (70): 22 – 38.

④ Pindyck, Robert S. The Cost of Conflicting Objectives in Policy Formulation [J]. Annals of Economic and Social Measurement, 1976, 5 (2): 239 – 248.

⑤ Blinder, Alan B. Issue in the Coordination of Monetary and Fiscal Policy [J]. Social Science Electronic Publishing, 1982, NBER982.

⑥ Findlay D. W. The IS – LM Model: Is There a Connection between Slopes and the Effectiveness of Fiscal and Monetary Policy? [J]. The Journal of Economics Education, 1999, 30 (4): 373 – 382.

⑦ Kydland F. E., Prescott E. C. Time to Build and Aggregate Fluctuations [J]. Econometrica, 1982, 50 (6): 1345 – 1370.

⑧ Sargent T. J., Wallace N. Some Unpleasant Monetarist Arithmetic [J]. Federal Reserve Bank of Minneapolis Quarterly Review, 1981 (5): 1 – 17.

Bradley 等（1986）通过模拟财政货币政策，对美国 1969 ~ 1984 年财政货币政策的配合情况进行了检验，最终发现美国政府放弃使用财政政策，这表明财政政策与货币政策不能相互协调。①

Aizenman（1993）认为当货币政策存在统一时，财政会出现过度支出情形，且此时财政政策很难与货币政策协调。Henry（1999）的研究表明，财政货币政策的实施不当会减缓经济增长、减少外贸和高估汇率。

蒙代尔（2003）通过对国际宏观经济模型的研究提出“蒙代尔政策指派法则”，主张以财政政策解决内部均衡问题，通过货币政策实现外部均衡。②

Dixit 和 Lambertini（2003）发现财政与货币当局的目标一致性决定了财政货币政策的协调效应；Guidice 等（2003）通过对欧元区国家的财政政策进行研究，发现经济增长会加速财政紧缩，即在经济低迷时，可通过减少财政支出来促进经济增长。③

Muscatelli，Trielli 和 Trecroci（2004）研究发现财政政策与货币政策在不同的通货膨胀和政策工具的冲击下，对于经济的作用效果表现为较强的互补性，而在通胀冲击和单一政策工具冲击之下表现为较强的替代性。④

Blanchard 和 Giavazzi（2006）认为我国汇率体制改革带来了许多问题，具体表现为我国各部门和各地区存在严重失衡问题，导致了高储蓄、高进出口和高投资的不良趋势，建议我国政府应提高居民福利水平、鼓励消费以降低储蓄率，同时保持人民币汇率适度提高。

2. 关于消费的文献回顾

国外关于消费水平的研究主要集中在以下几个方面：钱纳里、鲁宾逊和塞尔奎因（1995）等通过分析各个国家的历史经验，发现在不同工业发展阶段，投资与消费的关系是不断变化的，但是其内需结构会有一定的规律。在工业化水平很低时，投资率较低，工业化水平的提高会直接影响人们的消费需求，因此随着工

---

① Bradley M. D.，Susan M. P. The State of the Federal Budget and the State of the Economy：Further Evidence［J］. Economic Inquiry，1986，24（1）：143－153.

② 蒙代尔. 蒙代尔经济学文集第三卷——国际宏观经济模型［M］. 北京：中国金融出版社，2003：81－103.

③ Guidice Gabriele，Alessandro Turrini and Jan In't Veld. Can Fiscal Consolidations Be Expansionary in the EU? Expost Evidence and Exante Analysis. European Commission［J］. Economic Papers，No. 195，2003.

④ Muscatelli V. A.，P. Tirelli and C. Trecroci. Monetary and Fiscal Policy Interactions over the Cycle：Some Empirical Evidence［J］. CESIFO Working Paper，No. 817，2004（5）：218－224.

业化水平提高，消费率随之降低、投资率不断提高。[①] Carroll 等（2011）发现在美国 1 美元房地产财富的增加会使得最终的边际消费倾向增加 9 美分，明显大于其他金融资产的财富效应。[②] Pettis（2009）认为导致中国消费增长速度慢于 GDP 增长速度的原因在于收入分配不合理，即工资增长滞后、各种企业补贴等措施使得中国财富从居民手中转移到企业手中，最终导致居民消费增长缓慢。[③] Stephen Green（2013）认为，中国名义上的最终消费率被大大低估，其原因在于：中国许多消费支出没有被计入统计范围，如住房租金、医疗费用、教育开支等，这些都导致消费支出被低估。[④]

关于居民消费结构问题，许多国外学者进行了深刻的讨论与研究。福尔曼和维勒（2002）在卡尔多模型中加入消费结构的改变，并引入非齐次恩格尔曲线，发现收入、技术改革和激励机制会影响居民的消费结构。马特·苏亚马（2002）认为商品从诞生、成熟到衰退，会由最初的奢侈品变为最后的必需品，即消费结构的变化主要受商品周期性的影响。玛利亚·卡帕拉和葛福利·威廉姆斯（2001）结合英国的实际情况研究了其货币政策和金融自由化对消费的影响，发现从 20 世纪 90 年代以来，金融服务业的管制全面放松，英国的消费行为在很大程度上受到该政策影响，这便形成了长期稳定运行的英国消费函数的关系。雷托·福尔曼（2005）提出的观点是，利用经验分析方法将消费结构和产业结构的变动纳入经济增长方式的度量中，并从收入开始，对消费结构与收入之间的理论模型进行分析，发现消费结构的变动能够影响企业创新和经济的不平衡增长，这将最终促进经济的长期增长。研究还发现金融监管力度的变化导致了货币政策传导的改变，这也导致消费者行为的改变。在消费结构方法的研究中，不同的学者有不同的研究方法，主要的研究方法包括面板数据模型、几乎理想系统模型、线性支出系统模型和扩展线性支出模型四种方法。其中面板数据模型最早由何赛尔于 1986 年提出，这促进了消费结构的广泛发展。线性支出模型由斯通年提出，

---

① 钱纳里，鲁宾逊，塞尔奎因．工业化和经济增长的比较研究［M］．上海：上海三联书店，1995：73-75.

② Carroll C. D., Otsuka M. and Slacalek J. How Large are Housing and Financial Wealth Effects? A New Approach［J］. Journal of Money, Credit and Banking, 2011, 43（1）：55-79.

③ Pettis M. Sharing the Pain：The Global Struggle over Savings［J］. Carnegie Endowment for International Peace, 2009（84）：1-7.

④ Stephen Green. China - Was GDP Growth in 2012 only 5.5%？［EB］. Standard Chartered Bank Research, 2013-02-18.

研究了总收入和价格对经济结构的影响。扩展线性支出模型是对线性支出模型的扩展，由卡·路迟在1973年提出。几乎理想模型是安格斯和穆勒在1980年提出的，思路是消费者如何以最小支出达到一定的效用水平。

3. 财政货币政策与居民消费关系的文献回顾

Barro（1981）通过对政府支出与居民消费的一般均衡分析，发现在短期，较大的政府支出可以增加居民消费；在长期，政府支出会挤出居民消费。①

Hemming等（2002）发现在不同财政政策下私人消费的增长速度不同。一般地，在实行扩张性财政政策时，私人消费增长较快；在实行紧缩性财政政策时，私人消费增长较为缓慢。②

Richard Hausman（2006）指出中国消费过低，投资过高并且投资效率不高，政府对教育和医疗的投入相对不足。他认为政府应通过一系列的财政政策，扩大社会保障的建设，加大对教育与医疗的投入，使得居民能享受到国企的红利。③

Kristian Jonsson（2007）通过对发展中国家和工业化国家的年度数据进行研究，发现政府消费对私人消费的影响具有凯恩斯效应，而税收对私人消费的影响则无法通过凯恩斯效应确定。④

4. 货币政策对居民消费水平影响的文献回顾

Duesenberry（1949）最早提出“示范效应”和“习惯效应”，他认为这两种效应会严重影响居民消费。其中，“习惯效应”实际是指“刚性消费”，即人们的消费习惯一旦养成则不易改变的现象，具体来说就是，当人们收入提高时，他们会提高消费；但当人们收入降低时，他们的消费却不随之降低。所以，“习惯效应”会导致收入增加对居民消费的影响比较显著，但收入减少对居民消费的影响不显著。“示范效应”也叫“攀比效应”是指居民消费除了受到人们收入影响外，还会因人们的互相攀比而受到他们的收入和消费习惯的影响。

Cover J. P.（1992）运用美国1951~1987年的季度数据研究了货币政策对居民消费的影响，研究表明货币政策存在非对称性，即增加和减少相同的货币供应量对居民消费的影响不同，具体表现为积极货币政策效果不显著、紧缩货币政策

① Barro. Output Effects of Government Purchase [J]. Journal of Political Economy, 1981: 343-350.

② Hemming R., S. Mahfouz and Schimmelpfenning. Fiscal Policy and Economic Activity during Recessions in Advanced Economics [J]. IMF Working Paper, 2002, 87 (2): 373-386.

③ Richard Hausman. 中国：如何维持平衡的增长 [J]. 国际经济评论，2006 (4): 32-37.

④ Kristian Jonsson. Fiseal Policy Regimes and Household Consumption [J]. Journal of Public Policy, 2007, 27 (3): 183-214.

对居民消费的抑制效果较为明显。

Hayo 和 Uhlenbrock（1999）运用 VAR 模型研究了货币政策对德国 26 个不同行业的影响，发现货币政策对不同产业的影响不同，对重工业的影响明显强于轻工业。

Georgios Karras（1999）研究了国家对外开放程度对货币政策有效性的影响，认为货币政策的有效性在一定程度上会受到经济开放度的影响，而货币政策的效用无法直接作用于实体经济，而主要体现在价格层面，Gert 和 Frank（2002）利用来自 7 个欧元区国家的 11 个产业的数据，分析了不同发展时期欧元区国家货币政策的影响，发现不同经济周期货币政策的作用效果不同，紧缩的利率政策在萧条时期会给经济带来更大的负面影响。Reto 和 Josef（2002）在消费结构的改变和经济增长的理论基础上建立了一个内生增长模型，① 在卡尔多经济模型中纳入消费结构的改变，并通过非齐次恩格尔曲线分析了收入、技术改革和激励机制等因素对消费结构的影响。Koivu（2012）发现宽松的货币政策确实导致了较高的资产价格，正向的住宅价格冲击导致居民消费增加。②

5. 关于 DSGE 模型应用开发的文献回顾

国外使用 DSGE 模型框架来研究后宏观经济相对较早，从 Kydland 和 Prescott（1983）的跨期效用模型开始，DSGE 模型框架开始被广泛使用。政府支出以三种形式进入 DSGE 模型：一是进入家庭的效用函数，如 Tusng-Wu（2001）、黄赜琳（2005）等；二是进入厂商的生产函数，如 Park（2009）；三是同时进入效用函数和生产函数，如 Baster King（1993）、Turnovsky 和 Fisher（1995）。本书中用第三种方法将财政政策引入到模型中，财政政策冲击是内生性的，考虑其对信贷渠道的影响，将政府不同类型的支出考虑进模型，有助于提升模型框架的完整性和说服力。

二、国内文献回顾

1. 财政政策影响居民消费水平的文献回顾

刘溶沧、马拴友（2001）从财政收支角度分析了居民消费与财政收支的关

① Georgios Karras. Openness and the Effects of Monetary Policy [J]. Journal of International Money and Finance, 1999 (18): 13-26.

② Koivu T. Monetary Policy, Asset Prices and Consumption in China [J]. Economic Systems, 2012, 36 (2): 307-325.

系，结果表明积极的财政政策能够促进社会总需求增加，促进经济迅速发展，最终可以提高居民消费。[①] 张东刚（2000）通过近代中国数据对分析了其经济走势，发现近代中国正慢慢由封闭经济向开放的市场经济转变，随后模拟财政支出数据进行了有关分析，发现政府财政支出的提高会促进经济的发展和居民消费水平的提高。[②] 谢建国、陈漓高（2002）运用跨期替代模型探讨了不同时期财政政策对居民消费的影响，结果表明短期积极的财政政策确实会提高居民消费水平，但随着时间的推移其影响会逐渐减小，从长期看甚至会降低居民消费。[③] 胡书东（2002）运用我国统计数据分析了财政政策对经济发展和居民消费的影响，研究结果表明，积极的财政政策不仅能促进经济发展，还有助于提高我国居民的消费水平。[④] 郭杰（2004）探讨了我国财政政策对经济的乘数效应，发现财政政策对经济的影响系数较小，且其乘数效应不显著，此外还发现我国居民消费和私人投资不会随着财政支出的增加而减低，也即不存在“挤出效应”。[⑤] 李广众（2005）基于最优消费选择利率建立了关于财政政策变量与居民消费的欧拉方程，通过推导与研究发现，积极的财政政策会明显促进居民消费的提高。[⑥] 李永友、丛树海（2006）运用我国改革开放以来的宏观经济数据构造了我国社会总需求函数，以探讨我国财政政策对促进居民消费的有效性，结果表明我国财政政策对居民消费不存在显著的“挤出效应”，反而能促进居民消费的提高。[⑦] 杨子晖（2006）通过改革开放前后的宏观经济数据研究了我国财政支出与居民消费支出的替代关系，研究结果表明，改革开放以来，财政支出与居民消费不存在替代关系而存在明显的互补关系。[⑧] 王文甫、朱保华（2010）在生产函数和居民效应函数中加入了政府支出，并构建了一般均衡模型以研究政府财政支出对我国居民消费的影

---

① 刘溶沧，马拴友．赤字、国债与经济增长关系的实证分析兼评积极财政政策是否有挤出效应［J］．经济研究，2001（2）：13－19.

② 张东刚．政府消费支出变动与近代中国经济增长［J］．经济研究，2000（5）：57－62.

③ 谢建国，陈漓高．政府支出与居民消费——一个基于跨期替代模型的中国经验分析［J］．当代经济科学，2002（6）：34－40.

④ 胡书东．中国财政支出和民间消费需求之间的关系［J］．中国社会科学，2002（6）：26－32.

⑤ 郭杰．乘数效应、挤出效应与政府支出结构调整［J］．经济理论与经济管理，2004（4）：27－31.

⑥ 李广众．政府支出与居民消费：替代还是互补［J］．世界经济，2005（5）：38－45.

⑦ 李永友，丛树海．居民消费与中国财政政策的有效性：基于居民最优消费决策行为的经验分析［J］．世界经济，2006（5）：54－64.

⑧ 杨子晖．政府消费与居民消费：期内替代与跨期替代［J］．世界经济，2006（8）：37－46.

响，结果表明政府财政支出的增加可以促进我国居民消费水平的提高。[①] 李春琦、唐哲一（2010）通过建立代表性消费者的跨期迭代理论模型考察政府财政支出结构与私人消费的关系，结果发现行政管理费用支出对私人消费有挤出作用，但社会文教费用支出、经济建设支出以及其他补贴性的财政支出对私人消费都有促进作用。[②] 黄威、丛树海（2011）将我国划分为东、中、西三部分，并收集了东中西各省的居民消费和财政政策变量有关数据，通过面板模型研究了财政政策对居民消费的影响，结果表明，不同的财政政策对居民消费的影响不尽相同，财政支出政策对居民消费的影响要大于财政收入政策的影响；相同的财政政策对城乡居民消费的影响也不同，同一财政政策对城市居民消费的影响要大于对农村居民消费影响；在不同地区，财政政策对居民消费的影响具有明显的非对称性，具体来讲，财政政策对东部地区居民消费的影响更大。[③] 胡永刚和郭长林（2013）通过分析中国 1996~2011 年的季度数据，发现财政支出对产出具有显著的负向反映，同时，基于 Granger 因果关系检验发现了短期内产出的变动有助于预测财政支出的变动，而财政支出对于预测产出的变化影响甚微。此外，他们发现在样本数据期间内，中国的财政支出扩张促进了居民的消费。当财政政策的反馈力度形成一定规模后，财政政策对消费的促进作用会抵消“挤出效应”，从而促进消费和产出的上升。当财政支出的规则部分发生变化时，居民预期未来的产出和收入会增加，从而抵消财政扩张的“挤出效应”，大幅度促进居民的消费。与之相对应，当财政支出的不规则部分发生变化时，由于其不对经济的变量做出反馈，所以挤出效应对居民消费的负效应会更加显现。[④] 郭长林（2016）将金融摩擦嵌入一个多部门 DSGE 框架，发现政府投资扩张不仅会抑制居民消费，还能产生明显的不对称影响，金融市场扭曲是积极财政政策导致居民消费下降的重要原因；定向式信贷政策可以有效地矫正金融市场扭曲，缓解这一因素对居民消费的消极

---

① 王文甫，朱保华．政府支出的外部性和中国政府支出的宏观效应：动态随机一般均衡视角［J］．经济科学，2010（2）：17－28.

② 李春琦，唐哲一．财政支出结构变动对私人消费影响的动态分析——生命周期视角下政府支出结构需要调整的经验证据［J］．财经研究，2010（6）：90－101.

③ 黄威，丛树海．我国财政政策对居民消费的影响：基于省级城乡面板数据的考察［J］．财贸经济，2011（5）：31－37.

④ 胡永刚，郭长林．财政政策规则、预期与居民消费——基于经济波动的视角［J］．经济研究，2013（3）：96－107.

影响。[①] 毛晖、郑晓芳等（2017）为检验政府民生性财政支出对于居民消费的影响，从总量和结构两个角度出发，基于我国 2007 ~ 2013 年的省级面板数据构建静态面板模型与动态面板模型，研究发现，民生性财政支出，尤其是人力资本投资支出和社会环境支出，对居民消费具有重要的促进作用。[②]

2. 货币政策影响居民消费的文献回顾

万解秋、徐涛（2011）运用 1994 ~ 1999 年通货膨胀和货币供应量数据分析了货币政策对通货膨胀的影响，结果表明货币政策可以较好地抑制通货膨胀，但对于改善通货紧缩，货币政策的效果不太显著。[③] 刘斌（2001）通过单方程和多方程模型研究了财政政策对实体经济和居民消费的影响，结果表明，货币政策只能够在短期内影响实体经济，在长期对实体经济几乎没有影响。[④] 郝雁（2004）运用我国 1998 ~ 2003 年的月度数据，通过 VAR 模型分析了我国货币政策的时滞问题，脉冲响应和方差分解结果表明，我国货币政策在国内产出和价格调节上存在明显的时滞性。[⑤] 刘明（2006）运用我国季度数据分析了货币政策的非对称性并探讨了其存在的原因，结果表明银行的信贷配给是造成我国货币政策非对称性存在的重要原因。[⑥] 刘金全、郑挺国（2006）认为不同经济周期会影响货币政策的有效性，而我国货币政策存在明显的非对称性，当经济处于衰退期时，货币政策的效果更加明显。[⑦] 郑泽华（2006）利用改革开放以来我国的居民储蓄数据样本，实证分析了居民储蓄分流与货币政策的有效性的关系，发现居民储蓄分流会降低我国货币政策的有效性。[⑧] 卢盛荣、邹文杰（2006）通过对我国省级数据进行面板分析，以风险厌恶系数、综合效应因子、时间贴现因子等作为研究参数，实证研究了我国居民消费储蓄行为决策，结果显示，我国各省影响居民消费储蓄的参数存在很大差异，这些差异导致我国各省居民消费水平对利率等货币政策的

① 郭长林. 积极财政政策、金融市场扭曲与居民消费［J］. 世界经济，2016（10）：28 – 52.

② 毛晖，郑晓芳. 民生性财政支出对居民消费的影响——基于 2007—2013 年省级面板数据的实证研究［J］. 会计之友，2017（20）：44 – 49.

③ 万解秋，徐涛. 政府支出、财政扩张与货币政策效率［J］. 财贸经济，2011（2）：44 – 48.

④ 刘斌. 货币政策冲击的识别及我国货币政策有效性的实证分析［J］. 金融研究，2001（7）：1 – 9.

⑤ 郝雁. 对中国货币政策效应时滞的实证分析［J］. 南开经济研究，2004（3）：109 – 112.

⑥ 刘明. 信贷配给与货币政策效果非对称性及“阈值效应”分析［J］. 金融研究，2006（2）：12 – 20.

⑦ 刘金全，郑挺国. 我国货币政策冲击对实际产出周期波动的非对称影响分析［J］. 数量经济技术经济研究，2006（10）：11 – 19.

⑧ 郑泽华. 储蓄分流与货币政策传导效率［J］. 东北财经大学学报，2002（1）：40 – 43.

敏感性不同，即我国货币政策对居民消费的影响效应存在地区差异。① 沈巍伟、兰天（2008）通过实证方法分析了我国 1980～2007 年近 30 年的数据，发现我国居民消费水平会随着货币供应量的增加而增加。② 李亚娟（2012）以我国 1979～2010 年货币政策及消费数据为样本，运用脉冲响应函数及协整理论进行实证研究，发现货币政策能够对居民消费水平产生显著的影响，并且相对农村居民而言，城市居民消费水平对货币政策的变化更为敏感。③ 赵秋蓉（2013）通过构建的 VECM 模型分析了我国 1996～2012 年的月度数据，发现我国货币政策对经济的促进主要是通过银行的信贷渠道来完成的，货币政策对国民经济的影响存在明显的非对称性，具体表现为相对居民消费而言，投资对货币政策的变动更为敏感。④ 郭新强、汪伟等（2013）在 SVAR 方法基础上，选取中国宏观经济季度数据，对中国的货币政策与实际产出、居民消费之间的关系进行实证分析，发现扩张性货币政策短期内在增加产出的同时，抑制了居民消费，长期导致产出超调和消费持续性。同时，他们利用刚性储蓄的动态凯恩斯主义模型对上述事实进行解释，发现在该模型下还会产生扩张性货币政策具有流动性效应特征的事实。在利用该模型对中国货币政策增加实发现际产出的主要传导机制进行分析时，他们发现，刚性储蓄下的流动性效应和可贷资金效应是扩张性货币政策增加实际产出的主要传导机制，同时，价格黏性和投资调整成本的存在使得产出超调；在扩张性货币政策下，刚性储蓄家庭的流动性约束和预防性储蓄抑制了居民消费；而对于消费持续性这一特征事实，居民的消费习惯则给出了较好的解释。⑤

3. 财政货币政策协调性影响居民消费的文献回顾

邓子基（2006）总结分析了自我国改革开放以来的货币政策实施和货币政策协调应用的四个阶段，并依据“十一五”规划的具体要求，以保持我国经济又

① 卢盛荣，邹文杰．货币政策地区效应的微观基础研究：我国省际居民消费储蓄行为的实证分析［J］．经济科学，2006（5）：40－49.

② 沈巍伟，兰天．我国货币供应量与经济增长关系的实证研究［J］．云南财贸学院学报（社会科学版），2008（5）：73－76.

③ 李亚娟．1979～2010 年货币政策对居民消费影响的实证分析［J］．商业经济，2012（23）：45－57.

④ 赵秋蓉．我国货币政策对投资和消费的影响——基于 VECM 的实证研究［J］．金融发展研究，2013（10）：11－15.

⑤ 郭新强，汪伟，杨坤．刚性储蓄、货币政策与中国居民消费动态［J］．经济研究，2013（3）：46－59.

快又好地发展为目标，提出了协调货币政策与财政政策的方法。[①] 闫坤（2007）对我国经济现状进行了分析，发现我国存在消费低、投资高、出口高的问题，这将制约我国经济的持续快速发展。他认为货币政策应该对经济的总需求进行调控，将更多的资金用来促进经济增长。此外，他还提出政府要鼓励民间投资，应减少政府投资对经济的投入，同时提高居民消费，培养居民自主投资意识，以更好更快地推动经济增长。王远鸿（2007）的研究指出目前我国经济存在两大难题：其一是内部失衡，主要是指我国投资和消费内部需求的不合理，具体表现为高投资、低消费；其二是外部失衡，是指我国进口和出口与外部需求的不协调，具体表现为我国贸易顺差不断扩大。他认为我国政府应采取合理调节我国利率水平并保持汇率相对稳定的货币政策以实现我国内部与外部均衡，同时应实行对应的财政政策以提高居民消费。[②] 李晓西（2007）以 1992～2003 年的年度数据为样本，通过联立方程组模型分析了我国宏观经济政策对扩大就业和促进国民经济发展的作用，结果表明我国宏观经济政策对促进就业的效果不明显，其原因在于国民导向由劳动密集型变为资本密集型。他还认为宏观经济政策对居民消费水平的促进作用总是明显弱于其对投资的作用。巴曙松（2009）认为目前我国存在许多经济问题，只有充分协调好财政政策与货币政策才能有效调整宏观经济结构，解决内外部失衡问题，并改进我国居民社会福利。郑开焰等（2010）认为货币政策与财政政策中的税收政策对居民消费水平的促进作用更加明显。[③] 王彬（2010）认为我国财政货币政策的协调冲击只能部分影响居民消费。[④]

4. *我国居民消费问题的文献回顾*

传统的消费理论无法解释中国居民消费率下降的问题。自 20 世纪 80 年代以后，经济学家主要提出了两个关于消费理论的假说：一是隐蔽性通胀假说，其认为，当产品的供给小于需求时，需求得不到满足将导致储蓄不断膨胀（Feltenstein 等，1990）。二是结构转型假说（Ma，1993），其认为货币化进程的不断加快和经济不确定性的不断增加是造成低消费率的主要原因，低消费率伴随着经济增长和经济转型而生（Qian，1988），然而中国居民消费行为在 20 世纪 80 年代

---

① 邓子基．财政政策与货币政策的配合同社会经济发展的关系［J］．当代财经，2006（1）：33－38.

② 王远鸿．中国经济内外不平衡问题分析［J］．经济理论与经济管理，2007（10）：5－10.

③ 郑开焰，蔡雪雄．财政货币政策刺激居民消费的效应分析［J］．经济学动态，2010（11）：6－70.

④ 王彬．财政政策、货币政策调控与宏观经济稳定——基于新凯恩斯主义垄断竞争模型的分析［J］．数量经济技术经济研究，2010（11）：3－18.

早期就发生了结构性转变。这些消费理论假说无法解释我国消费率下降的原因。余永定、李军（2000）以选择理论为基础研究中国居民的消费行为，推导出一套符合中国国情的宏观消费函数，通过检验证实它能较好地解释中国经济中的有关现象。[①] 孙宁华、周扬（2013）建立了引入消费习惯形成因素的内含货币效用模型，经过校准分析和计量实证，发现我国居民消费具有明显的习惯形成特征。[②] 对于中国居民的低消费增长和内需不足的原因主要有以下几种解释：第一种把这种消费率的下降归因于金融市场不发达，流动性约束型消费者占比的上升和经济不确定性的增加使得居民增加预防性储蓄，流动性约束和不确定性之间的相互作用进一步强化了两者对居民消费的影响，导致了居民消费水平和消费增长率的同时下降（万广华等，2001）[③]。然而，我国金融体系的效率在近年来有所改善，而居民消费率仍在不断下降。第二种基于预防性储蓄理论，认为我国养老、医疗、教育和住房体系改革使得居民收入和支出的不确定性上升，同时，伴随着劳动力市场上失业风险的增加，居民预防性储蓄动机增加，导致居民储蓄率的上升、消费率下降（何立新等[④]，2008；杨汝岱、陈斌开[⑤]，2009；周绍杰等[⑥]，2009），但尚未有充足的证据对这种看法进行十分直接的证明。第三种从收入分配结构对居民消费的影响角度分析（李扬等，2007；徐忠等[⑦]，2010），认为由向企业和政府倾斜的国民收入结构是中国内需不足的主要动因，由居民收入差距扩大而造成收入分配结构不均衡，主要受经济发展、城乡二元结构、城市化进程、产业结构变迁等因素影响。第四种认为家庭资产与居民消费有着密不可分的

---

① 余永定，李军．中国居民消费函数的理论与验证［J］．中国社会科学，2000（1）：123－133.

② 孙宁华，周扬．消费习惯形成、货币政策与中国经济波动——MIU 模型与校准分析［J］．南开经济研究，2013（2）：60－76.

③ 万广华，张茵，牛建高．流动性约束、不确定性与中国居民消费［J］．经济研究，2001（11）：35－44.

④ 何立新，封进，佐藤宏．养老保险改革对家庭储蓄率的影响：中国的经验证据［J］．经济研究，2008（10）：117－130.

⑤ 杨汝岱，陈斌开．高等教育改革、预防性储蓄与居民消费行为［J］．经济研究，2009（8）：113－122.

⑥ 周绍杰，张俊森，李宏彬．中国城市居民的家庭收入、消费和储蓄行为：一个基于组群的实证研究［J］．经济学（季刊），2009（4）：1197－1220.

⑦ 徐忠，张雪春，丁志杰，唐天．公共财政与中国国民收入的高储蓄倾向［J］．中国社会科学，2010（6）：93－107.

关系（胡永刚等，2013），[①] 而家庭固定资产可以通过“资产效应”和“财富效应”来影响居消费，但是住房型固定资产的效应不明显，房价的上升不利于居民消费水平的增加（李涛等，2014）。

在居民消费行为以及消费结构方面，许多学者也有自己的研究成果。孙津（2012）不仅在总量上分析了我国居民消费水平的总体变动情况，还从结构出发对我国居民的消费结构进行了分析，他认为我国居民的消费行为由生存型消费变为享受发展型消费，这是我国消费结构变化的主要表现；现阶段居民消费的有效需求总量明显不足，为促进经济发展，他建议政府促进城乡居民收入增加，在保持生存消费的同时提高发展性消费以完善消费结构。黄琪丽（2011）通过扩展性支出模型，运用横截面数据并引入基本需求和边际消费倾向，对浙江城镇居民的消费情况进行了分析，尤其对消费结构进行了重点研究，结果表明浙江城镇居民的消费结构有待完善，因此她建议降低浙江城镇居民人均收支差距以优化其消费结构。孙皓、胡鞍钢（2013）根据凯恩斯的绝对收入假设消费函数理论实证分析了2013年中国各地区城乡居民的消费行为，发现城乡的消费支出和可支配收入存在高度线性相关。[②] 在收入与消费的关系研究方面，刘灵芝、陈正飞（2012）等指出必须在消费理论框架内探讨收入分配与总消费的关系，不同的消费理论可能蕴含（并非明示）两者之间的不同关系，他们在总结了各种消费理论对这一问题的看法后认为，收入分配确实会影响总消费。[③] 胡宝娣（2007）运用农村居民消费相关面板数据分析了造成我国农村居民消费结构不合理的主要原因，研究表明，农村居民的预防性储蓄会对农村居民恩格尔系数产生反复变化，“收入效应”和“挤出效应”导致我国农村居民消费结构的不合理。[④] 陈博子（2011）运用格兰杰因果检验的方法研究了我国货币政策工具中利率和货币供应量对居民消费结构的影响。

基于以上原因，针对提高居民消费的政策问题，学者有着不同的看法。第一类是研究财政政策对居民消费的影响。关于增加财政支出究竟会挤入还是挤出居民消费的实证分析，不同学者使用不同检验方法，有时会得到完全相反的结论。

---

① 胡永刚，郭长林．财政政策规则、预期与居民消费——基于经济波动的视角［J］．经济研究，2013（3）：96－107.

② 孙皓，胡鞍钢．城乡居民消费结构升级的消费增长效应分析［J］．财政研究，2013（7）：57－61.

③ 刘灵芝，陈正飞．收入差异对中国农村居民消费结构的影响［J］．统计与决策，2012（1）：104－107.

④ 胡宝娣．城乡居民消费结构优化升级五大潜力分析［J］．科技管理研究，2007（3）：92－93.

黄赜琳（2005）利用随机动态一般均衡方法将政府支出作为外生随机冲击变量引入模型，发现改革开放后政府支出对居民消费产生一定程度的挤出效应影响；① 另外，徐忠等（2010）认为，目前我国政府营利性财政支出挤出了公共财政职能支出，引起公共支出不足，居民为增加预防性储蓄而减少现期消费。但目前大多数研究表明，增加财政支出会挤入居民消费。② 胡永刚和郭新强（2012）认为，目前中国政府的财政支出政策对居民消费有挤入作用，财政支出规模已接近最优临界点，继续以单一增加财政支出来拉动居民消费的效果将不明显。应该优化财政支出结构，政府生产性支出的最优结构等于其相对生产性之比，政府支出的最优规模等于政府支出的生产性，财政政策可以通过改变居民的预期来改变消费。第二类是研究货币政策对居民消费的影响，认为货币政策对居民消费有直接的影响。陈学彬等（2005）认为我国居民消费储蓄对利率的敏感度较低，货币政策效应下降，货币政策对促进居民消费的能力有限；③ 孙国峰等（2011）发现消费信贷的扩张提高了利率渠道的传导效率，同时给货币政策传导增加了新的信用渠道，并且使货币政策可以直接作用于居民消费需求；④ 郭新强等（2013）认为扩张性货币政策主要通过刚性储蓄家庭的流动性约束和预防性储蓄来抑制居民消费，而居民的消费习惯则是产生消费持续性的重要原因；⑤ 柳杨（2013）表明必须首先提高居民的收入增长率，才能够实现货币政策促进消费需求增长的预定目标；龙少波等（2016）认为我国存在房价通过货币政策影响消费的间接路径，房价对消费影响的直接效应不存在，货币政策通过房价影响消费的间接效应也不存在。⑥ 第三类是研究货币财政政策联动对居民消费的影响，这一类的研究相对较少。郑开焰等（2010）利用 DAG 技术研究发现，长期财政支出与居民消费存在

---

① 黄赜琳．中国经济周期特征与财政政策效应——一个基于三部门 RBC 模型的实证分析［J］．经济研究，2005（6）：27－38.

② 徐忠，张雪春，丁志杰，唐天．公共财政与中国国民收入的高储蓄倾向［J］．中国社会科学，2010（6）：93－107.

③ 陈学彬，杨凌，方松．货币政策效应的微观基础研究——我国居民消费储蓄行为的实证分析［J］．复旦大学学报（社会科学版），2005（1）：42－54.

④ 孙国峰，张砚春．消费信贷部门的扩张是否提升了货币政策的效力？［J］．金融研究，2011（11）：62－73.

⑤ 郭新强，汪伟，杨坤．刚性储蓄、货币政策与中国居民消费动态［J］．经济研究，2013（3）：46－59.

⑥ 龙少波，陈璋，胡国良．货币政策、房价波动对居民消费影响的路径研究［J］．金融研究，2016（6）：52－66.

同期因果关系，货币政策则没有；短期财政扩张导致信贷扩张，但是由于消费信贷尚处于起步阶段，货币渠道比信贷渠道能更有效地影响居民消费，中央银行对货币的调控与财政支出政策最终的“落脚点”均在银行信贷上。①

三、文献评述

在居民消费行为的研究上前人已取得了重大的进展，通过大量的实证对财政货币政策与居民消费之间的关系进行分析，发现许多关于完善我国居民消费结构以及促进我国居民消费水平提高的政策建议，为研究如何提高我国居民消费水平提供了一些参考思路。居民收入作为消费的预算约束，是财政政策与货币政策影响居民消费的传导机制中的关键。货币政策对居民消费的影响机制也离不开居民收入，实行货币政策首先通过调节货币供应量利率来影响居民收入的变化，最终对居民消费产生影响。目前，国内外对于居民消费的研究中，国外比较注重方法的创新，国内则更关注视角的创新，即对居民消费所涉及的各个方面，如居民消费结构、预测居民消费以及对居民消费进行定量分析等。综合上述所有文献不难发现，国内外学者对于财政政策与货币政策如何影响居民消费这个问题分别使用不同的方法、从不同的视角进行了详细的分析，但现有文献仍存在不足，其不足之处主要包括以下几部分：

第一，现有文献大多以宏观视角从控制居民消费总量和调整居民消费结构的角度来研究财政货币政策对居民消费的影响，对于微观视角中影响居民消费的诸如消费品种类、家庭种类、生产企业等的研究不多，无法有效结合宏观与微观综合分析。

第二，现有文献主要研究单一政策工具（如财政政策工具或货币政策工具）对居民消费的影响机制及效应，很少综合考虑财政政策与货币政策的协调配合对居民消费的影响，且目前的分析很少深入比较不同财政政策工具和货币政策工具对居民消费影响的异质性。

第三，现有文献大多通过传统宏观经济学的研究方法和模型来探讨财政货币政策对居民消费的影响，在研究方法和模型上缺乏新意，较少使用不同学科方法来研究。

① 郑开焰，蔡雪雄．财政货币政策刺激居民消费的效应分析［J］．经济学动态，2010（1）：67－70.

第三节 相关理论基础

一、政策配合的微观基础

1. 财政货币政策的基本内容

财政政策是指政府为了其政治目的与实现特定经济目标，如充分就业、产业调整、控制物价、稳定经济等，通过财政政策工具（税收、国债和政府支出）等手段对经济进行宏观调控等所做的决策。从其定义我们可以知道：

（1）财政政策是政府为实现特定经济目标而主动采取的调整国家财政的行为和准则。

（2）财政政策的具体方式是通过政府支出（政府购买、转移支付）和政府收入（税收、发行公债）来影响国民经济。

（3）财政政策的目标包括充分就业、物价稳定、经济增长等。

财政政策按影响经济的方式可分为自动稳定器和相机抉择财政政策两种类型。自动稳定器是指由于经济系统本身包含减少经济波动、促进经济稳定发展的内在机制，因此政府无须采取任何政策，可以单纯依靠经济系统自身机制来调控经济。财政政策工具比较典型的自动稳定器包括税收和转移支付。当经济繁荣时，企业利润和居民收入增加的同时税收也增加，政府转移支付减少，这在一定程度上可以防止经济过热。在经济衰退时期，个人收入和企业利润减少的同时，其所得税也随之较少，政府转移支付则随之增加，这样就可以在一定程度上促进经济的复苏与发展。由于自动稳定器作用有限，不能完全消除经济波动，因此需要依靠政府对经济进行调节，即采用相机抉择的财政政策。一般而言，现有财政政策大多是相机决策的财政政策。相机抉择的财政政策是指政府要审时度势，根据自己的判断主动采取财政政策措施对宏观经济进行调控，以防止经济过热或过冷，减少经济波动，使经济持续稳定增长。

根据宏观经济发展形势的不同，相机抉择的财政政策主要包括扩张性财政政策、中性财政政策和紧缩性财政政策这三种类型。当经济过冷时，政府要实行扩张性财政政策，即通过减少财政收入（降低税率）或扩大财政支出以刺激社会总需求增长，从而促进经济发展；政府要根据经济的不同形式采取不同的财政政策，当经济形式过热时，要实行紧缩性的财政政策，可采取提高税率、减少财政支出等手段抑制总需求，以防止经济过热；当经济形势较为平稳时，应采取中性财政政策，维持平稳的社会总需求。

货币政策是指央行通过控制货币供给以及信贷规模来调节利率，进而影响投资和整个国民经济，以实现特定经济目标。货币政策的经济目标一般包括：①维持物价稳定，为经济社会提供一个相对稳定的经济环境；②保持合适的货币供应量，实现经济的平稳增长。一般货币政策工具主要包括再贴现率（商业银行向央行贴现票据的利率）、法定准备金率以及公开市场业务。

货币政策根据实施类型主要分为扩张性货币政策、中性货币政策和紧缩性货币政策三种。扩张性货币政策是指央行为刺激经济增长，通过降低再贴现利率、降低法定存款准备金率、在公开市场买入有价证券等方式增加货币供应量，降低利率以增加投资，扩大总需求。紧缩性货币政策与前者相反，是指央行为抑制经济增长，通过提高再贴现利率、提高法定存款准备金率、在公开市场卖出有价证券等方式减少货币供应量，提高利率以减少投资和总需求。中性货币政策则对总需求的影响保持中性。

2. 财政货币政策的比较分析

财政政策与货币政策作为国家宏观调控的两种手段，既相互关联又存在差异。二者的相关性表现为：

（1）财政政策与货币政策都是宏观经济政策，即二者都着重解决宏观经济问题。

（2）财政政策与货币政策都属于需求管理政策，即二者都通过政策工具调节总需求进而影响总供给，从而达到总供给与需求的平衡。

（3）促进经济增长、稳定物价水平、保持充分就业、稳定国际收支平衡是财政政策与货币政策的最终一致的政策目标。

二者的差异性表现为：

（1）财政政策与货币政策的实施者不同，即前者由政府部门具体实施，后者由中央银行具体实施。

（2）财政政策与货币政策对经济的影响不同，即前者侧重于影响经济结构，主要是消费与投资的比例，后者侧重影响经济总量的变化。

（3）财政政策与货币政策的调节方式不同，即前者直接作用于总需求，后者首先作用于利率，再通过利率间接作用于总需求。

（4）财政政策与货币政策调节的领域不同，前者调节的领域更为广泛，包括经济领域及社会领域，后者只能调节经济领域。

（5）财政政策与货币政策发挥作用的时滞不同，即在政策制定上，前者的时滞比后者长；在政策执行上，后者的时滞比前者长。

通过以上对二者的比较分析，我们发现：财政政策与货币政策存在着密切的相关性，这为二者的配合提供了可能；财政政策与货币政策又存在着明显的差异，只有将两种政策有效结合起来，充分利用二者的特点和差异，才能更好地调节经济，促使宏观调控更为科学、合理。

3. 财政货币政策的配合模式

财政政策与货币政策在应对不同的经济形势时会有不同的选择，一般都包含扩张性（松）、中性和紧缩性（紧）三种状态，因此三种政策两两相互配合可形成九种模式，这些模式又可分为三种类型：

（1）极端模式，主要包括“双松”的财政货币政策搭配和“双紧”的财政货币政策搭配这两种模式。双松模式是指扩张性财政政策和货币政策的配合模式，主要在社会总需求严重不足时实行，具体表现为：企业存货大量堆积，工厂停工，价格水平下降，失业率较高，居民可支配收入明显减少，消费不足，经济严重滑坡并处于严重萧条状态。此时，政府要实行扩张性的财政政策，即通过增加财政支出以提供更多工作岗位降低失业率，以及减少税收，增加居民收入以增加消费，最终刺激社会总需求；央行则要实行扩张性的货币政策，即通过降低再贴现率和法定存款准备金率，在公开市场买入有价证券等方式增加货币供应量以降低利率水平，刺激投资，从而增加总需求。双松模式可以在短时间内增加总需求，刺激国民经济的增长，从而促进经济复苏，但实行的时间不宜过长，力度不宜过大，否则导致通货膨胀，物价水平急剧上升。“双紧”与“双松”模式相反，是紧缩性财政政策和货币政策的配合模式，主要是在社会总需求大大超过社会总供给，经济过热时实行，具体表现可参照双松模式。双紧模式在短时间内可抑制总需求，防止经济过热，但其实行时间也不宜过长，政策力度不宜过大，否则容易造成经济萎缩。

（2）中性模式，主要是指中性财政政策和货币政策的配合模式，主要在国民经济处于比较平稳时实行，具体表现为：总需求与总供给基本平衡，价格水平比较正常，就业较充分。中性模式对经济的干预比较少，一般由市场自行调节，基本上不会影响社会总需求。

（3）过渡模式，主要是指财政政策的“松”“紧”及“中性”与货币政策“松”“紧”及“中性”之间进行交叉的配合模式，即除了“双松”“双紧”“双中性”以外的其他六种搭配模式。其中，财政货币政策“一松一紧”和“一紧一松”的模式比较常见。“一松一紧”模式是指扩张性财政政策和紧缩性货币政策的配合模式，主要在国民经济高涨，失业率较低，物价水平较高时实施，具体表现为：总需求较为膨胀，市场购买力活跃，出现通货膨胀。此时，央行要实行紧缩货币政策，紧缩银根，减少货币供应量，提高利率，降低物价水平，以防止经济过热；为防止经济萎缩，政府往往会实行扩张财政政策，主要是为了解决经济结构的失衡问题，具体措施为：扩大对能源、重要原材料等部门的投资，以提高这些部门在国民经济中的地位。综上可知，“一松一紧”模式主要是为了在降低物价水平的同时防止经济萎缩。“一紧一松”的模式是指紧缩性财政政策和扩张性货币政策的配合模式，主要在国民经济处于复苏状态时实行，具体表现为：资源部分闲置，有相当一部分人处于失业状态。此时，央行需要实行扩张性货币政策，放松银根，增加货币供给将降低利率，促进投资，使得资源得到充分利用，促进经济的快速发展，但由于货币发行与投放的数量增加将刺激消费水平，最终导致物价上涨，因此需要政府实行紧缩财政政策，减少消费支出以抑制过剩的总需求。综上可知，“一紧一松”的模式主要是为了在促进经济增长的同时防止通货膨胀的产生。

二、居民消费相关理论

1. 消费函数理论

消费函数理论最早由凯恩斯在《就业、利息和货币通论》一书中提出，该函数可表示为一个总消费与总收入的函数。由于该函数理论仅仅用收入来解释消费，因此也被称为绝对收入假说。该理论认为居民可支配收入分为居民消费和居民储蓄，且居民消费和储蓄均可表示为收入的线性函数；消费函数对收入的系数存在边际消费倾向，一般边际消费倾向大于 0 小于 1；居民还存在不受收入影响的自发性消费，这主要与一国经济发达程度、社会风俗有关。短期内居民收入的增加可以迅速提高居民消费水平，但由于边际消费递减法则，随着收入的增加，每增加单位收入随之增加的消费会减少。

凯恩斯的消费函数理论认为消费是收入水平的函数。消费的计算公式为：$C=\alpha+\beta Y_t$，其中，C 为居民的本期消费，α 为自发性消费即基本消费，β 为边际消费倾向，Y_t 为本期收入，βY_t 用来表示本期收入引起的消费量即引致消费。从这一公式中，我们可以看出消费包括自发消费和引致消费，而消费者的消费则主要受即期收入的影响。

凯恩斯的消费函数理论深入分析了边际消费倾向递减的原因，为反驳萨伊定理提供了理论基础，因此凯恩斯函数理论在消费相关理论中处于非常重要的地位。萨伊定律认为总需求会恒等于总供给，凯恩斯消费函数理论则认为消费的收入弹性小于1，即消费的增加幅度要小于收入的增加幅度，这突破了萨伊定理对传统消费观念的禁锢，从而在理论上承认了市场调节会导致失业问题和经济危机，奠定了凯恩斯就业理论的基础。凯恩斯消费函数理论被广泛应用于解决世界各国失业和有效需求不足问题。

2. 预防性储蓄假说

该假说以理性预期为基础，考虑了消费者对不确定未来的担忧，继承并吸收了生命周期理论中消费者理性假说，通过效用最大化的方法分析了跨期消费的问题，考虑了消费者整体生命周期财富的分配，并防范了未来收入波动等不确定性事件的发生，最终得出消费者的储蓄选择。

利兰德最早在1968年提出预防性储蓄假说，由于未来会发生许多不确定性事件，人民对此有必要通过储蓄进行预防。他认为，在引入对未来的不确定性因素后，消费者的储蓄行为不只是当期行为，还要考虑未来时期，甚至需要考虑生命的整体周期，因此预期储蓄行为不单单是将个人财富平均分配到每个周期，储蓄行为的边际效用可能是非线性函数。

预防性储蓄假说自提出以来，不断得到完善与发展，《重要的预防性储蓄动机》是预防性假说的继承与发展，由鲁萨迪在1998年提出，该模型认为长期收入和家庭偏好是影响消费者财富积累的重要因素，他还在考虑未来不确定性的情况后提出了最佳财富收入模型，该模型发现居民收入的不确定性与消费者财政积累正相关，且收入越不确定，消费者的财富积累越多。该理论认为消费者存在一个最佳财富收入比，当实际值出现偏离时，消费者可通过改变消费调节最佳财富收入比。

预防性储蓄理论极大地丰富了居民消费理论，它的提出可以帮助人们深入理解居民消费相关理论。尽管预防性储蓄行为被许多学者不断进行研究，但其实证的验证结果与理论相差甚远，对消费者预防性储蓄的测算目前还存在许多难题需要解决。

3. 相对收入假说

1949 年，杜森贝里在其出版的《收入、储蓄和消费行为理论》一书中，提出了相对收入假说。相对收入假说强调两点：首先，消费者的消费除了受其当前收入的影响，还受其以往的收入和消费水平的影响，尤其受以往高峰时期收入和消费水平的影响。其次，消费具有示范作用，消费者的消费行为除了受自身收入的影响，还受到他人消费行为的影响。杜森贝里在库兹涅茨所分析利用数据的基础上进行了研究，并且得出了一个重要结论：从长远来看，美国人的消费倾向很难改变，大致上围绕收入水平而相对变动，这说明一个人的长期消费倾向与他的绝对收入无关。基于消费者行为的分析和假设，杜森贝里提出了相对收入假说。杜森贝里在消费者行为的一般理论基础之上建立了消费函数，但基本理论中的两个基本假设都得到了修正。一是假设一个人消费不受其他个人消费的影响。杜森贝里从消费的社会性开始，以消费选择的本质、选择的过程、追求较高的消费和消费的社会重要性等方面为论证点，表明消费者的消费行为会受他人影响。由此提出了他的相对收入假说的第一个命题：消费的变动并不取决于消费者的绝对收入水平，相反，它取决于其相对收入水平，即它在一定收入分配中所占的比重，由此提出了消费的“示范作用”。

4. 生命周期假说

莫迪利安尼等提出了生命周期假说。基于微观经济学中的消费者行为理论，他们从个人消费行为的研究入手，这个假设的前提是：首先，假设消费者是理性的，可以用自己的收入以合理的方式进行消费；其次，效用最大化是消费者行为的唯一目的。这样，根据效用最大化的原则，理性的消费者将在其一生的收入中安排一生的消费和储蓄，使其一生中的消费等于收入。因此，消费就不是依赖于现期收入，而是依赖于一生的收入。莫迪利安尼等的生命周期假说和凯恩斯的消费函数理论的区别在于，后者强调突出了当前收入与当前消费支出的相互关系，而前者突出了当前消费支出与整个家庭一生的全部预期收入的相互关系。生命周期理论认为，每个家庭的消费支出都是根据其一生的全部预期收入来安排的，即每个家庭希望在生命周期各个阶段达到消费的理想分布都能通过其每一时点上的消费和储蓄决策来反映，由此实现一生消费效用最大化的目标。因此，每个家庭在两个生命周期内所获得的总财富将决定他们的消费。这样，家庭所处的生命周期阶段就能决定其消费。

三、财政货币政策主要学派的理论观点

财政政策与货币政策是宏观调控的主要手段，西方各经济学派对此都有自己独特的见解，并形成了各自的理论观点。总的来说，关于财政货币政策配合的主要学派包括凯恩斯学派、新古典学派、货币学派、供给学派、新凯恩斯学派等。

1. 凯恩斯学派

凯恩斯关于财政货币政策的理论主要是围绕有效需求展开的，因此被称为有效需求理论。凯恩斯认为资本主义经济的自我调节能力具有局限性，因而常常会导致有效需求的不足。他认为，有效需求主要包括消费需求和投资。他认为边际消费倾向递减是导致消费需求不足的原因，而投资的边际效率递减和流动性偏好的存在则是导致投资需求不足的原因。他把产生有效需求不足的原因归结于人们的心理作用，即边际消费倾向递减、资本边际效率递减和流动性偏好等心理因素导致了消费与投资的减少。因此他认为政府应对这三个心理因素合理运用，以促进国民收入和产出的增长。凯恩斯将国民收入和产出作为因变量，这三种动机作为自变量，形成了凯恩斯理论体系，进而提出了以国家干预经济为特征的一系列主张。

在财政政策方面，凯恩斯主张实行赤字财政政策，认为政府经常出现财政赤字也无所谓，赞成政府进行举债支出，认为“举债支出虽然浪费，但结果倒可以促进社会财富的增加”。他提出政府要通过各种途径增大政府支出，提倡奢侈消费，增大国家消费和政府投资。在消费上，他主张通过税收对收入实现再分配。他认为收入分配的不公会导致消费倾向的降低，主张用累进税和遗产税实现收入再分配，从而使得低收入者的收入增加。因为高收入者的边际消费倾向较低，只有小部分用于消费；低收入者的边际消费倾向较高，但其收入过低。因此他认为实现累进税和遗产税有利于提高边际消费倾向，扩大消费需求，提高国民收入和产出水平。在投资上，他认为政府要扩大支出，增加政府投资。他对政府投资的方向提出了明确的要求。他不主张政府对生产事业进行投资，因为这将与企业形成竞争，并会挤兑私人投资并加速生产过剩危机的出现。凯恩斯提倡政府以举债的方式投资公共项目。

在货币政策方面，凯恩斯提出通过调整货币供应量以调节利率水平，从而影响投资，进而调节社会总需求。凯恩斯提倡“半通货膨胀”，主张政府通过通货膨胀手段来弥补财政赤字。他认为“半通货膨胀”在适度扩大社会支付能力的

同时还可以降低利率水平，可以促进就业和解救经济危机，从而刺激消费和经济增长。凯恩斯在《就业、利息和货币通论》中指出："就我自己而言，我现在有些怀疑，仅仅由货币政策操纵利率到底有多大成就。国家可以从长远，从社会福利着眼，计算资本边际效率，故我希望国家多负起直接投资之责。"①

在财政政策与货币政策的配合方面，凯恩斯主张国家宏观调控应以财政政策为主，货币政策为辅，二者相互配合使用。在经济衰退时，实现扩张性的财政政策与货币政策；在经济过热时，实现紧缩性的财政政策与货币政策。

2. 新古典学派

20 世纪 40 年代，以汉森和萨缪尔森为代表的经济学家认为资本主义经济总是在繁荣与萧条之间交替进行，他们还认为货币政策与财政政策一样重要，因此提倡政府应实行补偿性的财政政策与货币政策。补偿性的财政政策是指，当经济萧条时，政府应扩大支出，刺激社会总需求，产生预算赤字；当经济繁荣时，政府应减少支出，抑制社会总需求，产生预算盈余。这样在萧条时期产生的赤字就可以通过繁荣时期的盈余来弥补，从而在整个经济周期内政府预算实现盈亏相抵。补偿性的货币政策是指，当经济萧条时，央行应扩大货币供给，降低利率以增加社会总需求；当经济繁荣时，央行应减少货币供给，提高利率以抑制社会总需求。汉森（A. H. Hansen）曾言："货币武器确实可以用来制止经济扩张。"②

20 世纪 70 年代经济出现"滞胀"现象，具体表现为经济增长停滞和通货膨胀并存。为了解决"滞胀"问题，新古典学派提出宏观调控应根据经济形势具体的变化，斟酌使用财政货币政策。例如，在实施扩张性财政政策的同时应配合以紧缩的货币政策，以防通货膨胀；在实施扩张货币政策的同时应配合以紧缩的财政政策，以防经济过热。新古典学派还重视财政政策与货币政策的微观化。微观化是指对不同的市场和不同的部门应实行不同的政策。在财政政策方面，财政支出要针对不同公共项目实行有差异的投资；税收上，根据不同收入群体制定不同的税率。在货币政策方面，根据不同的行业制定不同的利率。财政货币政策的微观化有助于优化经济结构，减少经济波动。

3. 货币主义学派

货币主义学派提倡"经济自由"，认为社会应保证人们的经济自由，因为资

① 凯恩斯．就业利息与货币通论［M］．北京：华夏出版社，2005：140－147.

② Hansen A. H. Fiscal Policy and Business Cycles［M］. New York：W. W.，Norton and Company，1941：56－73.

源只有在经济自由的前提下，才能通过市场机制的作用获得最优配置。现代货币主义学派认为相机抉择的财政政策与货币政策都是无效的，只会引起经济的波动。货币主义学派以弗里德曼为代表，从以下三个方面对凯恩斯主义的财政政策进行了批判：①实践上的困难，财政政策减税容易而增税难；②财政政策具有时滞性，一方面出台需要经过持久的谈论，另一方面发挥作用也需要一定的时间，在这段时间里经济形势可能已经发生变化，这时候再实施财政政策只会加剧经济波动；③财政政策具有挤出效应，即财政支出的增加会导致私人投资的减少。另外，弗里德曼还批评了凯恩斯的货币政策，他指出货币政策的时滞性会导致货币政策失效，他认为凯恩斯主义没弄明白货币政策能控制什么，不能控制什么。

货币主义学派反对使用财政政策，但十分看重货币政策。弗里德曼（Friedman）表达了货币主义的观点："财政政策本身在很大程度上是无效的，起作用的是货币量的变化。"① 货币主义学派主张实行单一规则的货币政策，认为应把货币供应量作为唯一的政策目标。货币主义学派认为应使货币供应量增长率与实体经济的增长率大约一致，这样物价才能稳定，经济才能繁荣。由于货币主义学派反对实行财政政策，主张只使用单一规则的货币政策，所以货币主义学派基本不涉及财政货币政策的配合。

4. 供给学派

供给学派与货币主义学派有些类似，都反对凯恩斯的有效需求理论，提倡经济自由主义。与货币主义学派不同的是，供给学派注重供给的作用，主张应该增加供给、减少税收与支出、刺激消费等政策。在减税方面，他们认为降低税率可以提高工人工作的积极性，从而增加储蓄，扩大企业投资规模，最终增加社会总供给。在减少政府支出方面，他们提倡削减政府支出，尤其是对于社会福利的支出。供给学派认为，庞大的社会福利支出不仅会使劳动者自愿失业因而降低总供给，还会滋生腐败问题。大幅度降低社会福利支出转而增加生产性投资，可增加就业，最终提高总供给。

在政策配合方面，供给学派认为应实行扩张性货币政策与紧缩的财政政策。他们提倡：在货币政策上，可以增加货币供给以降低利率，刺激投资；在财政政策上通过降低税率增加劳动供给。供给学派认为这些政策可以刺激投资，增加总供给，从而有助于降低价格水平，有效缓解通货膨胀。

---

① Friedman. The Counter-revolution in Monetary Theory [M]. Springer, 2014: 18.

5. 新凯恩斯学派

20世纪70年代，面对“滞胀”问题，凯恩斯主义因无力解决而受到其他学派的批判。80年代，一批信奉凯恩斯学派的学者将原有的凯恩斯主义与新古典经济学结合起来形成了一个新学派：新凯恩斯主义。新凯恩斯主义认为，由于信息不对称和价格黏性的存在，市场机制常常失灵，因此有必要对经济进行干预。与传统的凯恩斯主义不同的是，新凯恩斯主义重视市场自发调节机制的作用，提倡国家应对经济进行适度干预。

传统的凯恩斯主义过于重视财政政策的作用而轻视货币政策，新凯恩斯学派则认为货币政策与财政政策同等重要，认为只有通过两者的协调配合，才能更好地实现宏观经济目标。在财政政策方面，新凯恩斯学派赞成古典学派的观点，认为政府的过度干预造成了“滞胀”的产生，主张通过财政政策对经济进行“粗调”。在货币政策方面，新凯恩斯学派认为扩张的货币政策有助于稳定产量水平，提倡央行对信贷市场进行干预，使得贷款流向社会效益更高的项目，增大社会总福利。斯蒂格利茨（J. E. Stiglitz）曾言：“……财政政策工具或货币政策工具并不能完全符合主要的宏观经济政策目标的需要……选择最优的政策工具组合因此成为政策制定者的一项重要工作……”①

6. 流动性约束理论

流动性约束理论最早由Flavin和Tobin提出，在现实生活中，存款利率与贷款利率存在差异，因此居民在进行消费决策时会考虑流动性约束的影响，进而会对居民消费产生不利影响。该理论认为流动性约束必然会降低居民消费，流动性约束无论在现在还是在未来，都会促使当期消费减少；同时，流动性约束理论认为，流动性约束限制了消费者对其终身收入的跨期限分配，在消费者的生命周期中，消费状况并不能平滑地存在，理性的消费者会不断增加其储蓄资金而减少其消费，以预防未来收入下降所带来的不利影响。

流动性约束是由于存贷款利率的差异形成的，因此该理论认为产生流动性约束的因素主要包括：第一，信贷市场上借款方和贷款方由于信息不对称会产生逆向选择，导致道德风险的发生，这最终将导致实际信贷市场均衡利率高于理论信贷市场的均衡利率。第二，目前我国资本市场还很不发达，信贷市场的品种和规模远远不够，这也会造成信贷利率差异。第三，消费者被要求以抵押物抵押来获

① 斯蒂格利茨．经济学（下册）［M］．北京：中国人民大学出版社，1997.

得消费贷款，由于不能及时地将财富变现或者抵押，因此消费者不易获得消费信贷。

基于以前的研究，扎德斯于 1989 年通过研究发现，一国的储蓄率与该国的流动性约束呈正相关关系，即该国的流动性约束越强，其储蓄率相对应会越高，进而使得消费者用于消费的资金越少。

7. 信贷配给理论

信贷配给理论即通过信贷的可获得性便可实现货币政策对国民经济以及消费的影响。信贷配给理论认为，信贷市场信息的严重不对称，使得逆向选择和道德风险普遍存在，从而导致许多金融机构更愿意通过信贷配给而不想通过利率来开展信贷业务。斯蒂格利茨认为在信息不对称市场，由于存在逆向选择和道德风险，银行等信贷机构会采取提高利率的方式来开展业务，以弥补潜在的道德风险效应和逆向选择效应，随着信息不对称的越来越严重，利率提高的水平越来越高，当达到银行最优利率时，即利率增加到一定程度但仍不足以弥补道德风险效应和逆向选择效应时，银行就会更愿意通过信贷配给来开展信贷业务；当银行采取信贷配给方式时，利率已发生变化，这会对投资产生影响，最终会影响国民经济和居民消费。

本章小结

本章首先对财政政策和货币政策的概念进行了界定，分别介绍了财政政策工具和货币政策工具的种类。随后对本书使用的研究方法 DAG 技术和 DSGE 模型进行了详细的介绍。之后回顾了国内外学者所做的研究，发现国内外学者对居民消费政策研究主要包括三类：第一类，财政政策对居民消费的影响；第二类，货币政策对居民消费的影响；第三类，财政货币政策联动对居民消费的影响。最后，介绍本书相关理论基础，主要对居民消费相关理论和财政货币政策相关理论进行介绍，其中居民消费相关理论包括消费函数理论和预防性储蓄假说，财政货币政策相关理论主要总结了各学派的主要观点。

第三章　我国居民消费和财政货币政策协调配合的现状分析

从20世纪末以来，我国经济蓬勃发展，国民收入从20世纪末的3634.14亿元左右迅速提升至21世纪的696593.83亿元左右，年均增长率在10%以上。在此基础上，居民消费也得到了很大的提高，从1978年的1759.1亿元增长到264757.61亿元①，居民生活质量普遍提高，但是相对于国民收入的增长水平，我国居民的消费水平仍相对较低，这造成了我国居民消费的不足。2008年的美国次贷危机，最终导致了经济危机和全球性金融危机。这次危机使得全球需求急剧下降，其中包括了全球各国对中国产品需求的大幅度下降，这严重影响了当时对外依赖程度极高的中国经济。这给了中国经济一个很大的警示，即要实现中国经济的进一步增长就必须转变经济发展模式，从主要依靠投资需求拉动、出口需求拉动模式转向主要依靠拉动国内消费需求模式。由于经济增长有其模式运行所固有的惯性，同时这种模式内部的经济利益结构在短时间内很难调整，模式转变的难度不言而喻。这种转变不可能一下子完成，它将是一个漫长并且曲折的过程。我国居民消费和GDP的快速增长离不开我国宏观调控政策的实施，随着经济的不断发展，宏观调控的难度不断增大。在经济“新常态”下，如何协调好财政政策和货币政策以提高居民消费这个问题值得探讨。本章对居民消费进行了界定，描述了居民消费水平和居民消费结构的特征，通过统计数据分析判断我国居民消费的实际情况，并对改革开放以来我国居民消费水平变动进行了分析，从而判断我国居民消费水平发展的趋势。最后，本章通过比较我国与西方发达国家的居民消费情况，具体分析了两者在居民消费水平方面所存在的区别。此外，本

---

① 资料来源：国家统计局。

章还介绍了我国财政政策和货币政策的主要配合方式，回顾了我国财政货币政策配合的历史，探讨了财政货币政策目前存在的问题。

第一节　我国居民消费的现状分析

消费是经济主体为了满足自身的需要而对社会产品产生需求的一个过程，是整个社会经济的最终驱动。消费率是指一个国家或地区在一定时期内的最终消费占当年 GDP 的比率，它的高低主要受国民收入的增长速度和积累率高低的影响。它反映了拉动经济增长的三大需求中消费所起作用的大小，而消费率则判断了社会产品效用和价值得以最终实现的程度。生产过程并不是指产品制作的完成，只有当产品消费到经济主体手中时整个生产过程才算完结，所以说消费对于整个社会经济的增长来说扮演着举足轻重的角色。消费需求在很大的程度上牵引着整个社会经济波动的方向以及速度，是影响整个社会经济走势的关键性因素。

表 3－1　居民消费率的国际比较

年份	2008	2009	2010	2011	2012	2013	2014	2015
澳大利亚	0. 547	0. 5565	0. 5438	0. 5368	0. 5442	0. 5486	0. 5589	0. 5727
巴西	0. 5973	0. 6196	0. 6022	0. 6027	0. 6141	0. 6172	0. 6296	0. 6384
德国	0. 553	0. 5743	0. 5606	0. 5533	0. 5576	0. 554	0. 5453	0. 5394
法国	0. 5525	0. 5619	0. 5614	0. 5574	0. 5567	0. 5558	0. 5538	0. 5509
韩国	0. 5238	0. 5243	0. 5165	0. 5032	0. 5096	0. 5137	0. 5091	0. 5035
加拿大	0. 544	0. 575	0. 5694	0. 5586	0. 5599	0. 5593	0. 5599	0. 5758
美国	0. 6803	0. 6829	0. 6818	0. 6888	0. 684	0. 6807	0. 6821	0. 681
南非	0. 6001	0. 5951	0. 5902	0. 5959	0. 6112	0. 6059	0. 6015	0. 5986
日本	0. 5664	0. 5849	0. 5775	0. 5825	0. 5864	0. 5896	0. 5842	0. 5656
印度	0. 5647	0. 5794	0. 5594	0. 5661	0. 5681	0. 5746	0. 5765	0. 5902
英国	0. 6534	0. 6571	0. 6521	0. 6492	0. 6542	0. 6545	0. 6491	0. 6486
中国	0. 361	0. 3628	0. 3536	0. 3608	0. 3674	0. 3692	0. 3772	0. 38

资料来源：中经网统计数据库。

表3-1是中国、美国、印度等具有代表性的发展中国家和发达国家在2008~2015年的居民消费率走势情况。从消费率的水平看，印度、巴西等发展中国家的居民消费率各年均在50%以上；而美国、德国、英国等发达国家的居民消费率各年均在55%以上，其中美国各年均在68%以上；与上述国家相比，中国各年的居民消费率各年均在40%以下，由此可以看出中国的居民消费率远低于国际一般水平。从消费率的变动看，巴西、印度等发展中国家的居民消费率整体上处于上升趋势，其中南非的消费率略有下降；而德国、英国、法国等发达国家的居民消费率整体上处于下降趋势，其中加拿大、澳大利亚等过消费率略有上升；我国居民消费率从2008年的36.1%上升至2010年的35.36%，其间有轻微的下降趋势，直到2011年居民消费率才发生转折，重新出现上升趋势。2011年的居民消费率为36.08%，到2015年的居民消费率上升为38%。虽然上升趋势明显，但我国的居民消费率依然处于较低水平。因此，表3-1的分析结果表明：我国居民消费率与美国、德国、英国等具有代表性的发达国家，甚至巴西、印度等发展中国家相比还有较大的差距，远低于国际一般水平，所以我国的居民消费率还有很大的上升空间。而近年来，我国的居民消费率在逐年增长，其增长较快，上升趋势较为明显。针对我国居民消费不足的问题，本书将对居民消费水平的特征和居民消费结构的特征进行分析。

一、我国居民消费水平的特征分析

1. 居民消费对GDP的增长贡献偏低

从古至今，中国居民一直都有储蓄防老的观念，而居民的消费行为深深地受传统消费观念的影响。例如，勤俭节约和艰苦朴素等中华民族传统美德，量入为出等保守的消费观念。即使在市场经济体制的快速发展下，居民的传统消费观念还是很难在短时间内做出改变。再者，传统的消费观念，加上居民的收入水平不高，使得绝大多数人不会试图用债务进行消费。即使居民愿意尝试用债务进行消费，他们也会面临很多困难。例如，现在银行的贷款门槛较高、申请手续复杂、还款金额高。我国居民的消费水平也会受预期收入的影响，通常来说，如果居民预期未来收入将增加，他们目前的消费也会增加，并且会把“未来消费”提前转化为当期的“现实消费”。如果居民的收入不稳定，并且预期未来收入将会减少，他的储蓄欲望就会增强。

我国的国民储蓄较世界其他国家而言一直位于较高水平，因此，我国的居民消费水平一直处于世界较低水平。如果剔除其他外在因素，单从消费率进行分析，则我国的居民消费水平自改革开放有了较大的飞跃。如图 3 －1 所示，仅仅从数字看，我国的居民消费能力从改革开放时的 1393 元一路上升，并且上升的速度越来越快，至 2013 年我国的居民消费水平已增至 15632 元，可以看出，如考虑价格因素，我国的居民消费水平自改革开放起至 2013 年提升了 11 倍。所以，如果剔除其他因素，只分析消费量，可以看到我国居民的消费水平自改革开放已经有了较大的提升。但是从图 3 －2 中我们可以发现，我国 GDP 则从改革开放时的 35333. 92 亿元增至 2013 年的 568845. 21 亿元，剔除价格影响因素，我国现今的国民收入较改革开放时已经增加了 16. 1 倍，远高于居民消费水平的增长速度。由此可见，虽然我国的居民消费水平自改革开放以来一直在增长，但增长速度却低于我国 GDP 的增长速度，我国的居民消费水平的低增长水平减缓了我国国民经济的发展速度。

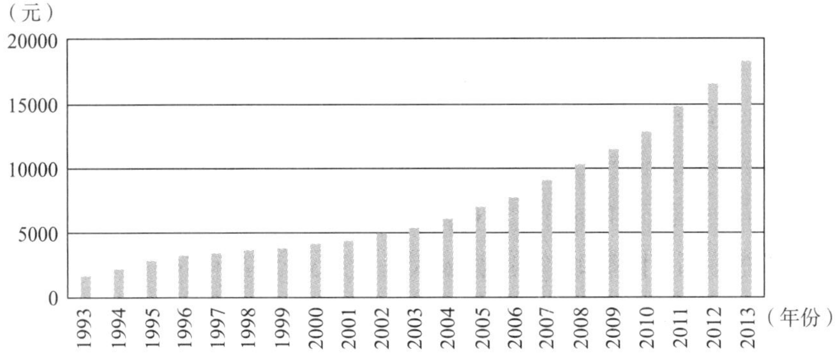

图 3 －1　1993 ~ 2013 年我国居民消费水平

资料来源：国家统计局。

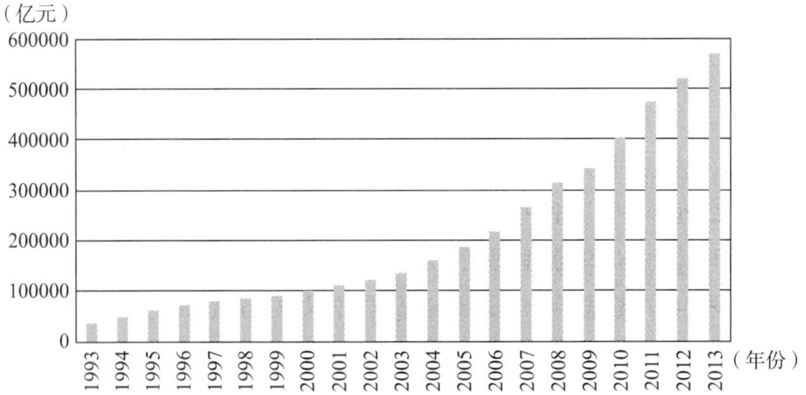

图 3 －2　1993 ~ 2013 年我国 GDP 增长率

资料来源：国家统计局。

由于最终消费由居民消费和政府消费两部分构成，而国际上普遍采用最终消费率来衡量消费对经济的贡献程度，因此我们采用最终居民消费与国民收入的比值来衡量消费对我国经济增长的贡献程度。由图 3－3、图 3－4 可知，我国居民的最终消费水平迅速提升，由改革开放时的 21899.90 亿元增加至 2013 年的 292165.60 亿元，增加了 13 倍。然而，我们也应看到，我国总体最终消费占国内生产总值的比例却呈现出下降的趋势，由改革开放时的 62% 下降到 2013 年的 51%，下降比重为 11%。与之相关的是，我国居民的最终消费占国内生产总值的比例也呈现出下降的趋势，由改革开放时的 47% 下降至 2013 年的 37%，下降比重为 10%。而随着时间的推移，我国总体最终消费以及居民最终消费分别占国内生产总值的比重依旧会呈现出下降的趋势，如图 3－3、图 3－4 所示，并且至今

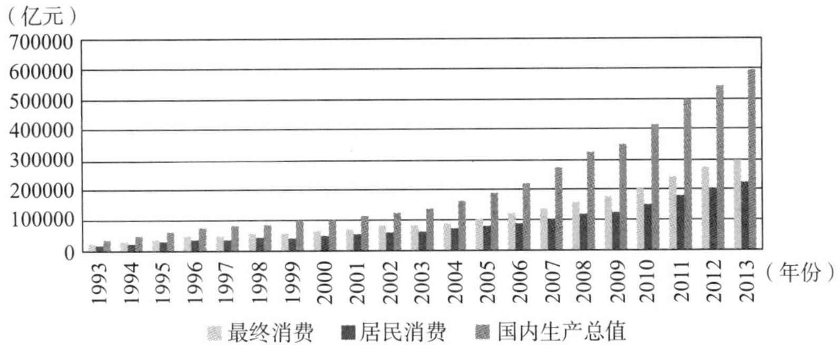

图 3－3　最终消费、居民消费和 GDP 增长

资料来源：国家统计局。

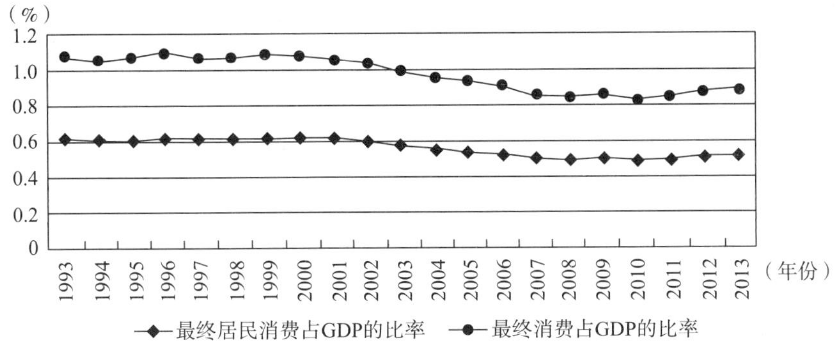

图 3－4　最终消费和最终居民消费占 GDP 比率

资料来源：国家统计局。

未呈现出改善的局面。居民的最终消费与国内生产总值的比率不断下降，反映出我国居民的消费水平对国内生产总值的积极作用在逐年下降，居民消费贡献对我国经济的影响程度越来越弱。

2. 居民消费水平不断上升，居民消费率持续下降

一国居民消费水平的高低可以反映一国居民的生活状况，一般而言，一国经济越发达，居民收入越高，其居民消费水平也越高，该国居民生活质量也相对较好。消费率，又叫做最终消费率，是以该年的价格为基础，计算出的最终消费额与该年 GDP 的比值，其中 GDP 是以支出法计算得出，用公式表示为：消费率 = 最终消费/GDP × 100%；消费率是反映一国消费与其经济增长之间关系的指标。而居民消费率是以该年的价格为基础，计算出的居民消费额与该年 GDP 的比值，居民消费率是消费率的一部分，消费率等于居民消费率和政府消费率的总和。我国现今存在着一个较为突出的现象，居民消费水平不断上升、经济增长率较高，而居民消费率却持续下降。目前，我国的居民消费率明显低于世界上其他主要的经济体，消费需求低迷是我国经济增长结构失衡的一个重要表现。

图 3 - 5 反映了我国 1978 ~ 2015 年居民消费水平与居民消费率的变动趋势。从图 3 - 5 可知，我国居民消费水平自改革开放以来飞速发展，增长趋势非常显著；但我国居民消费率的下降趋势也较为明显，在 1978 年我国居民消费率还在 0.5 左右，到 2015 年已低于 0.4，图 3 - 5 表明：我国居民消费水平不断上升，但居民消费率却持续下降。高收入人群的消费需求基本上已经得到满足，消费潜力不大，并且其所占的比例并不高，所以整个社会的消费水平不会受到高收入人群的消费能力以及消费倾向的影响；但是对于消费欲望非常强烈的大多数中低收入群体来说，他们的消费需求还没有得到满足，还具有巨大的消费潜力，但其消费能力受到资产存量有限的极大限制。低收入群体有巨大的消费潜力，但他们的收入较低，因此缺乏适当的购买力。居民手中的钱越来越少，其消费水平自然随之下降。

3. 政府消费挤兑居民消费

从消费主体方向出发，消费可以由居民消费和政府消费两部分构成。根据西方经济学理论，政府增加消费支出以平衡其财政收支，增加其财政收入以抵减增加的政府消费，财政收入与私人赋税密切相关，赋税的增加会导致居民可支配收入减少，从而导致消费资金减少。另外，政府增加政府消费，会导致物价相对变高，这也会导致居民财富相对减少，因而居民消费水平也会下降。挤出效应讲的

就是政府支出增加会导致私人消费（即居民消费）或投资的相对减少。判断挤出效应的大小，不能单单看政府消费占各国 GDP 的大小，因为各国发展程度的不同必然导致各国 GDP 差别很大。另外，各国社会制度不同，美国等国家为资本主义社会，中国等国家为社会主义社会，其政府消费不一样，因此通过比较各国政府消费占总消费的比例更适合判断各国基础效应的大小。

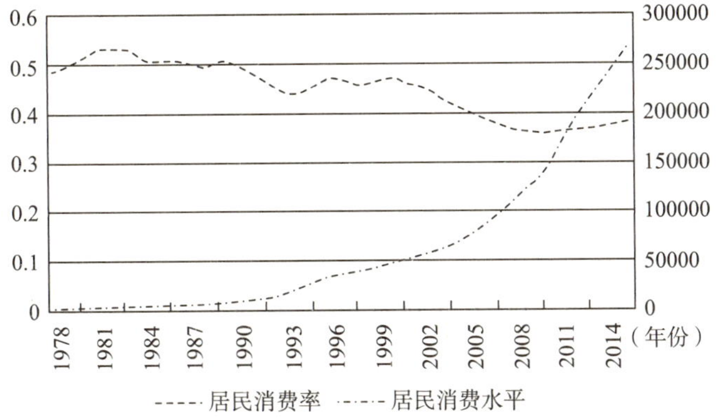

图 3-5　我国居民消费水平与居民消费率的变动趋势

表 3-2 是中国、美国、印度等具有代表性的发展中国家和发达国家在 2008~2015 年的政府消费占总消费比率（以下简称政府消费率）的走势情况。从发达国家看，法国政府消费率各年均在 28% 以上，在发达国家中处于较高水平，美国政府消费率各年均在 20% 以下，在发达国家中处于较低水平。通过比较法国和美国的居民消费率，我们发现：政府消费率较高的法国的居民消费率为 55% 左右，而政府消费率较低的美国的居民消费率为 68% 左右。因此，在发达国家中，政府消费对居民消费的挤出效应是存在的。从发展中国家看，印度政府消费率最低，各年平均为 15.5%，其居民消费率在 55% 以上；韩国政府消费率各年在 22% 左右，其居民消费率在 52% 左右。因此，在发展中国家中，政府消费对居民消费的挤出效应也是存在的。通过观察中国的政府消费率，我们发现中国政府消费率在发展中国家中最高，各年均在 26% 以上，整体趋于下降趋势。综上所述，本书认为我国政府消费过高，挤出了我国居民消费，从而导致我国居民消费不足。

表 3-2　各国政府消费率

年份	2008	2009	2010	2011	2012	2013	2014	2015
澳大利亚	0.2399	0.2431	0.2482	0.2488	0.2498	0.2472	0.2413	0.2441
巴西	0.2398	0.2408	0.24	0.2365	0.2318	0.2343	0.2332	0.236
德国	0.2441	0.2541	0.2543	0.2527	0.2525	0.2572	0.2603	0.263
法国	0.2886	0.2986	0.298	0.2975	0.2998	0.3016	0.3031	0.3027
韩国	0.2101	0.2183	0.227	0.2233	0.2226	0.224	0.2276	0.2309
加拿大	0.2665	0.2769	0.2744	0.275	0.2738	0.2706	0.2674	0.2675
美国	0.1913	0.1988	0.1982	0.1915	0.1872	0.1818	0.1773	0.1749
南非	0.2372	0.2502	0.2553	0.2501	0.2494	0.2546	0.2564	0.2554
日本	0.2448	0.2513	0.2523	0.2574	0.2567	0.2549	0.2566	0.2598
印度	0.1521	0.1607	0.1608	0.157	0.1612	0.1576	0.1624	0.154
英国	0.2367	0.2493	0.2481	0.2434	0.2405	0.235	0.2326	0.23
中国	0.2688	0.2683	0.2679	0.2692	0.2693	0.2699	0.2627	0.2636

资料来源：中经网统计数据库。

4. 政府过于关注投资、忽略消费

投资是经济主体为在未来阶段获得一定的资金增值而将部分资金投入某投资领域的一种经济行为，投资的前提是经济主体有一定的空闲资金或实物的货币等价物。当一国 GDP 处于较低水平时，其投资率较低，随着经济的发展，GDP 明显提升，人们有了一定的空余资金，此时该国将着眼于进一步实现工业化，投资率也逐渐回暖；当一国的工业化水平上升到相当的高度时，各项技术装备水平处于顶尖水平，这时投资率才会出现下降或者在某一高度维持平稳。因此，在不同发展阶段，一国投资率会随着其工业化进程变动。数据表明在发展中国家的工业化初级阶段，投资率大约在 15%；随着工业化进程的加快，投资率也随之升高，工业化中期投资率大约在 20%；当工业化进程步入较发达阶段时，投资率也随之上升到 25% 左右；随着工业化进程的完成，投资率会略微下降为 20% 左右。众所周知，国民经济的发展在很大程度上受投资和消费的影响。在这个快速发展的经济体中，市场在整个经济的运行中起着决定性作用，各行业间的竞争越来越激烈，要实现国民经济的快速稳定发展，就要保证投资和消费的健康、稳定和协调发展。国家统计网数据显示，我国投资率明显过高，消费率明显过低，投资与消费比例失衡。造成这一现象的主要原因有两个：一是投资在我国经济增长中的表现过于明显，二是消费在经济增长中的表现逐渐减弱，这使得投资和消费在经济发展过程中的比例严重失衡。一旦这种情况恶化下去，无法得到有效抑制，就会导致产品产能过剩，消费者的消费欲望降低，从而严重影响国民经济的健康、稳定和协调发展。

表 3-3 是中国、美国、印度等具有代表性的发展中国家和发达国家在 2008~2015 年的固定资本完成额占 GDP 比率（以下简称“投资率”）的走势情况。从表 3-3 可以看出，工业化进程基本完成的美国、德国、法国等发达国家各年的投资率在 20% 左右，且随着时间推移逐步下降；处于工业化进程中期的巴西、南非等发展中国家的投资率在 20% 左右，随着时间推移整体上呈上升趋势。随着改革开放不断进行，中国、韩国、印度等国家的工业化进程进入较发达时期，这些国家的投资率应该在 25%，实际上，这三国的投资率均超过了 30%。根据易行健、杨碧云（2015）两位学者的研究，儒家文化圈内国家的消费率要比非儒家文化圈国家的消费率低 5% 左右，即其投资率要比其他国家高 5% 左右。因此，这三国投资率在 30% 左右也可以解释。但是，中国投资率各年均在 40% 左右，造成该结果的原因在于中国的政绩审核制度。在中国，官员的升迁与否在于该官员在其任期内，所管辖地域的 GDP 增长是否达到高层领导的要求。因此，在其任期内，政府官员会加大对固定资产的投资，如大肆修路，或者大力投入公共基础设施以保障自己的政绩合乎高层的要求。因为投资可以在官员任期内带来巨大的 GDP 增长，而消费不能带来 GDP 的迅速增长。因此在该种制度下，政府官员大多注重投资，忽略消费，这必将导致我国投资过量而居民消费不足。

表 3-3 各国投资率的国际比较

年份	2008	2009	2010	2011	2012	2013	2014	2015
澳大利亚	0.2881	0.2797	0.2708	0.2706	0.2867	0.2767	0.2688	0.2626
巴西	0.1938	0.191	0.2053	0.2061	0.2072	0.2091	0.1987	0.1809
德国	0.2033	0.1916	0.1943	0.2027	0.2011	0.1971	0.2001	0.1991
法国	0.2355	0.2204	0.2207	0.2242	0.2248	0.2206	0.2177	0.2151
韩国	0.3051	0.3138	0.3132	0.305	0.3024	0.2957	0.2926	0.2916
加拿大	0.2353	0.2236	0.2352	0.2357	0.2456	0.2425	0.2417	0.2369
美国	0.21	0.1854	0.1798	0.1828	0.1897	0.1921	0.1964	0.1983
南非	0.2351	0.2151	0.1926	0.1912	0.1928	0.2034	0.2059	0.2046

续表

年份	2008	2009	2010	2011	2012	2013	2014	2015
日本	0.2396	0.2236	0.2133	0.219	0.2242	0.2333	0.2393	0.2343
印度	0.3579	0.338	0.3386	0.3413	0.3291	0.3251	0.3104	0.3014
英国	0.1734	0.1557	0.1563	0.1567	0.1593	0.1611	0.166	0.1693
中国	0.3911	0.4381	0.4387	0.4372	0.44	0.4419	0.4373	0.4113

资料来源：中经网统计数据库。

5. 城乡居民消费相差较大，农村消费萎靡

消费根据经济个体可以分为居民消费和政府消费，将整个居民消费进一步细分，可以分为城镇消费和农村消费两个部分。我国是一个农业大国，农村人口比重比较大，但是农村居民的消费水平远远低于城镇居民的消费水平。改革开放以来，城镇居民随着工业化进程享受了大量的红利，但农村居民受地区发展程度不高影响，消费水平相对落后。农村居民收入水平与城镇居民收入水平差距较大，这直接导致了两者之间的消费水平差距较大。而且农村居民的消费观念较为保守，他们普遍只相信银行，认为储蓄是最佳的投资理财工具。这就导致居民的储蓄率和消费率的差距越来越大，两者朝相反的方向发展。近年来，随着农民工数量的不断增加，部分农村居民的收入有所提高，但他们的消费观念仍然不能适应现代社会，不愿意进行旅游、娱乐等享受性娱乐消费。再加上我国对于城市和农村在社会保障、基础设施建等一些投资建设以及商品粮等各方面采取了两种不同的制度，因此我国农村和城市经济实力差距明显，最终导致城乡居民消费相差较大。

表3-4是中国城乡居民消费在1978~2015年的对照情况。从数据中我们可以明显地看出，改革开放以来，无论是乡村还是城镇，居民消费水平都得到了极大的提升。农村消费由1978年的138元增长到2015年的9630.07元，增产率高达6978.3%，足足提高了67.8倍；城镇消费由1978年的405元增长到2015年的27087.99元，增长率高达6688.4%，略微低于农村消费水平增长率，但城乡消费比的系数为2.81，这足以表明城乡居民消费差距悬殊。从城乡消费水平比看，改革开放初期，城乡消费比不断扩大，由最初的2.9上升到3.7，达到最大；随后开始下降，在2014年降为最初水平，达到2.91。随着政府对农村加大扶持力度，推行各项补贴进行精准扶贫，最终城乡消费水平比降为2.81。虽然我国城乡居民消费比逐年略微下降，但是城乡居民消费差距仍然较为明显。从我国人群

表 3－4　农村、城镇消费对照表

统计年度	城乡消费水平对比	城镇居民消费水平（元）	农村居民消费水平（元）
1978	2.9	405	138
1979	2.7	425	159
1980	2.7	489	178
1981	2.6	521	201
1982	2.4	536	223
1983	2.2	558	250
1984	2.2	618	287
1985	2.2	765	349
1986	2.3	872	378
1987	2.4	998	421
1988	2.6	1311	509
1989	2.7	1466	549
1990	2.9	1596	560
1991	3.1	1840	602
1992	3.3	2009	701
1993	3.6	2661	822
1994	3.7	3645	1073
1995	3.55	4769.1	1344.5
1996	3.4	5382	1655
1997	3.4	5645	1768
1998	3.5	5909	1778
1999	3.6	6351	1793
2000	3.65	6999.34	1917.03
2001	3.6	7323.89	2032.1
2002	3.59	7745.47	2156.68
2003	3.54	8104.04	2292.18
2004	3.52	8879.59	2521.38
2005	3.53	9832.2	2783.64
2006	3.5	10738.78	3065.53
2007	3.53	12479.68	3537.84
2008	3.46	14060.52	4065.08

续表

统计年度	城乡消费水平对比	城镇居民消费水平（元）	农村居民消费水平（元）
2009	3.44	15127.4	4401.73
2010	3.46	17103.54	4940.84
2011	3.22	19911.75	6187.49
2012	3.14	21861.24	6963.9
2013	3.04	23608.96	7773.39
2014	2.91	25424.23	8710.63
2015	2.81	27087.99	9630.07

资料来源：中经网统计数据库。

分布看，2015 年我国城镇人口占总人口的比例为 57.35%，乡村人口占总人口的比例为 42.65%，受到较低收入水平、传统观念的限制，即使现在的农村在快速发展，其居民消费水平依然有巨大的潜力和上升空间。因为农村还有许多不足之处需要改善，所以农村居民的消费还有很大一部分未被挖掘。例如，家电等耐用消费品在农村出现得越来越多；随着农村与城市之间的交集越来越多，农民们也越来越倾向于购买汽车等先进的交通工具，以便他们往返于农村与城市之间。农民的消费也不再仅仅局限于满足日常的基本吃穿需求，在吃的方面他们越来越注重养生，在穿的方面他们越来越注重时尚，在教育方面他们也会进行更多的投资，所以农村的居民消费潜力有巨大的上升空间。而乡村居民的消费水平影响着我国整体的居民消费水平，因此，政府应当缩小城乡居民的消费水平差距，通过提高乡村居民消费进而提高我国整体居民消费水平。

6. 东南部省份居民消费较高，西北部省份居民消费较低

我国地域广阔，各省份有不同的历史文化底蕴，有不同的风俗习惯、生活习性、消费习惯、消费文化，价值观也相差甚远。再加上国家的扶持力度不同，使得各省经济发展悬殊较大，收入差距较大，这也会造成各省基础设施和消费环境的不同，最终导致我国各省居民消费差距较为明显，可以说消费差异就是经济差异和社会发展差异的直接体现。

表 3-5 是我国各省在 2013～2016 年居民人均消费支出变动的走势情况。从各省居民人均消费支出看，北京市和上海市居民人均消费支出居于前列。2016 年，北京市的居民人均消费支出为 35415.7 元，上海市的居民人均消费支出为

37458.3元。西藏自治区和云南省居民人均消费支出则相对落后，2016年西藏自治区的居民人均消费支出仅为9318.7元，而云南省的居民人均消费支出为11768.8元。从中可以看出，各省份的居民人均消费支出与其发达程度是正向相关的，发达程度越高的省份，其居民人均消费支出也越高；发达程度越低的省份，其居民人均消费支出越低。从各省的分布看，东部地区省份的居民人均消费支出最高（如上海、浙江等），中部地区省份的居民人均消费支出较高（如湖南、湖北等），西部地区省份的居民人均消费支出较低（如贵州、甘肃等）。从中可以看出，各省份的居民人均消费支出与其所处的地理位置是相关联的，随着省份越靠近东部地区其居民人均消费支出越高，省份越靠近西部地区其居民人均消费支出越低。

表3-5　居民人均消费支出　　单位：元

年份 地区	2013	2014	2015	2016
北京	29175.63	31102.90	33802.80	35415.70
天津	20418.67	22343.00	24162.50	26129.30
河北	10872.18	11931.50	13030.70	14247.50
山西	10118.33	10863.80	11729.10	12682.90
内蒙古	14877.66	16258.10	17178.50	18072.30
辽宁	14950.16	16068.00	17199.80	19852.80
吉林	12054.34	13026.00	13763.90	14772.60
黑龙江	12037.23	12768.80	13402.50	14445.80
上海	30399.88	33064.80	34783.60	37458.30
江苏	17925.75	19163.60	20555.60	22129.90
浙江	20610.09	22552.00	24116.90	25526.60
安徽	10544.09	11727.00	12840.10	14711.50
福建	16176.63	17644.50	18850.20	20167.50
江西	10052.77	11088.90	12403.40	13258.60
山东	11896.77	13328.90	14578.40	15926.40
河南	10002.47	11000.40	11835.10	12712.30
湖北	11760.77	12928.30	14316.50	15888.70
湖南	11945.85	13288.70	14267.30	15750.50

续表

年份 地区	2013	2014	2015	2016
广东	17421.00	19205.50	20975.70	23448.40
广西	9596.50	10274.30	11401.00	12295.20
海南	11192.88	12470.60	13575.00	14275.40
重庆	12600.20	13810.60	15139.50	16384.80
四川	11054.66	12368.40	13632.10	14838.50
贵州	8288.00	9303.40	10413.80	11931.60
云南	8823.81	9869.50	11005.40	11768.80
西藏	6310.64	7317.00	8245.80	9318.70
陕西	11217.32	12203.60	13087.20	13943.00
甘肃	8943.39	9874.60	10950.80	12254.20
青海	11576.50	12604.80	13611.30	14774.70
宁夏	11292.02	12484.50	13815.60	14965.40
新疆	11391.84	11903.70	12867.40	14066.50

资料来源：Wind 数据库。

单单分析各省居民人均消费支出变动不足以完全说明各省具体情况，由于各省发展程度不同，因此还需要考虑各省居民消费率。表 3－6 为我国各省在 2008～2015 年居民消费率变动的走势情况。从各省发展水平看，广东省和江苏省发展程度较高，但其居民消费率较低，2015 年广东省的居民消费率为 0.3906，江苏省的居民消费水平为 0.36。而海南省和甘肃省虽然发展程度较低，但其居民消费率较高，2015 年海南省的居民消费率为 0.417，甘肃省的居民消费率为 0.4536。从中可以看出，各省份的居民消费率与其发达程度是反向相关的，发达程度越高的省份，其居民消费率反而越低。从省份的分布看，西部省份（如四川、云南、贵州等）的居民消费率显著高于东部省份（如福建、山东等），北方省份（如湖北、河北等）的居民消费率显著低于南方省份（如湖南、江西等），从中可以看出，各省份的居民消费率与其所处的地理位置是相关联的，省份分布越靠近西部、南部地区，其居民消费率越高，而省份分布越靠近东部、北部地区，其居民消费率越低。

结合表 3－5 和表 3－6 的分析结果，我们发现：发展程度越高的省份，虽然其居民消费水平越高，但其居民消费率反而越低；东部地区居民消费水平虽然较高，但其居民消费率较低，西部地区居民消费水平虽低但其居民消费率较高；南方地区无论是居民消费水平还是居民消费率都要明显高于北方地区。

表3-6　各省居民消费率变动

年份 地区	2008	2009	2010	2011	2012	2013	2014	2015
全国	0.3605	0.362	0.3556	0.3632	0.367	0.3681	0.3748	0.3801
江苏	0.2654	0.268	0.2642	0.2756	0.2846	0.3161	0.3458	0.36
福建	0.3256	0.3143	0.3185	0.3092	0.306	0.2958	0.3009	0.3065
山东	0.2894	0.2924	0.2823	0.2866	0.2916	0.297	0.3151	0.3223
广东	0.3828	0.3715	0.3634	0.3853	0.4034	0.4055	0.3873	0.3906
辽宁	0.2585	0.3078	0.3046	0.308	0.3177	0.3267	0.3414	0.3625
江西	0.3881	0.3593	0.3751	0.3642	0.3671	0.3749	0.3758	0.3945
安徽	0.4258	0.4162	0.3943	0.3918	0.3813	0.4056	0.376	0.3873
湖北	0.3603	0.3366	0.3174	0.3095	0.3127	0.3167	0.3176	0.3256
湖南	0.3947	0.3881	0.3609	0.353	0.3506	0.3514	0.3572	0.381
浙江	0.3162	0.3537	0.35	0.3603	0.3605	0.3618	0.3683	0.3698
山西	0.301	0.315	0.3103	0.3108	0.322	0.347	0.3581	0.4113
四川	0.3853	0.3958	0.3863	0.3789	0.381	0.3847	0.3916	0.4017
云南	0.432	0.4377	0.4266	0.4297	0.4407	0.4475	0.4488	0.4666
贵州	0.5016	0.4893	0.4644	0.4502	0.4248	0.4162	0.4298	0.4314
黑龙江	0.3242	0.3447	0.3288	0.3239	0.3249	0.346	0.3819	0.418
吉林	0.306	0.3018	0.275	0.2661	0.2661	0.2697	0.257	0.2597
河北	0.2827	0.2926	0.281	0.2812	0.2938	0.2985	0.3044	0.3187
陕西	0.3208	0.326	0.3068	0.3004	0.3073	0.3093	0.3157	0.3226
甘肃	0.4021	0.4105	0.3804	0.3824	0.3887	0.3958	0.404	0.4536
海南	0.3589	0.3477	0.3169	0.3197	0.3285	0.3316	0.3318	0.417

资料来源：中经网统计数据库。

综上所述，我国西部和北部省份居民消费率高，居民消费水平却不高，这表明西北部省份存在较大的消费潜力，政府应加大对西北部省份的投入，促进这些省份的发展，改善其基础设施和消费环境，这有利于促进我国居民消费水平的提高。

二、我国居民消费结构的特征分析

我国的结构性矛盾对经济发展的影响从改革开放开始便不断显现出来，结构性矛盾是我国现阶段经济发展的主要矛盾，对于结构的调整也成为现阶段经济发展的主要任务，而经济结构中占重要位置的消费结构也是消费经济的重要范畴。随着社会主义市场经济的发展，经济结构升级的呼声也越来越大，因此研究消费结构的问题也越来越重要。

在狭义上，消费结构是指在一定时期内，一国居民在消费过程中所消费的各种消费资料的比例关系；在广义上，消费结构不仅包括用于生活资料的各种消费资料的比例关系，还包括消费方式、消费形式及居民各阶层消费水平等。一般而言，我们所指的居民消费结构是指居民在一定时期内衣食住行、教育文娱、医疗保健等各方面支出占消费总支出的比例。

人类在满足自身存在和发展的过程中，必须消费各种类型的消费资料。居民在消费中所消费的各种物质资料或服务的构成及其比例关系，在一定的社会经济条件下，表现为消费结构。家庭消费结构指在居民的日常生活中通常表现为衣食住行等各项支出分别在总体支出中所占的比例。当加入商品经济条件时，则通常用价值和实物来表示消费结构。用价值来表现消费结构，指的是居民在消费时存在的各种不同种类的消费形式在总体消费中所占的比例情况，通常用货币形式来表示。用实物来表示消费结构，指的是居民在消费过程中的消费种类和消费数量，用实物表示消费结构是消费结构最基本和最原始的表现形式。通常情况下，实物表示的消费结构对价值表示的消费结构具有决定作用，而价值表示的消费结构对实物表示的消费结构具有反映作用，同时能够弥补实物表示的消费结构中所存在的一些缺憾。不同的角度有不同的分类，以消费结构为方向，常见的分类有：第一，按消费中实际的支出对象或具体形式，将消费结构以吃、穿、住等形式分类。目前，世界大多数国家主要采用此分类方法，进行经济等各类统计工作。其中可以对各类别再细分，如在穿类别中，可以细分为化纤品、棉织品、毛织品等。第二，以满足消费的层次为方向，将消费结构以生存资料、享受资料、发展资料等形式分类。其中，生存资料一般是指维持劳动力的简单再生产、保持劳动者体力、脑力和抚养子女所必需的生活资料；享受资料是满足人们享受消费需要的生活资料，是能给人们带来舒适、愉快感的生活资料；发展资料的消费，有助于人们增长知识、陶冶情操，使人们的生活向更高层次递进。此三种消费资料存在一定的交错性，有的消费资料既可以视为享受资料，也可视为发展资料，如数码产品的消费；有的消费资料同时兼备此三种特性，如住房。如此划分消费结构，可以准确地分析消费结构、消费水平，同时，能较好地反映不同阶段、层次和社会集团的消费现状。第三，按消费品提供的消费形态划分，可以分为实物消费、劳务（或服务）的消费结构，前者一般为有形产品，后者一般是人们为满足心理需要、陶冶情操等目的进行的消费形式，如知识、信息等的获得。如此划分消费结构，能较全面地反映居民的消费现状，有利于政府根据消费现状的变化采取措施促进第三产业的发展。

同时，消费结构还可以依据其他标准划分为其他类型，如居民消费与政府消费等。消费结构这一概念，实质是消费需求最终实现的结构。

用统计关系表示，则为在一定时期内已进入实际消费过程的消费品（或服务）的数量及其比例关系。一般来说，适用于消费结构的方法，也就适用于消费需求结构。在许多文献中，人们在使用中基本上没有区分消费结构与消费需求结构，因而本书在表述中也将两者视为同样的意义来使用。为便于数据的获取和分析，文中主要根据国家统计局统计体系定义的消费结构，具体表现为食品、衣着、家庭设备用品及服务、医疗保健、交通通信、娱乐教育文化服务、居住、杂项商品及其服务八大类的消费支出与总消费支出的结构比例。

一国居民消费结构会受到很多因素的影响，主要因素包括：社会生产力水平、消费习惯、居民收入、产业结构及自然环境。产业结构和居民收入能对居民消费结构产生直接影响。一个国家农、林、牧、渔产业的结构是否合理，能够直接对消费结构中粮食、肉、奶、水产品等消费品产生直接影响。此外，新兴产业的形成，如高科技产业的发展，不断扩展了居民的消费领域，促进了消费结构的转型和升级。对消费结构影响最基本、最重要的因素是居民收入水平。收入水平的高低直接影响居民消费的预算约束，并直接影响消费的外延和内涵。过去居民只满足于衣、食、住、行等基本的消费需要，现在居民有教育、娱乐等高层次的消费需要，这样消费结构必然发生变化。从 1993 年开始，我国的经济迅速发展，居民的收入也得到了较大的提升，同时，部分地区也提前达到中等收入水平，居民消费结构也越来越合理，越来越多的居民家庭从温饱型需求转为享受型需求。然而，我们也应看到，我国居民消费结构还存在着一些需要被关注的问题。

1. 基本消费支出所占比重过高，高层次消费支出所占比重较低

居民收入水平是影响消费结构的最基本也是最重要的因素。居民消费的预算

约束直接受到收入水平高低的影响，而我国城乡居民之间的收入还有着较大的差距，这也对我国居民的消费结构造成了影响。在我国，传统的消费观念使得居民的消费变得更加保守，这对居民的消费习惯造成了较大的影响，结果导致现阶段我国居民消费结构中，基本消费支出占了较高的比重，高消费支出占的比重就相对较低了。图 3－6 反映了我国 2016 年居民消费结构情况。从图 3－6 中可以看出，居民家庭人均消费支出中，最高为食品支出，5151 元，所占比重高达 30.1%；其次为住房支出，3746 元，所占比重为 21.9%；然后为交通、通信支出和文娱教育支出，分别是 338 元和 1915 元，所占比重分别为 13.67% 和 11.2%；医疗保健、衣着、设与维修支出较小，分别为 1307 元、1203 元和 1044 元，占消费支出的比重分别为 7.64%、7.03% 和 6.1%。从上面的数据中我们发现，居民衣、食、住、行等基本消费支出所占比重为 66.6%，远高于 50%；而文娱、教育和医疗保健等高层次的消费支出所占比重为 24.87%，不足 30%。由此我们可知，目前我国居民的消费结构以基本消费支出为主，文娱、教育、医疗保健等高层次的支出所占比重不高。

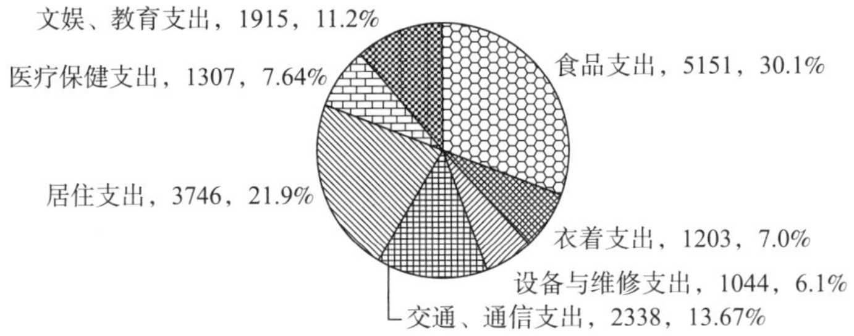

图 3－6　2016 年我国居民消费结构

2. 高层次消费支出增长较快，基本消费支出增长缓慢

自改革开放至今，我国经济发展迅猛，国内生产总值也一直以较高的速度增长，居民人均收入水平不断提高，这就给居民生活质量的提高提供了强有力的保障。在经济迅猛增长、居民收入水平不断增加等因素的影响下，我国居民的消费结构也在发生着变化，居民的消费已不再局限于基本消费，更高水平的消费支出越来越多，居民也在追求更高质量的生活。中共十九大报告中，习近平强调，中国特色社会主义进入新时代，我国社会的主要矛盾已经转化为人民日益增长的美

好生活需要和不平衡不充分的发展之间的矛盾。

图3－7反映了我国季度居民消费结构在2014～2016年的变动情况。从图3－7中可以看到，衣食住行等基本支出曲线呈微弱的下降趋势，文娱教育、保健等高层次支出曲线呈上涨趋势。从数据上看，居民衣食住行等基层消费支出所占比重在2014年第一季度为0.7549，经过其间不断的起起伏伏，到2016年第四季度变为0.7323，即2014～2016年基本消费支出比重略微下降；文娱教育等高层次消费支出所占比重在2014年第一季度为0.1577，经过其间不断的起起伏伏，在2016年第四季度增长为0.1873，即2014～2016年高层次消费支出增长明显。这说明我国居民消费结构逐渐优化，衣、食、住、行等基本支出在慢慢地降低，而文娱教育等高层次支出在不断地上升，我国居民的消费也由基本消费支出逐步向高层次消费支出转变。

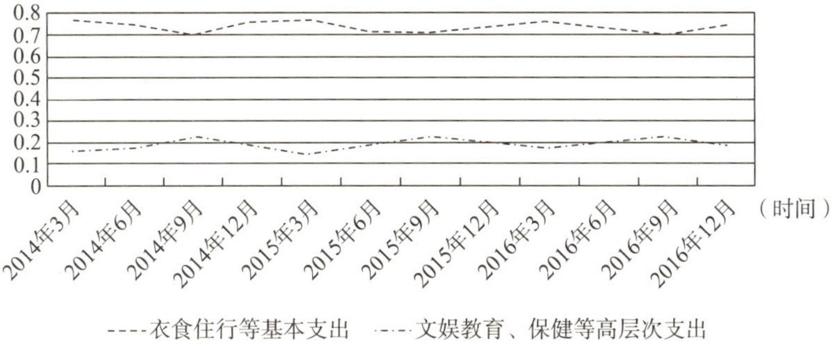

图3－7 2014～2016年我国居民消费结构变动

3. *居民收入支出缓慢，房价增长过快*

一般来说，居民的支出主要包括衣、食、住、行。2012年的统计数据显示，美国居民各项支出中，住房支出比重最高，高达33%，其次为交通支出，比例为17%，食品支出为13%，服装支出为3%。在中国，住房支出比例为18.9%，食品支出比例为30.1%，交通通信比例为16.9%，衣着支出比例为10.3%。这里所说的住房支出是指租房支出。无论是美国还是中国，住房支出在家庭支出的比重都相对较高。另外，中国居民买房的意愿非常强烈。由于房价不断上涨，购房支出在居民消费中占据极大比重。通过与美国居民购买房屋进行对比发现，在美国的迈阿密地区，居民购买房屋大概需要四年的时间；在纽约地区，居民购买房屋大概需要五年的时间；而在洛杉矶地区，居民购买房屋大概需要六年的时间。现今不断飙升的房价，对于中国居民来说，压力非比寻常，而居民要在一线城市购买房屋更是难上加难，因此，居民消费水平不足的状况与房价上涨之间存在着密切的联系。

表3－7反映了中国1993～2015年居民收入与住房价格变动情况。数据显示：农村居民收入和居民收入都得到了较大增长，其中农村居民收入由1993年的921.62元增长至2015年的10772元，增长倍数为11.69倍；城镇居民收入由1993年的2577.4元增长至2015年的31194.83元，增长倍数为12.1倍。但住房价格的增高更为迅速，由1993年的1208.23元每平方米增长至2015年的6473元每平方米，增长倍数高达5.36倍，假定一套房子的面积平均为90平方米，那么一套房子的价格增长为482.4倍。与收入的增长速度相比，住房价格增长速度远远超过收入增长速度。

表3－7　居民收入与住房价格变动

指标 年份	农村人均居民收入（元）	城镇人均居民收入（元）	住房平均价格（元/平方米）
1993	921.62	2577.4	1208.23
1994	1220.98	3496.2	1194.05
1995	1577.74	4282.95	1508.86
1996	1926.07	4838.9	1604.56
1997	2090.13	5160.3	1790
1998	2161.98	5425.05	1854
1999	2210.34	5854.02	1857
2000	2253.42	6279.98	1948
2001	2366.4	6859.58	2017
2002	2475.63	7702.8	2092
2003	2622.24	8472.2	2197
2004	2936.4	9421.61	2608
2005	3254.93	10493.03	2936.96
2006	3587.04	11759.45	3119.25
2007	4140.36	13785.79	3645.18
2008	4760.62	15780.76	3576
2009	5153.17	17174.65	4459
2010	5919.01	19109.44	4725

续表

年份\指标	农村人均居民收入（元）	城镇人均居民收入（元）	住房平均价格（元/平方米）
2011	6977.29	21809.78	4993.17
2012	7916.58	24564.72	5429.93
2013	8895.91	26467	5850
2014	9892	28843.85	5933
2015	10772	31194.83	6473

资料来源：中经网统计数据库。

图3－8反映的是居民收入指数与住宅价格指数变动图，取基期1991年等于100，我们可以看到房地产开发企业住宅平均销售价格指数自1991年以来大概增长了10倍，农村居民人均可支配收入指数大概增长了6倍，城镇居民人均可支配收入指数大概增长了5倍，从图3－8中我们能更直观地看出居民收入增长远远不及住房价格增长。因此，我们认为住房价格的过快增长，收入的缓慢增长，使得住房支出挤占更多的居民收入，从而导致居民消费不足。我国居民之间的收入还有着比较大的差距，其中大多数是中低收入者，绝大部分人是无法利用住房的价差去获得收入的，因为他们只有一套房。而对那些还未购买房子的人来说，面对高额并不断上涨的房价，他们只能选择不断地储蓄，这无疑会大大增加他们的消费压力，而这对国家的经济发展是极其不利的。尽管年轻人本身有强烈的消费欲望，在巨额的房贷面前，他们也只能抑制住自己的消费欲望。这也间接地影响了已经有房的中老年人的消费，他们不得不减少自己的消费、增加储蓄来帮助自己的儿女。即使这样，也只有少数的人能够负担得起高额的房价，使其购房欲望得到满足。

4. 恩格尔系数较高，食品支出比重较高

恩格尔认为当家庭收入减少时，食品等基本需求的消费所占比例就越大，当家庭收入增加时，对于食品等基本需求的消费就会下降。通常用恩格尔系数来衡量一个家庭或国家的富裕程度，其反映了一个家庭食品支出总额占个人消费支出总额的比重，其主要内容是指一个家庭或个人收入越少，用于购买生存性食物的支出在家庭或个人收入中所占的比重就越大。从国家的角度来说，经济越落后的国家，其国民用来购买食物的消费支出的比重就越大。对于家庭来说，在其他条件相同时，其恩格尔系数越高，则说明其收入越低，反之，恩格尔系数越低，则说明其收入越高；对国家来说，其恩格尔系数越高，则说明该国越穷，反之，恩格尔系数越低，则说明该国越富裕。

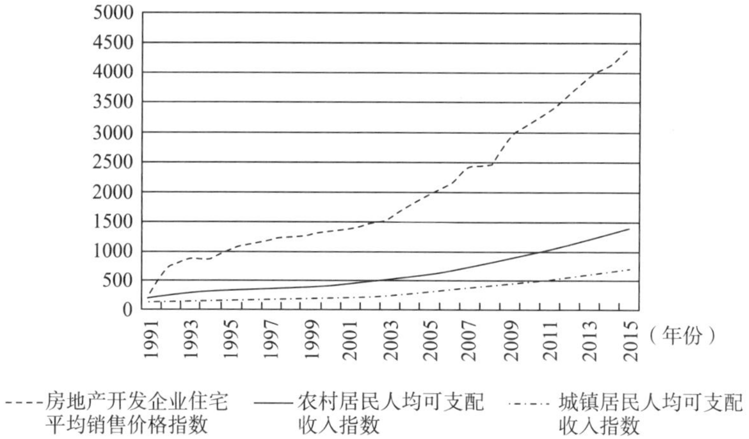

图 3-8　居民收入与住宅价格变动

资料来源：中经网统计数据库。

表 3-8 反映了中国 2008~2016 年城镇居民和农村居民恩格尔系数的变动情况。由表 3-8 可见，从 1993 年以来，我国的经济呈现出飞速发展的趋势，城市居民收入不断增加，居民的消费结构也在理性、科学地发展，大部分居民从温饱型需求转变为享受型需求，与之相对应，我国的居民恩格尔系数呈现出下降的趋势，如 2008~2016 年，我国城镇家庭的恩格尔系数从 37% 左右降至 32%，农村居民家庭的恩格尔系数从 43% 左右下降至 33% 左右。以上变化反映出的是我国居民家庭消费结构不断趋于合理。然而，与发达国家相比，我国居民消费状况中食品的支出仍然占国民消费的较大比重，与此对应，我国的恩格尔系数仍处于较高的水平。

5. 消费结构向发展型转变

生存型消费指的是居民家庭所需的基本消费；发展型消费指的是在生存型消费的基础上为提高居民综合素质所需的消费；享受型消费指的是既满足居民生存又满足居民发展的消费。因此，根据以上定义，可将居民家庭的衣、食、住、行等基础的消费列入生存型消费，将家庭设备、医疗保健、交通通信、文教娱乐等方面的消费列入发展型消费和享受型消费。一般而言，居民的消费结构会随着其收入水平以及消费水平的变动而发生改变。当居民的收入水平以及消费水平处于一个较低的水平时，其消费主要是为了应付日常开支以及基本的生存、温饱需要。当居民的收入水平以及消费水平处于一个较高的水平时，其消费就不仅仅是为了应付日常开支以及基本的生存、温饱需要了，他们会去追求更高水平、更高质量的生活，向发展型、享受型消费转变。

表3-8 我国恩格尔系数 单位：%

指标＼年份	2016	2015	2014	2013	2012	2011	2010	2009	2008
城镇家庭恩格尔系数	32.0	33.1	34.2	35.0	36.2	36.3	35.7	36.5	37.9
农村家庭恩格尔系数	33.1	34.3	35.5	37.7	39.3	40.4	41.1	41.0	43.7

资料来源：国家统计局。

通过研究发现，1993年以前，我国的农村居民家庭消费表现为生存型消费，占比71%，而发展型消费和享受型消费占比为29%。至2013年时，我国农村居民家庭消费中生存型消费支出呈现出下降趋势，下降至55%，而发展型和享受型消费则表现出上升趋势，上升至45%。农村居民的收入水平也在随着社会经济的迅猛发展而不断提高，其消费支出也大大增加。现如今，经济的发展使得互联网等科技越来越普及了，农村居民也有能力去追求更高水平的生活和进行高层次的消费支出，不再局限于基本的消费支出了。而在知识经济发展的背景下，农村居民也越来越注重文教娱乐方面的消费支出，这让我国居民的消费结构变得越来越合理。

由图3-9可见，我国农村居民的消费水平与消费结构之间成正比例关系，两者同增同减，当居民用于满足基本生活和生存的消费支出比重呈现下降趋势时，用于发展和享受的消费支出则呈现出上升趋势。

三、居民消费结构变化的影响因素

一般来说，能影响居民消费的因素，都能进而影响到居民的消费结构，这些因素主要来自于经济因素，包括居民收入、人口状况、产业结构等方面，其对消费结构的影响较显著，同时也有来自社会文化等的非经济因素。

1. 收入因素

收入是居民消费结构中最重要、最基本的因素。收入是影响服务消费的关键

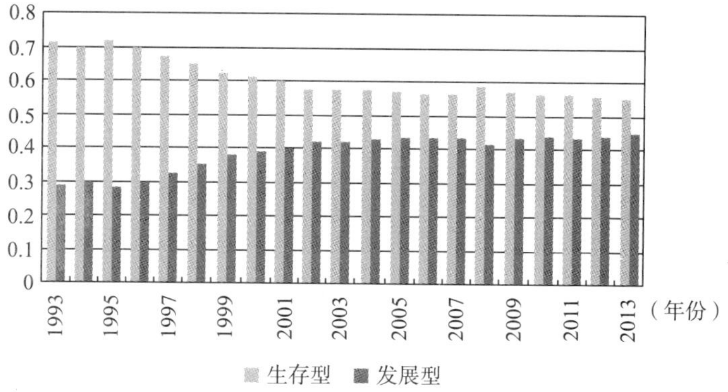

图 3－9 中国城镇居民消费结构变化趋势

因素，处于不同收入水平的家庭的消费倾向存在很大差异。收入来源的不同会导致服务消费倾向产生差异，不同的收入来源和收入结构会在不同等级的居民之间产生不同的影响效果。城镇居民收入差距比较大，不同收入层级间的服务消费需求不同，那么限制服务消费支出的约束条件也会有一定差异。在西方经济学中，消费函数论在诠释消费领域中消费与各影响因素关系方面，得到了深入的研究，其中无论是凯恩斯的绝对收入理论、杜森贝利的相对收入理论、弗里德曼的持久收入理论，还是莫迪利安尼的生命周期理论、理性预期消费函数理论等，虽然视角各有不同，但都普遍认同收入是影响消费的非常重要的因素。如按照凯恩斯的绝对收入理论，消费是收入水平的函数 C＝f（Y），不过，由于边际消费趋向的存在，消费增长要低于收入的增长速度。

收入在两个方面影响着服务消费比重：一方面是收入水平越高，服务消费比重越高；另一方面是高收入、最高收入这两个群体的服务消费比重在增加，而其他收入群体却在下降。不同城镇家庭因其不同的收入水平而有着不同的消费结构，随着收入水平的提高，服务消费支出占总消费的比重也在提高。随着经济水平的迅猛发展，收入水平的不断增加，我国收入水平存在较大差距的城镇居民的消费无论是从内容上还是性质上都有着巨大变化。不同收入水平家庭的恩格尔系数在不断下降，城镇居民的消费结构也变得越来越完善。最高收入家庭的恩格尔系数低于30%，达到最富裕标准；中等级以上收入水平家庭的恩格尔系数低于40%，进入富裕行列；根据2010年的恩格尔系数，即使城镇困难户、最低收入水平的家庭也已步入小康水平了。

收入主要通过影响消费需求来影响消费结构，一般来说，居民收入水平提高意味着居民对消费品（或服务）的购买力提高，此时居民消费需求会向更高层次转变，从内涵和外延上均能引起消费结构的跃升。内涵性跃升体现了消费水平的提高，如随着收入的提高，人们对于吃的方面的追求，已经不再是仅仅追求吃饱，而是追求吃好，更讲究味道、营养、健康。外延性跃升表现在消费结构的升级，人们消费品的种类、范围、深度都得到了提高，如收入水平提高后，过去没有或者不能消费的消费品，现在都可以或者能够消费了；曾经只在城镇广泛使用的彩电、冰箱等耐用消费品，已经走进广大的农村家庭，在居民消费中得到大量使用。同时，收入还可以通过消费品的需求弹性对消费结构产生影响。消费品（或服务），对收入变化的敏感性不同，收入水平变化对其需求弹性都将产生或大或小的影响。例如，当一国经济发展滞后，居民人均 GDP 和可支配收入偏低的时候，收入需求弹性较小的满足基本生存需要的生活必需品在居民消费结构中占的比重较大。因而，可以通过分析收入需求弹性的大小，了解消费结构的变化情况，根据其变化特征，调整消费品的数量、质量和种类，促进人们消费需要的满足和消费结构的优化。

2. 人口特征

消费的主体是人，发展消费的目的是为了更好地满足人们的消费需求。人口的相关特征及变化，对居民消费以及消费结构都有着重要的影响。通常以人口数量和人口结构来表现人口特征因素，人口数量是指一国或地区在一定时期内全部人口的数量，人口出生率和死亡率密切相关，当人口出生率高于人口死亡率时，人口以一定的自然增长率呈现正增长，相反，人口呈负增长。在社会消费总量一定的条件下，人口数量会影响人均消费品数量，人口总量与人均消费量（或消费额）呈负相关关系。

$Y = f(x)$

其中，x 表示人口总量，Y 表示人均消费量，在社会消费品一定的条件下，二者关系如图 3－10 所示。

人口数量庞大，居民人均消费量就少，消费中用于满足基本生存需要的消费品的比重就较大，此时消费结构的档次就较低，相反，消费结构档次就较高。除上述所说的人口数量外，人口结构也密切影响着消费结构。人口结构，顾名思义为人口构成，即人口在自然、社会、经济、生理等不同情况下所具备的不同的特征。为了更好地体现一个国家或地区的人口状况，将人口划分为各组成部分在总体中所占的比例以及之间相互作用的关系。在此之中，人口结构按不同标准划分

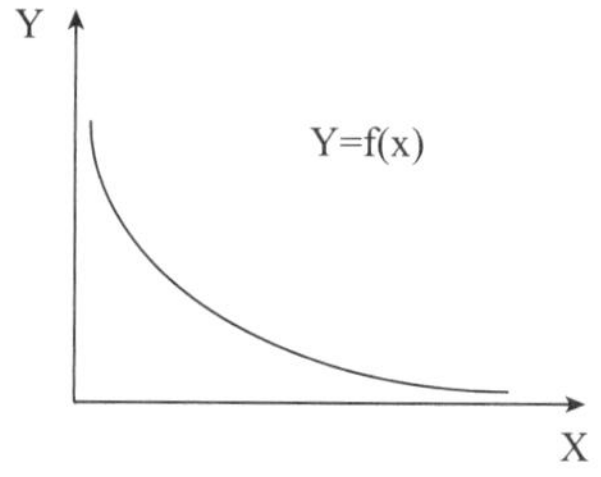

图3-10　人口数量与人均消费量的关系

也是不同的。例如，依据自然标志，人口结构可划分为人口自然结构；依据社会标志和经济标志可划分为社会经济结构，由人口阶级、民族、宗教信仰、职业、文化、收入等结构构成，它反映着社会经济的发展，影响着社会经济的发展；依据地域标志，人口结构可划分为人口地域结构，由人口的自然区域结构、行政区域结构、城乡结构构成。它与自然资源、地理环境以及社会经济发展状况有密切联系，而随着社会生产力的提高，人们适应和改造自然的能力增强，人口的地域分布状况越来越决定于各地区的社会经济发展程度，它也是一国制定社会经济发展规划和各项政策制度的依据。这些不同的结构，能使消费者产生不同的消费偏好，对各种消费品产生不同的需求，从而使消费结构产生较大差异。例如，在人口的自然结构中，根据总人口中的年龄组成，可以将人口划分为三大年龄组，即儿童少年组、中年组和老年组，从消费结构的角度来分析，消费者在不同的年龄段有着不同的商品需求。例如，在婴幼年时期，消费者需求更多的是婴儿用品。在老年时期，需求更多的是医疗品、保健品。在少儿时期，消费者还没有成熟的消费行为，而是由父母来决定其消费，由于父母对孩子关心、爱护，少儿是家庭消费的重点对象，父母会满足其各方面的物质需求。据研究表明，孩子消费占家庭日用品消费的1/3以上，主要集中在教育消费、节假日消费这两项上。所以随着少儿人口数量的增加，与婴幼儿有关的产品、旅游、教育方面的服务性消费市场将会受到刺激。

3. 产业结构因素

一般来说，产业结构实质上是消费需求的供给结构，各产业生产的产品或提供的服务在很大程度上会成为居民消费的对象和内容，因而其对居民消费结构也有着非常重要的影响。突出表现在，生产发展落后、产品供不应求时，产业结构直接决定着消费结构；当生产发展、产品供应充裕甚至过剩时，产业结构也能在很大程度上影响消费结构，表现在：

（1）农、轻、重比例结构。我国农业、轻工业、重工业中的农业和轻工业是居民消费资料的主要来源，因此，农业、轻工业、重工业组成结构的合理与否，直接影响着社会消费品的生产，从而影响到居民的消费结构。中华人民共和国成立后的很长一段时期内，我国优先发展重工业，忽视了农业和轻工业的发展，使得社会消费品供应紧张，在较长的时期内因消费品供不应求而采用“凭票供应”，这对我国居民的消费水平提高产生了不利影响，城乡消费结构的差距形成并日益增大。改革开放以后，我国加大了农、轻、重比例的调整力度，农业和轻工业发展较快，消费品供应日渐充裕，人们消费水平、档次得到了较大提高，整个社会逐步从“温饱”达到“小康”，并向“富裕”迈进。

（2）农、轻、重内部结构。农、轻、重三产业比例结构能影响消费品的生产供应，同时，三产业的内部结构也能影响到居民的消费结构。例如，农业中的种植业、畜牧业等的构成，直接决定着居民日常生活中的粮食、水果、肉、蛋、奶等的供应；轻工业中的轻纺工业、食品加工业等的发展，影响着居民在日常消费中用于服装、食品等的支出比重；重工业作为农业和轻工业发展的物质基础，能为相关产业的发展提供技术装备，间接影响到相关产业生产的消费品产量，对居民的消费结构也能产生间接影响。

（3）第三产业的兴起和发展。回顾人类社会的发展历史，人类社会先后经历了以农业为主的农业社会和机器生产为主要标志的工业社会，正在向以服务业为主要标志的第三产业兴起的现代社会变迁。随着社会经济的发展，人们消费水平提高，满足人们服务需要的第三产业蓬勃发展，使得人们的消费结构中，用于服务和劳务支出的比重日益上升，消费结构发生较显著的变化。同时，随着科学技术的发展，网络、通信技术的日益发达，新产业将不断形成，各种新的消费品或服务不断涌现，拓宽人们的消费领域，这对人们消费结构的优化和升级将产生更大的影响。

（4）价格因素。在收入不变等条件下，消费品的价格及其变化，直接影响着居民购买消费品的种类和数量，进而影响到消费品的结构。例如，当某高档耐用消费品价格较高，超过居民的收入水平和承受能力时，此类消费品就不能很好地得到普及，从而直接影响着消费结构层次的提升。假设社会的收入水平一定，全社会消费 X 和 Y 两种消费品（服务消费类似），图 3 - 11 中的 YX 表示消费可能性曲线，随着消费品 X 价格的降低，X 消费品的消费量将增加，消费可能性曲线由 Y2X1 变为 Y2X2，在消费品 Y 价格和消费量不变的条件下，消费品 X 的消费量由于价格的下降，由 m 增加到 n，二者的消费比例由 a∶m 变为 a∶n。可见，消费品 X 由于价格下降在消费结构中的比例得到了提高。

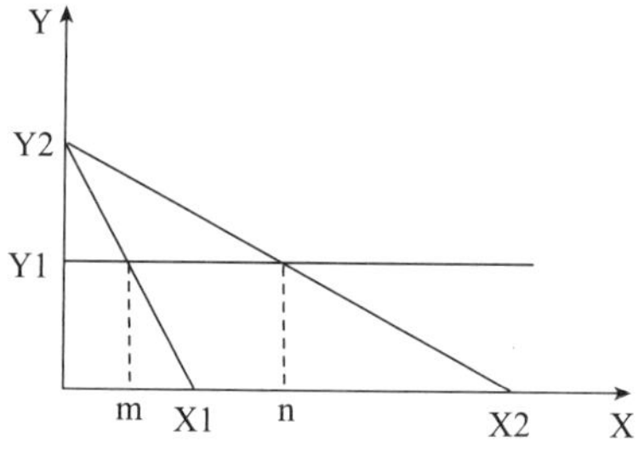

图 3－11　消费品价格与消费结构的关系

第二节　我国财政货币政策协调配合

通过前面的分析不难发现，我国居民消费能力明显不足。依靠市场自身力量实现居民消费水平的持续健康增长并不容易，因此，我国政府应实行与之匹配的财政政策和货币政策来刺激居民消费水平的快速增长，并保持经济的持续稳定增长。因此，财政与货币政策协调配合是解决我国居民消费不足的有效手段。自新中国成立至今，我国在经济建设方面取得了重大的成就，而相互配合、协调的财政政策与货币政策则起到了举足轻重的作用。因此，如何协调财政政策与货币政策、注意二者在实施中的共性成为了一大热点问题。

财政政策与货币政策从根本上来说有着相同的最终目的，都是通过使供给和需求稳定在一个最优的动态结构中，从而使社会经济达到一个长期稳定的状态。而从实施手段来说，财政政策和货币政策都不能单独地使问题得到完美的解决，而是需要相互配合、协调，利用各自的优势来达到最优状态。例如，2008 年的金融危机，在初期，我们选择积极的财政政策、宽松的货币政策相互配合来扩大需求；在中后期，财政政策与货币政策的重心就转移到需求平衡上了，目的是为了使供给需求结构达到一个最优的状态。

一、政策配合的主要方式

根据乘法原理，宏观调控政策的一般选择模式有九种组合方式，表3－9所示为九种财政货币政策搭配模式及其在不同经济环境中的运用。

表3－9　不同情况下财政货币政策的搭配

		货币政策		
		扩张	中性	紧缩
财政政策	扩张	社会总需求严重不足，失业率居高不下，经济处于萧条状态	总需求不足，但物价稳定	有通货膨胀迹象，同时社会生产力不足，经济增长乏力
	中性	社会总需求增长平缓，但有通货紧缩的迹象	经济运行比较平稳，总供求关系基本平衡	社会总需求增长平稳，但有通货膨胀的迹象
	紧缩	有通货紧缩的趋势，社会投资增幅较大	社会投资增速较快，物价相对稳定	社会总需求严重膨胀，经济明显过热

财政政策与货币政策在应对不同的经济形势时会有不同的选择，一般包含扩张性（松）、中性和紧缩性（紧）三种状态，因此两两政策相互配合可形成九种模式，这些模式又可分为三种类型：

第一种是极端模式，主要包括财政货币政策的“双松”和“双紧”两种模式。“双松”模式是指扩张性财政政策和货币政策的配合模式，主要是在社会总需求严重不足时实行，具体表现为：企业存货大量堆积，工厂停工，价格水平下降，失业率较高，居民可支配收入明显减少，消费不足，经济严重滑坡并处于严重萧条状态。此时，政府要实行扩张性的财政政策，往往通过增加财政支出以提供更多工作岗位来降低失业率，以及减少税收、增加居民收入以增加消费，最终刺激社会总需求；央行则要实行扩张性的货币政策，往往通过降低再贴现率和法定存款准备金率，在公开市场买入有价证券等方式增加货币供应量以降低利率水平；刺激投资，从而增加总需求。双松模式可以在短时间内增加总需求，刺激国民经济的增长，从而促进经济复苏，但实行的时间不宜过长，力度不宜过大，否则会导致通货膨胀和物价水平急剧上升。双紧模式与双松模式相反，是紧缩性财政政策和货币政策的配合模式，主要是在社会总需求大大超过社会总供给时实行，具体表现为企业存货供不应求，价格水平上升，通货膨胀严重，经济处于过热的状态。此时，政府要实行紧缩性的财政政策，往往通过减少政府的财政支出以减少社会总需求，以及增加税收、减少居民收入，从而降低群众的购买力；同时减少投资需求和消费需求，压缩社会总需求；央行则要实行紧缩性的货币政策，往往通过提高再贴现率和法定存款准备金率，在公开市场卖出有价证券等方式减少货币供应量以提高利率水平，抑制投资，从而降低总需求。“双紧”模式在短时间内可抑制总需求，防止经济过热，但其实行时间不宜过长，政策力度不宜过大，否则会容易造成经济萎缩。

第二种是中性模式，主要是指中性财政政策和货币政策的配合模式。中性财政政策是指国家财政分配活动对社会总需求的影响保持中性，既不产生扩张也不产生紧缩后果的政策，中性货币政策就是一种保证货币因素不对经济运行产生影响，从而保证市场机制可以不受干扰地在资源配置过程中发挥基础性作用的货币政策。中性财政政策与中性货币政策主要是在国民经济处于比较平稳时实行，具体表现为：总需求与总供给基本平衡，价格水平比较正常，就业较充分。中性模式对经济的干预比较少，一般由市场自行调节，基本上不会影响社会总需求。

第三种是过渡模式，主要是指财政政策的“松”“紧”及“中性”与货币政策“松”“紧”及“中性”之间进行交叉的配合模式，即除了“双松”“双紧”“双中性”以外的其他六种搭配模式。其中，财政货币政策“一松一紧”和“一紧一松”的模式比较常见。“一松一紧”模式是指扩张性财政政策和紧缩性货币政策的配合模式，主要是在国民经济高涨，失业率较低，物价水平较高时实施，具体表现为：总需求较为膨胀，市场购买力活跃，出现通货膨胀。此时，央行要实行紧缩货币政策，紧缩银根，减少货币供应量，提高利率，降低物价水平，防止经济过热。为防止经济的萎缩，往往政府会实行扩张财政政策，主要是为了解决经济结构的失衡问题，具体措施表现为扩大对能源、重要原材料等部门的投资，以扩大这些部门在国民经济中的地位。综上可知，“一松一紧”模式主要是为了在降低物价水平的同时防止经济萎缩。“一紧一松”的模式是指紧缩性财政政策和扩张性货币政策的配合模式，主要是在国民经济处于复苏状态时实行，具体表现为：资源部分闲置，有相当一部分人处于失业状态。此时，央行需要实行扩张性货币政策，放松银根以降低利率，促进投资，使得资源得到充分利用，促进经济的快速发展。但货币发行与投放的增加将刺激消费，最终会导致物价上涨，因此需要政府实行紧缩财政政策，减少消费支出以抑制过剩的总需求。综上可知，“一紧一松”的模式主要是为了在促进经济增长的同时防止通货膨胀的产生。

如果一个国家要确保经济能够稳定运行，就必须采取相对完备的政策来指导，但制定政策要么是以经济方向为基础，要么是寻找机会来不断调整。现在，我国的经济体系正在经历改革，这使得经济结构并不很稳定，中国经济普查数据中较大的误差也从侧面显示出中国经济结构的不稳定性。为了应对这个情况，在不能明确判断经济趋势的前提下，一致的政策不能适应不断变化的经济市场，因此，国家目前需要通过相机抉择的手段来制定适应目前经济形势的政策，并在经济形势变化时对所实施的政策做出适当调整。财政政策和货币政策的协调有助于提高调控效率，提升经济发展稳定性及可持续性。协调这两个政策，不仅有助于经济平稳发展，还有助于政府作用的发挥、和谐社会的构建。

中国经济目前已经进入新常态，在经济新常态下，要求货币政策和财政政策相配合，以稳定大局，使经济正常运行；同时提升发展质量，以实现经济可持续发展。这两个政策的协调要首先运用市场“看不见的手”，让市场充分发挥其资源配置的作用，使企业在竞争中优胜劣汰，以促进整个产业的转型和经济结构的优化。在使用两大政策时，要充分考虑我国经济新常态的现状和特点，政策的制定和使用需要循序渐进，针对结构调整目标，主要依据积极的财政政策，并辅以稳健的货币政策。

二、我国财政货币政策配合的历史回顾

财政政策和货币政策是调控经济最重要的工具。回顾中国财政政策和货币政策扩张和紧缩的转化过程，可以看到随着两次金融危机中来自外部的冲击和国内经济进入新常态，这些来自国内外的经济环境的转变，使得财政政策和货币政策的配合经历了“积极、稳健”到“中性、积极”，再到“稳健、审慎”“稳健、审慎灵活”等多种调控形式的协调和调整。我国面临经济增速换挡、经济结构的调整、消化前期的刺激政策这三个时期叠加的新常态，此时，准确地评估财政政策和货币政策的效应，从而对财政政策和货币政策的实施提供指导意见，这具有极重要的现实意义。

改革开放以来，我国致力于社会主义市场经济的发展。宏观经济呈现周期性波动，我国政府和货币当局运用财政货币政策来对宏观经济进行调控的手段和方式日益成熟。根据财政与货币政策的搭配情况可以将改革开放以来的政策搭配历

程大致分为五个阶段，分别是：第一阶段为 1978 ~ 1992 年，搭配特征为松紧交替，波动偏松；第二阶段为 1993 ~ 1996 年，政策搭配为适度偏紧；第三阶段为 1997 ~ 2003 年，积极财政政策搭配稳健货币政策；第四阶段为 2004 ~ 2008 年，稳健财政政策和稳健稍微从紧的货币政策；第五阶段是 2008 年底至今，金融危机后实施的积极财政政策和适当宽松的货币政策。

1. 1978 ~ 1992 年，极端政策交替

改革开放以后，经济建设成为国家工作的中心。当前阶段国民经济由恢复阶段步入到经济发展的正轨。财政货币政策主要以“双松”的模式为中心。1979 ~ 1980 年主要为“双松”的政策搭配，1981 年是“一紧一松”的搭配模式，1982 ~ 1984 年恢复为“双松”搭配。这期间国民经济增长出现了盲目扩张，1984 年国内生产总值增长率达到 15.18%，经济过热严重。1985 年政府实行极端化的“双紧”政策搭配，使过热的经济迅速冷却，1986 年国民生产总值增长率降为 8.85%。1986 ~ 1988 年实行“双松”的政策搭配，1989 ~ 1991 年实行“双紧”的政策搭配，1992 ~ 1993 年初恢复到“双松”的政策搭配。

由于市场经济体制还未成熟，政府对财政货币政策的使用手段还不成熟，缺乏调控宏观经济市场的历史经验，常交替采取“双松”和“双紧”极端化政策搭配，导致宏观市场经济震荡明显。

2. 1993 ~ 1996 年，适度偏紧

1992 年根据邓小平同志“发展是硬道理”的指示精神，全国各地的发展热情异常高涨，致使国内生产总值增长率达到改革开放以来的第二个历史最高值 14.24%，如图 3 – 12 所示。

宏观经济运行表现出高投资增长、高货币投放、高物价上涨和高贸易逆差的“四高”现象，同时伴随着混乱的金融秩序和市场秩序。1993 ~ 1996 年，政府采用“双紧”政策搭配，同时整顿金融和市场秩序，加强政府对市场的监管职能，改革经济制度，为财政政策和货币政策的协调提供了基础。到 1996 年国民生产总值回落到 4.6%，抑制了严重的通货膨胀，经济成功实现“软着陆”。

3. 1997 ~ 2004 年，一松一紧

从 1997 年开始，我国面临的有效需求不足的问题，随着亚洲金融危机的爆发进一步深化。消费需求严重不足、物价水平持续走低、投资需求量萎缩，失业率上升，经济发展过程中出现通货紧缩迹象。政府迅速将从紧的财政货币政策转化为“双松”政策，在发行长期国债的同时多次下调法定准备金率和存贷款利

率，并且将货币政策引向稳健的货币政策。

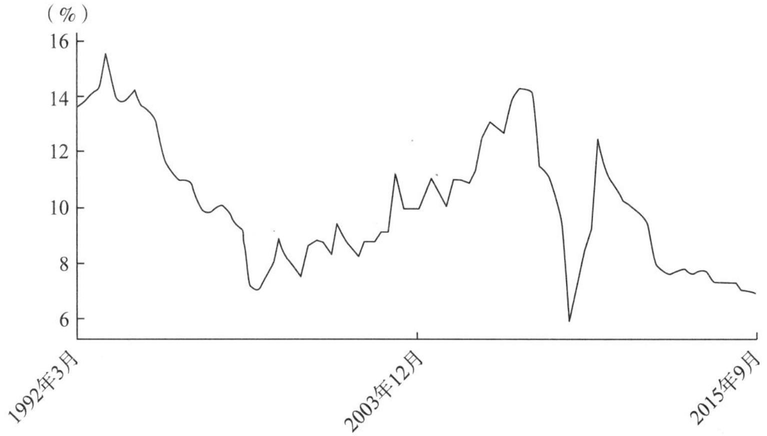

图 3-12　国内生产总值累计同比实际增速

资料来源：中经网数据库。

在 1998 年亚洲金融危机之后，政府实施扩张性财政政策和中性偏松的货币政策，通过调整关税、消费税等税收政策，发行长期建设国债用于基础设施建设，增加财政支出，调整收入分配政策等手段来促进总需求增长。同时结合降低存贷利率，改革存款准备金制度，取消商行的贷款限额等措施，来摆脱金融危机对我国经济的不利影响。

4. 2004～2008 年，适度偏紧

2003 年下半年以来，国民经济好转，摆脱了通货紧缩的阴影并且呈现加速发展趋势，投资和信贷规模增长过快，出现通货膨胀的趋势，经济出现过热现象。在这一背景下，继续实施积极的财政政策和稳健的货币政策，不利于控制固定资产投资的快速增长，还会形成逆向调节；同时也不利于减缓通货膨胀的压力，而且会加剧投资与消费比例关系进一步失调。此时，总量问题逐渐转向结构问题。

因此，经济过热的现实要求政府转变政策手段，将积极的财政政策转变为稳健的财政政策，稳健偏松的货币政策转变为稳健偏紧的财政政策，在使政策导向转化为稳定物价，抑制通货膨胀的同时，将调整经济结构纳入到宏观经济调节的范畴中来。通过结构性税制改革，调整财政支出结构，提高存款准备金率和存贷款利率以达到预期的宏观目标。

5. 2008 年至今，积极稳健并行

2008 年国际金融危机席卷全球，各国政府面临着严重的经济危机。恰逢我国又接连遭受冰雪、地震等自然灾害，政府面临着经济下行的巨大压力，增长放缓，外需萎缩。为抵御过紧经济环境给我国带来的不利影响，我国政府开始实行积极的财政政策和适度宽松的货币政策，这使得我国国民经济在近几年实现了高位稳定增长。财政政策方面包括：调整税收结构，增加居民和企业的收入，调节内外需结构；推出 4 万亿元财政刺激计划，支持中小企业发展。

在 2010 年之后，宏观经济政策的目标由刺激经济转化到调整优化经济结构和转变发展方式上来。2014 年以来，全球经济开始总体呈复苏状态，但是发达国家和发展中国家等主要经济体的宏观经济和货币政策开始出现分化。虽然前期稳增长政策效应有所显现，但 2015 年中国经济运行整体下行态势尚未逆转，需求持续收缩，消费者价格指数（CPI）和生产者物价指数（PPI）均低于市场预期。面对复杂的国内经济环境，我国实行积极的财政政策，将重点放在优化地方财政收支上。同时实施稳健的货币政策，以调结构为目标的货币政策工具的创新运用日益成熟。就政府工作而言，第一，需对公开市场业务、中期借贷便利、金融机构存款准备等多种工具进行综合运用以合理、科学地调节银行同业间资金的流动性和充裕性；第二，对应下调人民币存款基准利率和公开市场逆回购操作利率，不断将市场利率引导向平稳甚至适度下行的趋势，使得实际利率趋于稳定；第三，不断优化贷款管理制度，实施定向降准的措施，通过对信贷政策支持再贷款、再贴现和抵押补充贷款等工具不断扩大信贷资产质押在贷款试点，让我国中小微企业、“三农”和棚户区改造等国民经济重点领域和薄弱环节获得较为便利和充足的信贷支持。①

当前，我国经济存在的问题较为复杂，主要表现为经济的周期性和结构性相互交叉重叠，问题主要体现在结构性矛盾和经济转变发展方式上。在短期内，我国的经济存在下行压力，但是居民的消费和投资结构调整的改革会对中长期的经济发展起促进作用，我国国民经济将会实现更高质量的提升和更高层次的可持续性发展。

① 资料来源：中国货币政策执行报告，2015 年前三季度。

本章小结

本章对居民消费进行了界定，通过统计分析判断了我国居民消费的实际情况，描述了居民消费水平和居民消费结构的特征，并对改革开放以来我国居民消费水平的变动进行了分析，从而判断出我国居民消费水平发展的趋势。与此同时，本章还比较分析了我国和西方发达国家居民消费水平的差异。通过对居民消费现状进行分析，发现我国居民消费水平虽然不断增长，但居民消费率却不断降低；我国政府消费挤出了居民消费，政府重投资、轻消费；我国城乡居民消费水平差距较大，我国各省居民消费存在较大差异，西北部省份居民消费有待提高；最后还发现我国居民消费结构有待完善，具体表现为：基本消费需要所占比重过高，尤其是房价所占比重过高，高层次居民消费虽有增长但目前所占比重较低。此外，本章还介绍了我国财政政策和货币政策的主要配合方式，回顾了我国财政货币政策配合的历史，探讨了财政货币政策目前存在的问题。

第四章　基于 DAG 模型的财政货币政策对居民消费的影响机制及效应分析

本章结合有向无环图（DAG），运用结构向量自回归（SVAR）模型研究了财政货币政策对我国居民消费的影响机制及效应。本章的研究表明，财政政策主要通过“税收机制”影响居民消费，且方差分解结果表明，在短期内企业所得税对居民消费具有一定的影响，在长期内消费税与企业所得税对居民消费的影响较大，而增值税和个人所得税无论在短期还是长期内对居民消费的解释力度都较小。货币政策主要通过“信贷机制”影响居民消费，其方差分解结果表明，利率只在长期对居民消费有影响，而货币供给量和贷款无论在长期还是短期内都有较大影响。

第一节　财政货币政策影响居民消费的理论机制

改革开放以来，我国经济实现了飞跃式的发展，财政政策与货币政策的搭配使用在其中发挥了重要的作用。随着经济的发展，经济运行过程中出现的问题更加复杂，这对财政政策与货币政策的协调配合提出了严峻的挑战。然而，政府实行的财政政策与货币政策总是过于强调经济总量的增长，往往会忽视经济结构的调整，这导致了我国内需结构的严重失衡，具体表现为：高投资、低消费。从 2015 年国家统计局的数据看，我国投资率为 44.94%，消费率为 51.61%。国际上一般发达国家投资率为 25%，消费率为 60%，其中美国投资率为 20%，消费率为 68%。我国的居民消费率更低，不仅没有增长，反而还从 1978 年的 50% 左右下降到了2015年的38%。从以上数据可以看出，我国投资率远高于国际发达国家水平，而消费率明显低于国际平均水平。我国经济结构不合理，尤其体现在内需结构的严重失衡上，经济对于投资的依赖性明显高于其他经济主体，居民消费远远不足。党的十八大报告指出，政府要推进经济结构战略性调整，着力解决制约经济持续经济发展的重大结构性问题。在这样的背景下，结合我国经济条件研究财政货币政策对居民消费的影响，并探讨政策工具的传导途径及其效应具有重要的现实意义，还可为我国宏观调整政策的合理选择提供一定的理论参考依据。

目前，关于财政政策与货币政策如何提高居民消费水平的研究文献较多，现有文献主要围绕财政货币政策与居民消费的关系展开研究。

有些学者强调财政政策对居民消费的影响，他们认为减税政策能够促进消费增长，从而促进我国经济增长。其中，肖芸、龚六堂（2003）研究了消费税对经济的影响；① 李晓芳等（2006）分析了税收的冲击效应，认为增税的财政政策抑制了消费与投资；② 张斌（2012）从税制角度分析了财政政策对消费需求的影响。③ 从收入分配角度看，不少学者认为国民收入的不合理分配是造成居民消费不足的重要原因。其中，熊必琳等（2007）提出应完善收入分配以扩大消费；④ 邹卫星、房林（2008）认为政府应转变调控方式以改善收入分配差距；⑤ Joumard 等（2012）提出运用税收和转移支付来降低居民可支配收入的不平等。⑥ 从财政支出角度看，赵志耘、吕冰洋（2005）认为政府应调整财政政策，增加生产性支出和降低税收，以增大产出—资本比，从而提高经济增长的质量；⑦ 何晓英（2009）指出我国内需结构存在投资与消费的严重失衡，并从控制投资规模等角度提出政策建议。⑧

---

① 肖芸，龚六堂．财政分权框架下的财政政策和货币政策［J］．经济研究，2003（1）：45－53，93.

② 李晓芳，高铁梅，梁云芳．税收和政府支出政策对产出动态冲击效应的计量分析［J］．财贸经济，2005（2）：32－39，97.

③ 张斌．扩大消费需求的税收政策［J］．财贸经济，2012（9）：33－39.

④ 熊必琳，陈蕊，杨善林．中国内需结构分析及增长模式转变［J］．经济与管理研究，2007（7）：22－26.

⑤ 邹卫星，房林．为什么中国会发生投资消费失衡？［J］．管理世界，2008（12）：32－42，50.

⑥ Joumard I.，Pisu M.，Bloch D. Tackling Income Inequality：The Role of Taxes and Transfers［J］. Oecd Journal Economic Studies，2012（1）.

⑦ 赵志耘，吕冰洋．政府生产性支出对产出—资本比的影响——基于中国经验的研究［J］．经济研究，2005（11）：46－56.

⑧ 何晓英．调整内需结构扩大消费需求［J］．宏观经济管理，2009（8）：25－26.

另外有些学者强调货币政策对居民消费的影响。很多学者强调货币政策信贷渠道的作用。其中，Taylor（2000）从企业定价入手分析了货币政策对企业产出和通胀的影响；[①] 周英章、蒋振声（2002）认为货币政策通过货币和信用渠道共同发挥传导作用，其中信用渠道占主导地位；[②] 蒋瑛琨、刘艳武、赵振全（2005）运用实证结果表明信贷渠道在我国货币政策传导机制中发挥着重要的作用。[③] 尽管如此，一些学者仍然支持货币渠道的作用。陈飞等（2002）认为货币政策货币渠道的作用更大。[④]

还有些学者强调财政货币政策协调性对居民消费的影响。其中，邓子基（2006）认为财政政策与货币政策在终极目标上存在一致性，因此政府应根据经济调控要求选择适宜的搭配模式；[⑤] Uhlig（2005）研究了货币政策的产出效应；[⑥] 国务院发展研究中心课题组（2014）从我国宏观经济背景出发，建议应在不同情境下选择财政与货币政策的合理搭配。[⑦] 然而，有些学者认为，财政与货币政策的效应会相互抵消（曾康霖，2001）。[⑧]

综上所述，在如何运用财政政策与货币政策提高居民消费的问题上，众学者一致认同的是，财政政策对居民消费的影响占主导地位，但绝对不能忽视货币政策的作用。由于货币政策会影响财政政策的效果（刘贵生等，2013），因此应通过财政货币政策的协调配合来解决我国居民消费不足的问题。[⑨] 从研究对象看，现有文献主要强调财政支出、财政收入、货币供应量以及金融机构的贷款余额，对于财政政策对居民消费的影响问题则基本上处于理论分析阶段，实证研究尚不

---

① Taylor J. B. Low inflation, pass – through, and the pricing power of firms [J] . European Economic Review, 2000, 44 (7): 1389 – 1408.

② 周英章，蒋振声．货币渠道、信用渠道与货币政策有效性——中国 1993 – 2001 年的实证分析和政策含义 [J]. 金融研究，2002 (9): 34 – 43.

③ 蒋瑛琨，刘艳武，赵振全．货币渠道与信贷渠道传导机制有效性的实证分析——兼论货币政策中介目标的选择 [J]. 金融研究，2005 (5): 70 – 79.

④ 陈飞，高铁梅，赵昕东．我国货币政策工具变量效应的实证分析 [J]. 金融研究，2002 (10): 25 – 30.

⑤ 邓子基．财政政策与货币政策的配合同社会经济发展的关系 [J]. 当代财经，2006 (1): 33 – 38.

⑥ Uhlig H. What are the effects of monetary policy on output? Results from an agnostic identification procedure [J]. Journal of Monetary Economics, 2005, 52 (2): 381 – 419.

⑦ 国务院发展研究中心“新时期我国财政、货币政策面临的挑战与对策”课题组，余斌，张俊伟．新时期我国财政、货币政策面临的挑战与对策 [J]. 管理世界，2014 (6): 9 – 18.

⑧ 曾康霖．财政货币政策的选择及效应评价 [J]. 财贸经济，2001 (7): 11 – 15.

⑨ 刘贵生，高士成．我国财政支出调控效果的实证分析——基于财政政策与货币政策综合分析的视角 [J] . 金融研究，2013 (3): 58 – 72.

多见。此外，从研究方法看，现有文献大多采用VAR模型中的格兰杰因果检验和脉冲响应以及方差分解方法。通过Choleski方差分解来设定扰动项的同期关系，其分析结果十分依赖变量排序，因此稳健性和可靠性大打折扣；VAR则是基于变量时间的先后顺序，并没有考虑其同期因果关系，并且检验结果比较依赖滞后阶数的选择（杨子晖，2008）。[①] 因此，现有分析方法存在一定的局限性。

基于以上几点，本书将结合有向无环图方法及结构自回归模型来研究财政货币政策对居民消费的影响，重点考察不同财政货币政策工具的传导途径及其效应，尝试在前人研究的基础上做一些有益补充。

本章的结构安排如下：第三部分是财政货币政策工具及传导机制，第四部分是计量方法与数据，第五部分是实证结果与分析，最后是结论与政策建议。

第二节 政策工具及传导机制

一、财政政策工具及传导机制

财政政策是指政府为实现其职能，即促进就业水平、减轻经济波动、防止通货膨胀、实现经济稳定增长而对政府支出、税收、借贷水平所做的决策。财政政策工具主要包括财政支出（政府购买、政府转移支付、政府投资）、财政收入（税收）以及国债。一般而言，政府最常用的财政政策为财政支出和税收。财政政策的传导机制主要包括“支出机制”和“税收机制”。西方的经济理论认为，财政支出中的政府购买会影响物价水平，而物价水平会影响人们实际财富，进而影响居民消费，其流程图可表示为：财政支出→物价→居民消费。政府转移支付会影响人们的可支配收入从而影响消费，其流程图可表示为：财政支出→人们可支配收入→居民消费。政府投资会直接影响投资水平，但值得注意的是财政支持会通过利率影响私人投资，即“挤出效应”。财政收入中税收会直接影响企业利润和居民可支配收入，从而影响消费，其流程图可表示为：财政收入→人们可支

① 杨子晖．财政政策与货币政策对私人投资的影响研究——基于有向无环图的应用分析［J］．经济研究，2008（5）：81－93.

配收入→居民消费。

财政政策传导机制是指财政政策在其发挥作用的过程中，政策工具由媒介之间相互作用最后形成一个整体，财政政策通过中间变量传导转化为目标变量的过程。

财政政策传导机制会因经济环境和制度约束的不同而呈现出不同特点。对这方面问题的研究，国内外学者因所处的经济条件不同，其研究重点不同，呈现的观点也存在差异。财政政策传导机制的有效性直接关系到财政政策的时滞和有效程度。因此，这个问题极其重要，应从多个角度出发，深入研究。在国外，凯恩斯认为财政政策传导的中介变量是就业指数，萨缪尔森认为是可支配收入。在我国，也有许多关于财政政策传导机制的研究，其主要观点是财政政策通过价格、货币供给、收入分配等变量而影响投资和消费，最后达到总产出的调控和促进经济增长。以此为基础，尚长风把财政政策的传导机制分为直接和间接两种类型。他认为政府扩大投资，以刺激有效需求，是直接传导机制。而财政政策的间接传导机制是通过减税等拉动私人部门投资，进而影响就业和消费，促进经济增长。

二、货币政策工具及传导机制

货币政策是指央行通过控制货币供给以及信贷规模来调节利率进而影响投资和整个国民经济以实现特定经济目标。货币政策工具主要包括一般性货币政策工具（法定存款准备金率、再贴现率以及公开市场业务）和非一般性货币政策工具（直接信用控制、窗口指导以及选择性货币政策工具），央行运用这些工具控制货币供应量，以实现经济稳定增长。关于货币政策工具的研究由来已久，现有文献表明，货币政策的传导机制主要包括“利率机制”和“信贷机制”。凯恩斯的流动性偏好理论认为，货币政策通过“利率机制”影响实体经济，即货币供应量的增加会导致利率下降从而影响消费，其流程图可表示为：货币供应量→利率→居民消费。“信贷机制”最早由 Stiglitz 和 Weiss（1981）的均衡信贷配给理论提出,[①] 经过 Bernanke 和 Blinder（1989）通过 CC－LM 模型系统的分析后，学

① Stiglitz J. E.，Weiss A. Credit Rationing in Markets with Imperfect Information [J]. American Economic Review，1981，71（71）：393－410.

术界开始逐步关注。① “信贷机制”认为货币供应量的增加会影响信贷市场，即会导致金融信贷机构贷款规模的扩大，进而影响投资与消费，其流程图可表示为：货币供应量→贷款→居民消费。

货币政策传导机制指的是货币政策工具，由经济变量传导，影响整个社会经济活动，从而使货币政策目标得以实现，促使私人部门和居民调整自身经济行为，最后实现经济新的均衡的过程。货币政策传导机制主要由两类构成，一类是经济变量，另一类是机构。经济变量包括中介目标、货币政策工具等，而机构则包括银行、企业、居民等。其传导也可分为两条主线：一条为货币政策工具到操作目标，到中介目标，最后到最终目标；另一条为中央银行到金融市场和金融机构，作用于企业和居民，最后传导至国民收入。在其传导过程中，经济基础和决定性因素是企业和居民；中间环节则是金融机构，市场基础则是金融市场和中央银行。由这个思路，可以将货币传导机制分为内部传导机制和外部传导机制。内部传导机制为中央银行作用于金融机构和金融市场，这一部分是选定和运用货币政策工具，最后在金融市场中由货币的供给变化导致利率变动的过程。外部传导机制为金融机构和市场影响企业和居民，其主要通过消费、投资和净出口达到影响总支出，最后实现经济总体目标。

第三节　计量方法和数据

一、研究思路

基于财政货币政策对我国居民消费影响的传导机制，本书分三步来研究财政货币政策对我国居民消费的影响。第一，通过有向无环图（DAG）分别从财政政策渠道、货币政策渠道分析其对我国居民消费的影响，并对各变量间的同期因果关系做出比较客观的判断，从而能够有效识别财政货币政策对我国居民消费影响的传导机制。第二，基于前面DAG分析得出的变量间的同期因果关系对VAR扰

① Bernanke B. S., Blinder A. S. The Federal Funds Rate and the Channels of Monetary Transmission. [J]. American Economic Review, 1989 (82): 901-921.

动项进行设定，建立SVAR模型并通过脉冲响应和方差分解分析财政货币政策对我国居民消费的影响。第三，基于实证结果，就财政货币政策对居民消费的影响作出综合判断，并提出相应的政策建议。

本书运用DAG方法和SVAR模型研究财政货币政策对居民消费的影响机制，目的是为了克服传统VAR和格兰杰因果检验等研究方法的局限性，更好地刻画财政货币政策变量与居民消费之间的同期因果关系，并为预测各变量的方差分解提供依据，从而提高本书解决问题的有效性和合理性。

二、有向无环图分析方法

DAG技术本质上是建在模型的扰动项（偏）相关系数基础上的同期因果流的分配方法。“有向边”刻画了每对变量之间是否存在因果关系以及因果关系的流向。目前，这种方法已经在很多领域都得到了运用。然而，这种方法也不是绝对有效的，它也有其局限性。如在判定变量之间的同期因果关系时，有可能只能判断出它们之间有因果关系，而不能有效地判定出变量之间因果流传导的方向性。这时，我们就要借助于某些经济理论或其他先验经验来判断。当通过分析得出多个DAG图时，也需要通过经济理论或先验经验进行取舍。另外，DAG图可能不唯一。在实证分析时需要对多个DAG图进行分析，其结论可能会有细微的差异。尽管方法不完美，但它是从数据本身的性质出发来判定扰动项的冲击顺序的，并考虑到了变量之间的经济意义以及同期因果关系，从而在很大程度上减少了之前所用方法的主观随意性，大大提高了模型估计的精度以及经济解释的力度。在实际运用中，这已能对问题的有效解决提供足够的建议。

DAG方法最早由Spirtes等（2000）提出，是一种基于数据的分析方法，通过对变量扰动项之间的相关系数和偏相关系数进行分析以识别变量间的同期因果关系。[①] 该方法用图形的方式来表示变量间同期因果关系的依赖性和指向性，这些图形是由代表变量的节点和连接这些节点所刻画的变量同期因果关系的“有向边”组成，若两个节点间有“有向边”相连，则表明这两个变量存在同期因果关系，反之则两变量相互独立。具体来讲，假设存在A和B两个变量，即AB会形成2个节点，若AB的关系图为“A→B”，则表示当其他变量保持不变时，A

① Spirtes P., Glymour C. and Scheines R. Causation, Prediction and Search [M]. MIT Press, Cambridge, MA, 2000.

的变化将导致 B 的变化，即存在着由 A 到 B 的单向因果关系；“A↔B”表示两者之间存在双向因果关系；“A B”则表示两者相互独立。此外，DAG 形成的图形不会出现有向循环，即从某个变量出发，“有向边”最后回不到初始变量。此外，当我们研究一个变量对另一个变量的单向影响时，要避免双向关系的存在，此时我们应该对变量扩大样本、施加约束条件或改变算法。此外，当样本数量较小时（如小于 200 个观测值），DAG 的估计会出现一定程度偏低，此时采用较高的显著水平（如 10% 或 20%）能够改善 DAG 的分析效果。

在本书实证中，我们借助软件 Tetrad Ⅱ 直接使用 Spirtes（2000）提出的 PC 算法得到最终的 DAG 分析图。此外，在研究财政政策或货币政策对居民消费的单向影响时，通过对变量的关系施加约束条件以保证“无环图”和单边关系。

三、变量选择及数据来源

对于消费变量的选取，本书与李颖（2009）的研究类似，以社会零售消费总额 XF 作为消费的代表变量，社会零售消费总额是指批发和零售业、住宿和餐饮业以及其他行业直接售给城乡居民和社会集团的消费品零售额，采用社会零售消费总额可以最大程度地衡量居民消费。[①] 对货币政策有关变量的选取，与周英章（2002）、杨子晖（2014）等的研究类似，本书采用 M_1 作为货币供给代表变量。[②] M_1 是通常所说的狭义货币量，流动性较强，是国家中央银行重点调控对象，与 M_2 相比较，M_1 更接近理论模型中货币“交易需求”的概念，更能够影响居民消费，而采用 M_2 可能会出现“高估”或“低估”的情形。以金融机构各项贷款余额 DK 作为货币政策传导的“信贷路径”的代表变量，金融机构各项贷款余额指的是某一时点金融机构的贷款金额，其中金融机构主要包括商业银行和政策性银行、非银行信贷机构和保险公司，该指标对信贷衡量的覆盖面广，可以很好地衡量货币政策传导中的信贷总量。以银行间同业拆借当月加权平均利率 R 作为货币政策传导的“利率路径”的代表变量，银行间同业拆借是指银行之间的借入和借出，拆借的资金都是闲置资金，利率就是同行之间拆借利率经过加权的利率，该变量具有市场化特征，可以很好地衡量市场化利率。对财政政策有关变量的选取，本书以财政支出总额 CZZC 作为财政政策“支出路径”代表变量，财政支出

① 李颖．基于我国内需结构失衡的财政货币政策协调配合研究［D］．天津财经大学，2009.

② 杨子晖，周天芸，黄新飞．我国财政赤字是否具有通货膨胀效应——来自有向无环图研究的新证据［J］．金融研究，2014（12）：55－70.

也称公共财政支出，是在市场经济条件下，政府为提供公共产品和服务，满足社会共同需要而进行的财政资金的支付，该指数可以很好地衡量财政支出的数量。以消费税 XFS、增值税 ZZS、个人所得税 GRS、企业所得税 QYS 作为财政政策“税收路径”代表变量，目前我国主要税种就是这四类，对个人收入和消费产生直接影响的就是消费税和个人所得税。采用城镇居民可支配收入 JMSR 作为衡量居民收入的变量，居民可支配收入是一个统计上的概念，它和居民收入有差别，是指居民能够自由支配的收入，从居民家庭总收入中扣除了缴纳给国家的各项税费，扣除了缴纳的各项社会保险，如医疗保险、养老保险、失业保险等余下的收入，居民消费主要是受可支配收入的影响，所以本书选择居民可支配收入来衡量居民收入。

本书的样本区间为2001 年第一季度到2016 年第一季度，各变量均为季度数据，数据来源于中经网以及各期《中国统计年鉴》；各名义数据均由居民消费价格指数 CPI 转化为实际数据。由于 CPI 数据存在缺失，本书参照吕介民（2012）的方法利用我国公布的居民消费价格的同比和环比数据将数据补齐。[①] 同时，考虑到季度数据可能存在强烈的季度因素，有关序列通过 X12 的方法进行季节调整，并对某些变量进行对数变换。变量名称及处理的详细说明如表 4 -1 所示：

表 4 -1　变量名称及处理说明

变量名称	符号	处理说明
社会零售消费总额	XF	季节调整并取对数
货币供给量	M_1	取对数
银行同业拆借利率	R	由月度数据转化
金融机构各项贷款余额	DK	取对数
财政支出总额	CZZC	季节调整并取对数
消费税	XFS	季节调整并取对数
增值税	ZZZ	季节调整并取对数
个人所得税	GRS	季节调整并取对数
企业所得税	QYS	季节调整并取对数
居民可支配收入	JMSR	取对数
居民消费价格指数	CPI	由月度数据转化

① 吕介民. 实际季度 GDP 指数和季度 CPI 指数的测算［J］. 中国统计，2012（3）：34 -35.

第四节　实证结果与分析

一、单位根检验

为了检验变量序列的平稳性，并对各变量的单整阶数进行识别，必须先对变量的序列进行单位根检验。一般成熟的单位检验方法是 ADF，所以本书选择 ADF 方法来对各变量序列进行单位根平稳性检验。各变量单位根平稳性检验结果如表 4 -2 所示：

表 4 -2　单位根检验

变量	ADF 检验统计量	对应的 P 值	5% 显著水平下临界值
XF	5. 440	1. 000	-2. 912
DXF **	-3. 157	0. 028	-2. 913
M1	-1. 089	0. 714	-2. 916
DM1 *	-2. 734	0. 074	-2. 916
DK	-0. 198	0. 933	-2. 911
DDK **	-3. 193	0. 026	-2. 916
R	-2. 685	0. 083	-2. 911
DR ***	-8. 238	0. 000	-2. 912
CZZC	-0. 840	0. 800	-2. 913
DCZZC ***	-10. 646	0. 000	-2. 912
XFS	0. 607	0. 989	-2. 911
DXFS ***	-7. 343	0. 000	-2. 912
ZZS	0. 319	0. 977	-2. 912
DZZS ***	-10. 360	0. 000	-2. 911
GRS	1. 186	0. 998	-2. 911
DGRS ***	-8. 763	0. 000	-2. 912

续表

变量	ADF 检验统计量	对应的 P 值	5% 显著水平下临界值
QYS	2.627	1.000	-2.914
DQYS ***	-7.785	0.000	-2.914
JMSR	3.724	1.000	-2.912
DJMSR ***	-9.392	0.000	-2.912

注：①变量前加 D 表示对变量做一阶差分。

②检验形式值包括了常数项。

③ADF 检验中的最佳滞后阶数是根据 SIC 信息准则确定的。

④***、**、*分别表示在 1%、5% 以及 10% 显著水平下拒绝存在单位根的原假设。

由表 4-2 可知，表中所有变量的水平值的检验结果不能拒绝原假设；而对各个变量作一阶差分后，检验结果则显著拒绝原假设，即各变量一阶差分后的序列是平稳的。因此，我们可断定各变量为一阶单整平稳。

二、协整检验

在单位根检验的基础上，本书还需要进行协整检验以考察各非平稳变量之间是否存在协整关系。在实证中，本书运用 Johansen（1991）提出的经典的迹统计量和最大特征值统计量对样本进行检验。① 检验结果如表 4-3 所示：

表 4-3 Johansen 协整检验

协整向量数目	特征值	迹检验统计量	对应 P 值	最大特征值统计量	对应 P 值
0	0.806	381.48	0.000	95.18	0.000
最多 1 个	0.769	286.30	0.000	85.05	0.000
最多 2 个	0.698	201.25	0.000	69.52	0.000
最多 3 个	0.530	131.73	0.000	43.84	0.018
最多 4 个	0.500	87.88	0.001	40.26	0.008

① Johansen S. Estimation and Hypothesis Testing of Cointegration Vectors in Gaussian Vector Autoregressive Models [J]. Econometrica, 1991, 59 (6): 1551-1580.

续表

协整向量数目	特征值	迹检验统计量	对应P值	最大特征值统计量	对应P值
最多5个	0.328	47.62	0.053	23.05	0.172
最多6个	0.206	24.58	0.177	13.40	0.416
最多7个	0.165	11.18	0.201	10.49	0.182

注：①检验形式是原序列存在线性趋势且协整方程带有截距项。

②最优滞后阶数的选择基于SC信息准则。

由表4-3可知，无论是迹统计量还是最大特征值统计量，在5%的置信水平下，我们都不能拒绝协整向量数目为0的原假设，即各变量间存在协整关系。Sims等（1990）[①] 认为，即使所有变量都非平稳，且多个变量间存在协整关系，基于变量水平值构建的VAR也不会出现识别偏误，且其最小二乘估计是无偏的。基于此，本书将采用变量水平值构建SVAR模型。

三、DAG和SVAR分析

1. 货币政策对居民消费的影响研究

通过各变量进行VAR模型，我们可以得到各变量间“扰动项相关系数矩阵”：

$$A=\begin{pmatrix}1 & a_{12} & a_{13}\\ a_{21} & 1 & a_{23}\\ a_{31} & a_{32} & 1\end{pmatrix}$$

然后我们以系数矩阵A为出发点，对变量间同期因果关系进行DAG分析。图4-1为货币政策对居民消费影响的DAG图。[②]

从图4-1结果看，M_1、JMSR、DK、R、XF的同期因果关系为：JMSR→M_1→DK→XF，即存在着由居民收入到货币供应量、贷款及居民消费的同期因果关系。同时，本书还发现银行间同业拆借利率R与居民消费、货币供应量及贷款

① Sims C. A., Watson M. W. Inference in Linear Time Series Models with Some Unit Roots [J]. Econometrica, 1990, 58 (1): 113-144.

② 不管是在5%还是20%的显著水平下，各变量间同期因果关系结构图都没发生改变，说明基于DAG分析得出的货币政策对内需的同期因果关系的结论是合理、稳健的。

不存在同期因果关系。从货币政策的角度看，央行主要通过控制货币供应量影响贷款，进行影响居民消费，即货币政策对居民消费影响的传导途径为“信贷机制”。但是，由于居民收入与货币供应量及贷款存在同期因果关系，所以货币政策在影响居民消费上，某种程度会受到居民收入的影响，因此在运用货币政策对居民消费调整时，要充分考虑居民可支配收入。

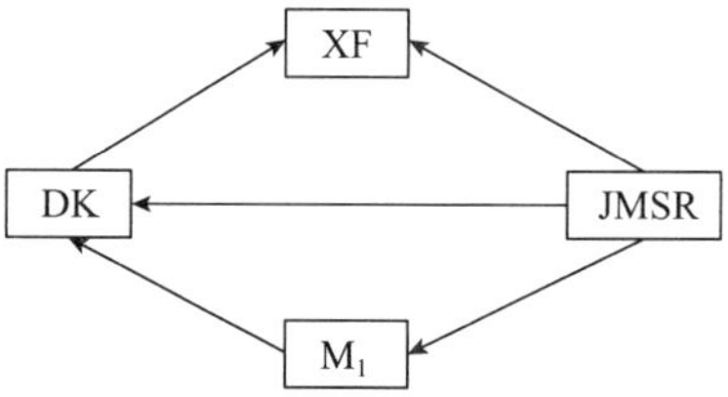

图 4-1　货币政策的 DAG 分析

基于 DAG 分析得出各变量间的同期因果关系，本书建立 SVAR 模型并展开方差分解，从而进一步分析 M_1、JMSR、DK、R 及 XF 之间的关系。预测的方差分解的结果如表 4-4 所示：

表 4-4　货币政策变量基于 DAG 的预测方差分解

预测期（季度）	各变量方差分解				
	XF	JMSR	M_1	DK	R
居民消费 XF 的方差分解					
1	97.34	2.66	0.00	0.00	0.00
4	69.74	8.95	3.52	12.31	5.48
8	44.79	16.09	8.78	20.16	10.18
12	28.26	25.08	13.97	18.43	13.96
20	11.74	35.04	22.72	11.01	19.49
货币供应量 M_1 的方差分解					
1	0.92	0.10	98.98	0.00	0.00
4	0.44	0.71	67.82	5.00	26.03
8	0.30	5.96	43.79	9.43	40.52
12	0.39	15.34	36.65	8.49	39.13
20	0.31	26.30	35.06	5.93	32.40

续表

预测期（季度）	各变量方差分解				
	XF	JMSR	M_1	DK	R
金融机构各项贷款 DK 的方差分解					
1	0.82	12.30	0.12	86.76	0.00
4	3.06	10.09	3.08	80.17	3.60
8	9.06	9.60	1.91	73.31	6.12
12	11.06	18.22	3.26	61.68	5.78
20	6.79	30.58	17.44	31.77	13.42
居民可支配收入 JMSR 的方差分解					
1	0.00	100.00	0.00	0.00	0.00
4	0.75	86.50	7.18	0.52	5.05
8	0.42	71.77	21.19	0.61	6.01
12	0.23	53.52	30.03	0.92	15.30
20	0.12	44.14	30.04	1.46	24.24

从居民消费方差分解的结果看：最初居民消费波动的97.34%由自身解释，从第4期开始，居民消费波动的12.31%可由金融机构各项贷款解释，而利率对居民消费波动的解释仅为5.48%，这表明在短期内，货币政策主要是通过“信贷机制”影响居民消费。随着时间推移，第8期金融机构各项贷款对消费的解释力度达到最大为20.16%，随后其解释力度不断减少，第12期的解释力度为18.43%，第20期最终稳定在11.01%；而利率对居民消费波动的解释力度不断增大，在第8期和第12期，解释力度分别为10.18%和13.96%，第20期的解释力度为19.49%，大于贷款的解释力度。这表明在中期内货币政策仍然主要通过“信贷机制”影响居民消费，而在长期内主要通过“利率机制”影响居民消费。因此，在短中期内货币政策主要通过“信贷渠道”影响居民消费，在长期内“利率机制”对居民消费的影响更大，这与蒋瑛琨等（2005）和杨子晖（2008）等的研究结果有些不同。同时，居民可支配收入对居民消费波动的解释力度随时间推移不断增大，由第4期的8.95%增加到第20期的35.04%。这表明无论短期还是长期，居民可支配收入对居民消费的影响很大，并且在长期内居民消费主要受居民可支配收入的影响。此外，货币供应量对居民消费波动的解释力度无论是在短期内还是在长期内都较大，因此政府应重视货币政策对居民消费的调整。

从贷款和货币供应量方差分解的结果看，贷款和货币供应量无论是在长期还是在短期内对各自的解释力度都较高。但是相比较而言，在长期贷款对货币供应量波动的解释力度为5.93%，而货币供应量对贷款波动的解释力度为17.44%，因此我们认为货币供应量更能影响贷款。此外，无论是货币供应量还是贷款，居民可支配收入对二者的解释都较大，在长期内其解释力度分别为26.30%、30.58%。不难理解，居民可支配收入增加时，央行必然发行更多货币，而居民由于收入增多导致信用变高，自然可从商业银行获得更多贷款。

从居民可支配收入的方差分解结果看，居民可支配收入在短中期内基本受自身影响，在长期内还受货币供应量和利率的影响。从第4期开始，货币供应量对居民可支配收入有一定的解释力度，其大小为7.18%。在长期，利率和货币供应量对居民可支配收入的影响较大，其解释力度稳定在24.24%和30.04%，而其受自身的影响为44.14%。此外，居民消费和贷款无论是在短期内还是在长期内对居民可支配收入的影响都较小。

2. 财政政策对居民消费的影响研究

根据刘贵生、高士成（2013）的研究，货币政策变量和价格因素会影响财政政策的宏观调控效果。由于本书的名义变量已经过物价指数修正，因此在研究财政政策对居民消费的影响时只需将货币政策代表变量 M_1 考虑进来即可。首先对各变量进行DAG分析，结果如图4－2所示：

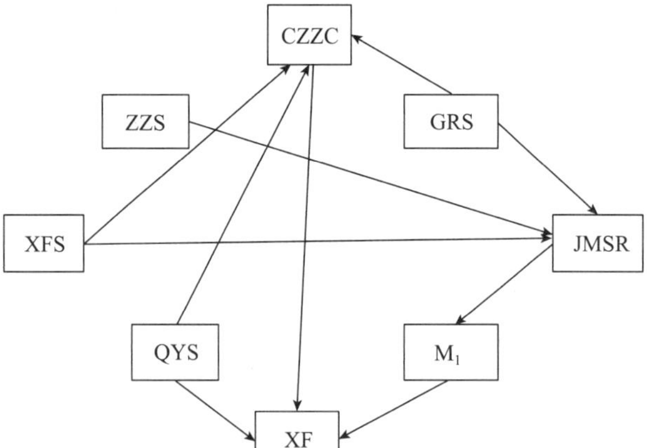

图4－2　财政政策的DAG分析

从图4-2的结果看，各变量间的因果关系为：XFS、QYS、GRS→CZZC→XF，XFS、ZZS、GRS→JMSR→M_1→XF，即存在着由税收（包括消费税、企业税、个人税）到财政支出，再由财政支出到居民消费的同期因果关系，以及由税收包括（消费税、增值税、个人税）到居民收入、货币供应量，再由货币供应量到居民消费的同期因果关系。从财政政策角度看，财政政策对居民消费的影响途径包括两条：一条是通过税收政策影响财政支出进而影响居民消费，另一条是通过税收收入影响居民可支配收入进而影响居民消费，这与我们之前讨论的财政政策传导路径一致。同时，财政政策通过居民收入与货币供应量存在同期因果关系，此外，由于各税收与财政支出存在同期因果关系，因此，在考虑财政政策效果时，应将货币政策考虑进去。在研究财政政策通过“支出机制”影响居民消费时，也要考虑税收的影响。最后，无论是财政政策还是货币政策的传导途径，居民可支配收入都与消费存在同期因果关系，可见居民可支配收入是影响居民消费的关键因素，这与万福前（2009）等的研究结果一致。①

基于DAG分析得出各变量同期因果关系，建立SVAR模型并展开方差分解，进一步分析各变量之间的关系，预测的方差分解结果如表4-5所示：

表4-5　基于DAG的财政政策变量的预测方差分解

预测期（季度）	各变量方差分解							
	XF	CZZC	M_1	XFS	ZZS	GRS	QYS	JMSR
居民消费XF的方差分解								
1	100	0.00	0.00	0.00	0.00	0.00	0.00	0.00
4	71.16	3.08	2.06	4.98	1.04	3.48	8.73	5.47
8	51.86	1.87	1.21	11.35	1.41	2.68	17.87	11.75
12	38.80	2.02	4.35	12.81	3.04	3.13	21.20	14.65
20	18.69	3.90	21.28	10.63	5.25	7.80	18.66	13.79
财政支出CZZC的方差分解								
1	0.26	99.74	0.00	0.00	0.00	0.00	0.00	0.00
4	5.43	67.33	2.60	6.05	1.44	5.52	6.32	5.31
8	7.08	48.41	4.01	12.05	1.27	5.01	13.52	8.65

① 方福前．中国居民消费需求不足原因研究——基于中国城乡分省数据［J］．中国社会科学，2009（2）：68-82，205-206.

续表

预测期（季度）	各变量方差分解							
	XF	CZZC	M_1	XFS	ZZS	GRS	QYS	JMSR
12	6.64	36.26	7.87	13.90	1.90	5.49	17.11	10.83
20	4.62	21.90	20.93	11.90	3.65	9.03	16.59	11.38
居民可支配收入 JMSR 的方差分解								
1	0.28	0.39	0.02	1.64	18.85	0.16	8.91	69.75
4	5.30	9.58	11.90	1.42	25.45	0.77	9.20	36.38
8	4.56	7.17	36.21	0.78	19.70	6.59	6.64	18.35
12	2.80	6.67	43.67	2.16	13.44	11.03	7.40	12.83
20	1.64	7.01	43.13	5.15	8.12	15.13	9.56	10.26

注：由于篇幅有限，本书只取了实证中需要的变量的方差分解结果。

从居民消费方差分解的结果看，在第 1 期居民消费的变动完全由自身解释，从第 4 期开始，企业所得税对居民消费具有一定的解释力度，其大小为 8.73%；其他变量的解释力度相对较小，居民可支配收入为 5.47%，消费税为 4.98%，个人所得税为 3.48%，货币供应量和财政支出分别为 2.06%、3.08%，而其对自身的解释力度高达 71.16%。由此可见，在短期内，居民消费主要受自身影响，企业所得税具有一定影响，而财政支出和货币供应量影响极小。这表明在短期内，财政政策应通过“税收机制”来影响居民消费。随着时间的推移，各变量的影响力度发生不同的变化。无论短期还是长期，财政支出、增值税和个人所得税对居民消费波动的解释力度都不超过 10%，由此可见，财政政策难以通过“支出机制”来影响居民消费。消费税、居民可支配收入解释力度随着时间推移不断增大，从第 8 期开始，对居民消费的波动都具有一定的解释力度，其大小分别为 11.35%、11.75%，二者在第 12 期时对居民消费的解释均达到最大，随后略微减少，在第 20 期时分别稳定在 10.63% 和 13.79%。由此可见，消费税和居民可支配收入在中长期内对居民消费具有较大的解释力度，因此，在中长期内要重视消费税和居民可支配收入对居民消费的影响。在任何时期，企业所得税对居民消费都具有一定的影响，在第 4 期其解释力度为 8.73%，随后不断增大，在第 8 期为 17.87%，在第 12 期达到最大，为 21.2%，随后略微减小，最终在第 20 期稳定在 18.66%。通过财政支出和税收的比较，可以看出无论是短期还是长期，财政政策中的“支出机制”都难以影响居民消费；通过各税收的比较，发现消费税、企业所得税在中长期内对居民消费具有较大的影响；企业所得税在短期内对居民消费具有一定影响；增值税和个人所得税无论是在短期内还是在中长期内对居民消费的影响都较小。此外，货币供应量在短中期内对居民消费的影响较小，在第4期和第12期时的解释力度分别仅为2.06%和4.35%，而在第20期时高达20.93%，这表明，在长期内，货币政策对居民消费具有较大影响。通过比较财政政策与货币政策关于居民消费方差分解的结果，我们发现无论是财政政策还是货币政策，货币供应量和居民可支配收入在短期内对居民消费的影响均较小，而在长期内对居民消费都具有较大影响。

从财政支出方差分解的结果看，货币供应量在短期内对财政支出波动的解释力度较小，而在长期内其对财政支出的解释力度平均在20%以上，这说明我国政府在实行财政政策时，中央银行会采取相应的货币政策以推动财政政策的实行，即我国货币政策被动从属于财政政策，这与李义超、周英章（2002）等的研究结果一致。[①] 此外，货币政策在第12期才开始发挥作用，说明我国货币政策存在时滞性。同时，企业所得税、消费税和居民收入在长期内对财政支出波动的解释力度较大，而在短期内对财政支出波动的解释力度较小；增值税、个人所得税无论短期内还是长期内对财政支出波动的解释力度都较小。

从居民可支配收入方差分解的结果看，最初居民可支配收入波动18.85%可由增值税来解释，并且其解释力度在第4期达到最大，为28.72%。但随后增值税对居民消费波动的解释力度逐渐减小，最终稳定在8.12%，说明增值税在短期内对居民可支配收入的影响较大，而长期内对居民可支配收入影响较小。货币供应量和个人所得税在短期内均对居民可支配收入波动的解释力度较小，而在长期内对其波动有较好的解释，并且三者中货币供应量在长期内对居民收入的影响最大，其数值高达43.13%。而消费税、企业所得税及财政支出无论在短期内还是在中长期内对居民可支配收入的影响都较小。

四、稳健中性货币政策的过渡效应

我国央行在发布的《2016第四季度中国货币政策执行报告》中首次采用了“稳健中性的货币政策”的表述方式。“稳健中性”的提出，是为了配合我国现

---

① 李义超，周英章．我国货币政策和财政政策的效用比较研究［J］．数量经济技术经济研究，2002（3）：9－12.

阶段金融系统的“防风险”“去杠杆”等现状。党的十九大报告强调健全“货币政策+宏观审慎政策”的双支柱调控框架，“稳健中性”的货币政策也是这一调控体系的现实选择。稳健中性货币政策的目的是为了提高市场机制下的资源配置效率，同时防控和化解金融风险，尤其是避免系统性金融风险的发生。相对于“稳健货币政策”来讲，“稳健中性货币政策”既要“去杠杆、去泡沫、防风险”，另外货币供给也要满足经济增长的内生需求，既不过多，也不过少。2017年以来的 M_2 货币供给量同比增速下调也证明了这一点（如图4-3所示），我国货币政策正按照稳健中性的要求实施。

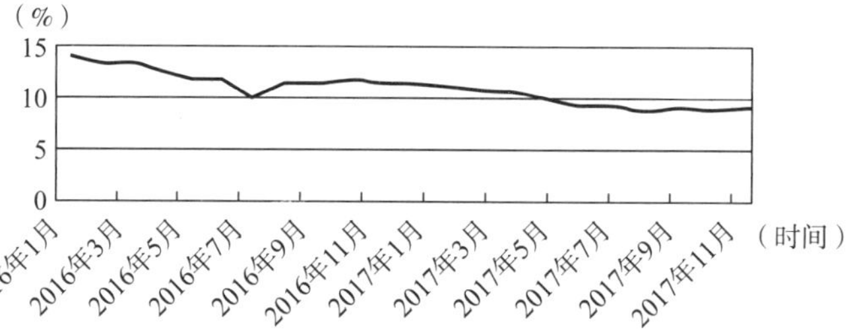

图4-3　2016年1月至2017年12月 M_2 同比增速

资料来源：Wind数据库。

M_2 增速有所走低与金融体系“去杠杆”、上年基数高等因素有关。也可以看出，2017年稳健中性货币政策以稳健偏紧为主，但是稳健中性货币政策的过渡效应初显成效，表现为以下三个方面：

第一，金融杠杆下降。货币政策稳健中性的首要过渡效应表现为金融杠杆的下降，如图4-4所示，自2016年第一季度以来，我国银行金融机构总负债与GDP的比重在不断地下调。我国是以商业银行为主导的金融体系，商业银行总负债相对规模的不断下降说明了我国金融杠杆在不断地下降（如图4-4所示）。

第二，改善经济结构。在货币政策总体稳健中性的背景下，全国固定资产投资同比增速小幅下降，但消费品零售领域受宏观政策的影响要小，社会的边际消费倾向短期内较为稳定（如图4-5所示）。货币政策稳健中性会对政府主导的固定资产投资产生负面影响，在货币供给趋紧时会造成固定资产投资资金来源不足，从而导致投资水平下降。所以，在投资小幅下降而消费不变的情况下，我国经济结构可以得到一定的改善。

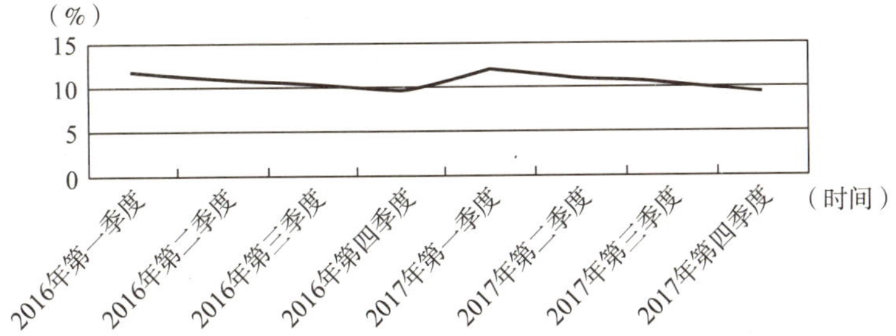

图4-4 银行业总负债与GDP比重

资料来源：Wind数据库。

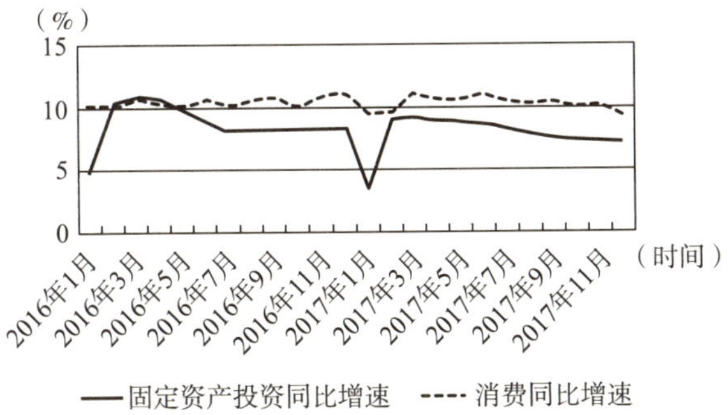

图4-5 2016~2017年我国固定资产和消费投资增长同比速度

资料来源：Wind数据库。

第三，系统性金融风险得到有效遏制。金融危机往往是外部因素与金融体系的内在脆弱性相互影响、共同作用的结果。货币政策作为重要的外部因素，对金融危机有重要的影响作用。党的十九大报告明确提出我国要守住不发生系统性金融风险的底线，从2016年以来的整体金融运行情况看，在稳健中性货币政策的作用下，以商业银行为代表的金融机构总体风控把握较紧。如图4-6所示，2016年第一季度到2017年第三季度，商业银行的资本充足率有所提高，2017年第三季度提高到13.32%，商业银行体系的风控能力大大提高，全国性的系统性金融风险得到有效的遏制。

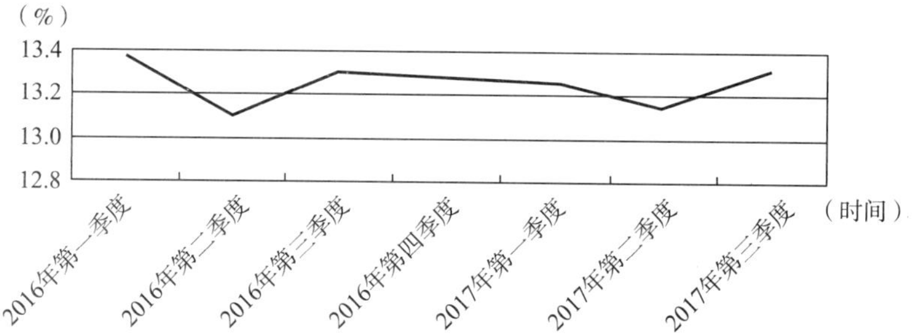

图4-6 商业银行资本充足率

资料来源：Wind数据库。

从以上分析可知，我国稳健中性货币政策自2016年底实施以来，货币供给增长速度向下微调，金融杠杆整体水平下降，得到了有效控制，固定资产投资和消费水平得到调整，经济结构得到完善，从2017年整年来看，我国商业银行资本充足率稳步提高，有效防范了系统性金融风险的爆发。所以，我国稳健中性的货币政策过渡效应比较明显。

本章小结

本书运用DAG方法和SVAR模型研究了财政货币政策对居民消费的影响机制及其效应，并克服了传统的VAR和格兰杰因果检验等研究方法的局限性，更好地刻画了财政货币政策变量与居民消费之间的同期因果关系，并为预测各变量的方差分解提供了重要的依据，从而大大提高了本书研究的有效性和合理性。

本书的研究结果表明，在货币政策渠道上，我国存在着由货币供应量到金融机构各项贷款，再到居民的同期因果关系，在此基础上我们通过SVAR进行方差分解预测，结果表明，无论是在短期内还是在长期内，金融机构各项贷款均能影响居民消费；利率在短期内对居民消费影响较小，在长期内对居民消费影响要高于贷款。这表明在短期内，货币政策主要通过“信贷机制”影响消费；在长期内更多地通过“利率”机制发挥作用。

研究同时表明，在财政政策渠道上，我国存在着由税收到居民消费和由财政支出到居民消费的同期因果关系，在此基础上预测方差分解的结果表明，我国现阶段财政政策对居民消费的影响途径主要为“税收机制”，即我国财政政策可通过调整税收影响居民可支配收入，进而影响居民消费。各税收中，在短期内企业所得税对居民消费具有一定的影响；在长期内消费税与企业所得税对居民消费的影响较大；而增值税和个人所得税，无论是在短期内还是在长期内对居民消费的解释力度都较小。此外，我们发现，在长期内，货币政策能够较好地解释财政政策，这表明我国政府在实行财政政策时，中央银行会采取相应的货币政策以推动财政政策的实行，即我国货币政策被动地适应于财政政策。

我们还发现，无论是财政政策渠道还是货币政策渠道，居民可支配收入与居民消费都存在着同期因果关系，这意味着居民可支配收入是影响居民消费的关键因素。同时，从居民消费方差分解的结果看，无论是财政政策渠道还是货币政策渠道，货币供应量都能够较好地解释居民消费的波动，这意味着货币政策对居民消费的影响更大，但由于货币政策被动适应于财政政策，因此也要重视财政政策的作用。

基于以上结论，本书提出以下政策建议：第一，政府要着重于灵活运用税收政策以提高居民可支配收入。政府应完善收入分配制度，从财政政策角度看，可以降低个人所得税或提高政府支出中的转移支付以直接提高居民可支配收入；也可降低消费税、企业所得税及增值税，间接提高居民可支配收入。第二，中央银行在短期内要着重于扩大商业银行信贷规模以发挥好货币政策“信贷机制”的传导作用，在长期内要重视“利率机制”的作用。在短期内，中央银行可适度增加货币供应量以扩大信贷规模，从而增大商业银行的贷款规模，扩大其对居民的贷款限额，从而促进居民贷款消费；在长期内，央行应适度降低贷款利率，以降低企业生产成本，促进供给侧改革，从而增加居民消费。第三，财政部与中央银行要加强沟通与交流，从而有效发挥财政货币政策的协调配合效应。

第五章　财政货币政策对我国城乡居民消费影响的实证分析

目前在评价宏观经济政策和研究最优财政货币政策配合方面，经济学界普遍使用动态随机一般均衡模型的框架进行分析。这是因为 DSGE 模型避免了传统经济预测模型所面对的 Lucas 批判的问题，它的微观和宏观分析的完美结合、动态跨期分析的有机整合等特性日益受到各国中央银行的青睐。国内许多学者利用这两种模型做了大量研究，并且得出了许多符合中国实际国情的参数和模型，为本书的研究打下了基础。本书运用包含价格黏性的动态随机模型对财政货币政策如何影响居民消费进行了研究，并将财政政策作为内生冲击纳入到模型之中，将内生冲击和外生冲击相结合来考虑财政货币政策对宏观经济的调控作用。

第一节　动态随机一般均衡模型

DSGE 模型的构建首先必须要通过理论模型分析各个微观经济主体的经济行为，并通过模型推导出各个微观经济主体可能的经济决策行为，最后通过采用最优化的目标函数来表达微观经济主体的决策行为，并在相关的约束背景下（主要包括预算约束、信息约束和技术约束等）优化目标函数。建模时，通常对经济主体进行一定的分类，然后考察每类经济主体的行为方程。本书构建的动态随机一般均衡包含三个部门：家庭、厂商和政府。厂商包括生产中间品的厂商和生产最终品的厂商，中央银行和财政部门合并为广义的政府部门。居民在预算约束下，对消费、劳动力供给和资产供给进行决策来最大化其一生的效用。假定居民的经营权和所有权不存在分离的情况，在此背景下，居民在选择资本的时候，首先会考虑可投资的选择，基于此，我们可以判断居民在考虑投资某个项目的时候，所受成本调整的影响比较大。经济主体购买的最终产品，往往由生产最终产品的厂商对中间产品加工形成。通常假定最终品市场为完全竞争市场，生产中间品的厂商利用劳动、私人投资、政府投资性支出和政府服务性支出进行生产，并将中间品出售给生产最终品的厂商。若中间品市场为垄断竞争市场，在不考虑劳动力成本和资本成本的情况下，施加消费者需求约束，中间品厂商对产品具有定价权，且其超额利率最终会转移到居民手里。因此，在短期资本基本不变的前提下，中间品厂商只要支付一定使用成本就可以确定最优的资本利用率。中央银行和财政部门可以合并为广义的政府部门，在综合考虑居民、厂商、银行等各个经济主体行为决策的情况下，可通过选择恰当的财政政策和货币政策工具最大化整体的社会福利，进而可以得到最优的政策配合。通过对每个经济主体的行为进行详细的描述，我们构建了包含三个部门的动态随机一般均衡模型，图 5 －1 为本书 DSGE 模型构建的框架。

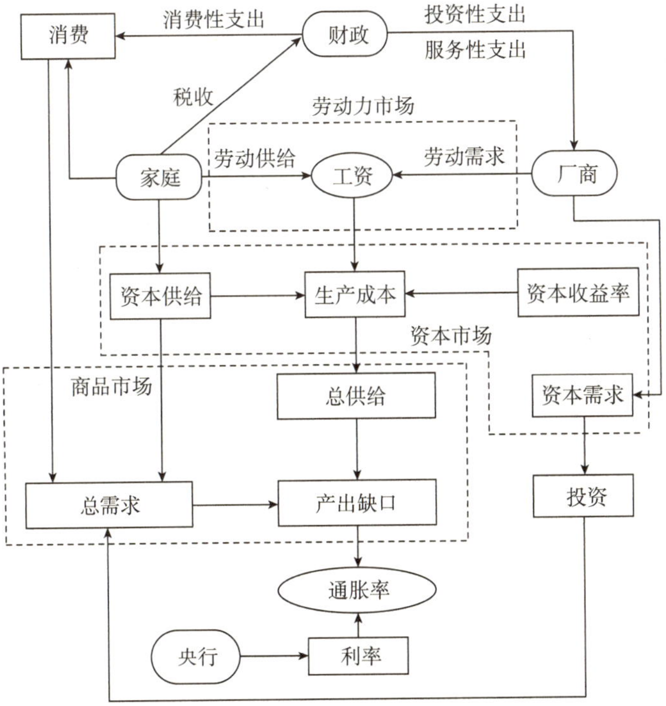

图 5 －1　模型结构

一、家庭

假定经济中有无数个家庭部门，且各个家庭同质并永久生存。此外，假定各个家庭部门均匀分布在0~1的连续区间上，家庭的效用函数为CRRA形式。黄赜琳（2005）采用随机动态一般均衡方法，创造性地将政府支出作为外生随机冲击变量，构建中国三部门实际经济周期（RBC）模型。本书参考黄赜琳（2005）的方法，在家庭效用函数中加入了政府性消费支出。在该效用函数下，代表性家庭在t期的最优化决策为：在劳动力市场上，家庭可选择的最优劳动供给为N_t；在资本市场上，家庭以实际利率$R_{p,t}$向企业出租实物资本K_{t-1}（该资本是折旧前的资本），随后进行实物投资I_t得到资本积累，但资本调整成本会影响追加投资的大小。t期末，家庭持有M_{t-1}单位的货币余额和B_{t-1}单位的债券，获得实际工资W_tN_t，资本报酬R_tK_t，家庭在t期的财富用于消费、投资，持有在t+1期的货币与各种债券余额，则代表性家庭的最优化问题可以为：

$$\max_{C_t,N_t,B_t,M_t} E_0\sum_{t=0}^{\infty}\beta^t\left[\frac{(C_tG_{1t}^{Y})^{1-\delta_c}}{1-\delta_c}-\varphi_n\frac{N_t^{1+\eta_n}}{1+\eta_n}+\varphi_m\ln\left(\frac{M_t}{P_t}\right)\right] \tag{5-1}$$

满足预算约束：

$$W_tN_t+R_{p,t}K_{p,t}+M_{t-1}+(1+R_{t-1})B_{t-1}\geqslant P_tC_t+P_tI_t+M_t+B_t \tag{5-2}$$

满足资本积累方程：

$$K_{p,t}=(1-\sigma_p)K_{p,t-1}+d_t\left[1-S\left(\frac{I_t}{I_{t-1}}\right)\right]I_t \tag{5-3}$$

其中，E_0为0期信息条件期望算子，β为主观贴现因子，$1>\beta>0$，γ为代表性家庭消费与政府消费性支出的关系系数，G_{1t}为政府消费性支出，δ_t为家庭相对风险规避弹性，η_n为劳动供给弹性，分别为劳动和持有货币的权重。私人资本存量的变化由方程(5-3)确定。其中，K_t是资本存量，I_t是投资，d_t是投资冲击，服从AR(1)过程，$\ln d_t=\rho_d\ln d_{t-1}+\varepsilon_t^d$，$\varepsilon_t^d\sim N(0,1)$，$S\left(\frac{I_t}{I_{t-1}}\right)$是投资调整成本函数，具有二次形式，$S\left(\frac{I_t}{I_{t-1}}\right)=\frac{\kappa}{2}\left(1-\frac{I_t}{I_{t-1}}\right)^2$，$\sigma_p$是私人资本的折旧率。

求解该代表性家庭的动态优化问题，可以得到如下的一阶条件：

$$C_t^{-\delta_c}G_{1t}^{(1-\delta_c)\gamma}w_t=\varphi_nN_t^{\eta_n} \tag{5-4}$$

$$\varphi_m\frac{1}{m_t}=\left(\frac{R_t}{1+R_t}\right)C_t^{-\delta_c}G_{1t}^{(1-\delta_c)\gamma} \tag{5-5}$$

$$\lambda_t P_t = \mu_t d_t \left\{1 - S\left(\frac{I_t}{I_{t-1}}\right) - S'\left(\frac{I_t}{I_{t-1}}\right)\frac{I_t}{I_{t-1}}\right\} + \beta E_t \mu_{t+1}\left\{S'\left(\frac{I_{t+1}}{I_t}\right)\frac{I_{t+1}}{I_t}\right\} \tag{5-6}$$

$$C_t^{-\delta_c} G_{1t}^{(1-\delta_c)\gamma} = (1+R_t)\beta E_t C_{t+1}^{-\delta_c} G_{1t+1}^{(1-\delta_c)\gamma} \pi_{t+1}^{-1} \tag{5-7}$$

$$C_t^{-\delta_c} G_{1t}^{(1-\delta_c)\gamma} R_{p,t} + \mu_t = \beta(1-\sigma_p) E_t \mu_{t+1} \tag{5-8}$$

二、政府

中国政府支出主要根据支出项目和支出功能进行划分，可以划分为以下三类：第一类消费性支出 G_{1t}，包括行政管理费和雇员工资等；第二类是服务型支出 G_{2t}，主要包括社会保障、公共安全和国防等社会服务型支出；第三类为投资性支出 G_{3t}，主要包括铁路、水库等基础设施的投资支出。政府对代表性企业征收产品比例税，相当于对企业的实际销售收入征收收入税。政府以这些税收收入来支付其消费性支出 G_{1t}，服务性支出 G_{2t}和投资性支出 G_{3t}。政府在 t 期的预算约束为：

$$G_{1t} + G_{2t} + G_{3t} = \tau Y \tag{5-9}$$

假定企业的生产过程不会直接受到政府消费性支出的影响，且政府消费性支出占政府总支出的比例为 ψ_1，则服从如下预算决策过程：

$$G_{1t} = \psi_1 \tau Y \tag{5-10}$$

$$G_{2t} = \psi_2 \tau G_{1t} \tag{5-11}$$

$$G_{3t} = \psi_3 \tau G_{1t} \tag{5-12}$$

其中，$\psi = \psi_1 + \psi_2$，表示政府服务性支出比重和政府投资性支出比重构成政府生产性支出比重。由于财政决策变量是给定的，所以财政政策是外生的，将不同类型的支出纳入到模型的不同部门，体现出财政政策的内生作用。

三、厂商

生产企业根据产品的生产环节可将企业分为最终品厂商和中间品厂商。在中间品市场为垄断竞争市场条件下，假定中间品厂商连续分布在［0，1］区间上，中间品的替代性，替代弹性为：ε_p，该弹性大于 1。

1. 最终品厂商

最终品厂商为完全竞争者，其负责将中间产品加总起来生产最终产品 Y_t，按照采用 Dixit – Stiglix（1977）的方式进行加总：

$$Y_t = \left(\int_0^1 Y_{j,t}^{\frac{\varepsilon_p - 1}{\varepsilon_p}}\right)^{\frac{\varepsilon_p}{\varepsilon_p - 1}} \tag{5-13}$$

给定最终品价格 P_t 和中间品价格 $P_{j,t}$，最终品厂商的最优化问题为：

$$\max_{Y_{t(j)}} P_t Y_t - \int_0^1 P_{j,t} Y_{j,t} dj \tag{5-14}$$

生产函数为约束条件，解该优化问题可得最终品的价格指数为：

$$P_t = \left(\int_0^1 P_{j,t}^{1-\varepsilon_p} dj\right)^{\frac{1}{1-\varepsilon_p}} \tag{5-15}$$

中间品厂商 j 的产品需求曲线为：

$$Y_{j,t} = \left(\frac{P_{j,t}}{P_t}\right)^{-\varepsilon_p} Y_t \tag{5-16}$$

这表明对中间品 j 的相对需求是其相对价格的函数。

2. 中间品厂商

代表性中间品厂商 j 通过租借私人资本和劳动进行生产，且具有规模报酬不变的特性。参考 Kuhn 等（2010）、Baxter 和 King（1993）的做法，将流量形式的政府服务型支出 G_{2t} 和存量形式的政府投资性支出 G_{3t} 引入到 Cobb - Douglas 的生产函数中，可得如下形式：

$$Y_{j,t} = A_t K_{j,p,t}^{\alpha_1} K_{j,g,t}^{\alpha_2} G_{j,2t}^{\alpha_3} N_{j,t}^{1-\alpha_1} \tag{5-17}$$

其中，A_t 为生产力水平，服从 AR(1) 过程，$\log(A_t) = \rho_a \log(A_{t-1}) + \varepsilon_\tau^a$，$\varepsilon_\tau^a$ 为技术冲击项，$K_{j,p,t}$ 表示 t 期的私人资本存量，$K_{j,g,t}$ 表示 t 期的政府资本存量，$G_{j,2t}$ 表示政府服务性支出，$N_{j,t}$ 表示 t 期的劳动投入，政府的资本积累方程为：

$$K_{g,t} = G_{3t} + (1 - \sigma_g) K_{g,t-1} \tag{5-18}$$

其中，σ_p 表示政府资本的折旧率，G_{3t} 表示 t 期的政府投资性支出。由于中间品市场为垄断竞争市场，即中间品价格存在价格黏性，各个厂商 j 都需要自身根据市场的产品需求自行制定价格，即中间品厂商具有一定制定价格的能力。选择价格 $P_{j,t}$，劳动投入 $N_{j,t}$ 和资本投入 $K_{j,p,t}$、$K_{j,g,t}$、$G_{j,2t}$ 来实现利润最大化（假设利用政府投资性支出和服务性支出不需要成本），为了求解方便，我们将该决策分为两个问题，成本最小化问题和利润最大化问题。

首先为成本最小化问题：

$$\min_{N_{j,t} K_{j,p,t}} W_t N_{j,t} + R_{p,t} K_{j,p,t} \tag{5-19}$$

约束条件为其生产函数：$Y_{j,t} \leqslant A_t K_{j,p,t}^{\alpha_1} K_{j,g,t}^{\alpha_2} G_{j,2t}^{\alpha_3} N_{j,t}^{1-\alpha_1}$

其一阶条件为：

$$W_t = \psi_{j,t}(1-\alpha_1)A_t K_{j,p,t}^{\alpha_1} K_{j,g,t}^{\alpha_2} G_{j,2t}^{\alpha_3} N_{j,t}^{-\alpha_1} \tag{5-20}$$

$$R_{p,t} = \psi_{j,t}\alpha_1 A_t K_{j,p,t}^{\alpha_1 -1} K_{j,g,t}^{\alpha_2} G_{j,2t}^{\alpha_3} N_{j,t}^{1-\alpha_1} \tag{5-21}$$

定义总劳动需求和私人资本需求为：

$$N_t = \int_0^1 N_{j,t} dj \tag{5-22}$$

$$K_{p,t} = \int_0^1 K_{p,j,t} dj \tag{5-23}$$

那么，根据上述方程可得：

$$\frac{W_t}{r_{p,t}} = \frac{(1-\alpha_1)}{\alpha_1}\frac{K_{j,t}}{N_{j,t}} = \frac{(1-\alpha_1)}{\alpha_1}\frac{K_t}{N_t} \tag{5-24}$$

其中，$mc_t = \frac{\psi_1}{P_t}$，为实际边际成本，这对于每个厂商来说都是相同的。

$$W_t = mc_t(1-\alpha_1)A_t K_{j,p,t}^{\alpha_1} K_{j,g,t}^{\alpha_2} G_{j,2t}^{\alpha_3} N_{j,t}^{-\alpha_1} \tag{5-25}$$

$$R_{p,t} = mc_t\alpha_1 A_t K_{j,p,t}^{\alpha_1 -1} K_{j,g,t}^{\alpha_2} G_{j,2t}^{\alpha_3} N_{j,t}^{1-\alpha_1} \tag{5-26}$$

其中，W_t 和 R_p 分别为实际工资率和实际资本价格。根据上述条件可得厂商的实际利润为：

$$\frac{\Pi_{j,t}}{P_t} = \frac{P_{j,t}}{P_t}Y_{j,t} - mc_t Y_{j,t}$$

本书通过 Calvo 方法引入价格黏性，中间品厂商能够制定出最优价格最大化其利润。假定每一期有 $1-\xi$ 个企业需要调整产品价格，ξ 个企业不需要对价格进行调整，并假定对于不调整其价格的企业沿用上一期的价格，则决策问题可转化为：

$$\max_{P_{j,t}} E_t \sum_{s=0}^{\infty} (\beta\xi)^s \frac{u'(C_{t+s})}{u'(C_t)}\left\{\left[\frac{P_{j,t}}{P_{t+s}} - mc_{t+s}\right]Y_{j,t+s}\right\} \tag{5-27}$$

受限于：

$$Y_{j,t+s} = \left(\frac{P_{j,t}}{P_{t+s}}\right)^{-\varepsilon_p} Y_{t+s} \tag{5-28}$$

$$X_{1t} = u'(C_t)mc_t P_t^{-\varepsilon_p} Y_t + \xi\beta E_t X_{1t+1} \tag{5-29}$$

$$X_{2t} = u'(C_t)mc_t P_t^{-\varepsilon_p -1} Y_t + \xi\beta E_t X_{2t+1} \tag{5-30}$$

最优价格为：

$$P_t^* = \frac{\varepsilon_p}{\varepsilon_p - 1}\frac{x_{1t}}{x_{2t}} \tag{5-31}$$

四、中央银行

中央银行调控经济的手段主要通过货币政策来进行，主要工具包括数量型货币工具和价格型货币政策工具。本书分别从数量型货币政策规则和价格型货币政策规则来考虑货币政策对经济的冲击，选取货币供应量作为数量型货币政策工具，同时选取利率为价格型货币政策工具。

数量型货币政策工具的具体形式为：

$$\log(g_t) = (1-\rho_m)\log(\pi^*) + \rho_m\log(g_{t-1}) + \rho_m\log(\pi_{t-1}) + \varepsilon_t^m \qquad (5-32)$$

其中，$g_t = \dfrac{M_t}{M_{t-1}}$为货币供给增长率，$g^*$为货币增长率的稳态值，$\rho_m \epsilon (0, 1)$，本书通过滞后期的货币供给增长率反映政策的平滑倾向，本书中 ε_t^m 为数量型货币政策冲击。

价格型货币政策工具的具体形式：

$$R_t = \rho_r R_{t-1} + (1-\rho_r)(\phi_\pi \dot{\pi}_t + \phi_y \dot{Y}_t) + \varepsilon_t^r,\ r \sim N(0, \sigma_r^2) \qquad (5-33)$$

其中，ρ_t 刻画了货币政策的连续性，$\Delta\pi_t$ 为通货膨胀对稳态水平的偏离，ΔY_t 为产出缺口，该方程表明当期利率的变化除了会受到上次利率的影响，还会受到当期各经济变量的影响。

五、均衡

均衡问题存在于劳动力市场，资本市场和最终商品市场，本书构建的 DSGE 模型由 22 个方程组构成。在私人资源和政府资源的约束下，给定代表性厂商的技术水平和代表性家庭的偏好，内生变量为$\{C_t G_{1t} w_t N_t m_t R_t r_{P,t} d_t i_t K_{P,t} Y_t G_{2t} G_{3t} K_{G,t} V_{P,t}\{A_t mc_t X_{1t} X_{2t} \pi_t^* \ \pi_t\}$；四个冲击分别是生产技术冲击、投资技术冲击、数量型货币政策冲击以及价格型货币政策冲击。冲击变量为$\{\varepsilon_t^a \varepsilon_t^d \varepsilon_t^m \varepsilon_t^r\}$，当经济达到均衡时，代表性家庭实现效用最大化，代表性厂商实现利润最大化，并且劳动力市场、资本市场和最终商品市场均出清。

第二节　参数校准

在估计 DSGE 模型时需要对模型的参数进行校准，目前参数主要包括反映模型动态特征和反映模型稳态特征的参数。对于第一种参数，往往根据实际数据通过一些估计方法确定，常见的估计方法包括 Bayes 估计方法、最大似然估计法和广义矩方法。本书对该参数采用的估计方法是 Bayes 估计方法，与其他估计方法相比，该方法对参数进行了事后的估计与修正，充分考虑了参数的先验分布特征，从而可以更加有效地估计参数。对静态参数的估计往往通过校准的方法来确定，本书参考了国内外有关的文献对该参数进行了合理校准。根据本书 DSGE 模型的设定，相关的静态参数包括：主观贴现因子 β，家庭相对风险规避弹性 δ_c，劳动供给弹性 η_n，劳动和持有货币的权重，代表性家庭消费与政府消费性支出的关系系数 γ，私人资本的折旧率 σ_p，私人投资调整成本的系数 κ，政府对的代表性企业征收产品比例税τ，政府生产性支出比重 ψ_1，政府服务性支出和政府投资性支出占政府生产性支出比重 ψ_2 和 ψ_3，中间产品的替代弹性为私人资本，政府投资性支出和政府服务性支出的生产性 α_1、α_2 和 α_3，政府资本的折旧率 σ_g，不对价格进行调整的企业的比重 ξ；动态参数包括：生产技术冲击、投资技术冲击、数量型货币政策冲击和价格型货币政策冲击的一阶自回归参数：ρ_a，ρ_d，ρ_m，ρ_r，以及它们的波动参数 ε_t^a，ε_t^d，ε_t^m，ε_t^r。

一、静态参数校准

静态参数由校准的方法进行赋值。保证模型具有稳态解，对于不能利用已有文献进行确定的参数，利用中国宏观数据加以确定。关于主观贴现因子 β 校准，胡永刚等（2012）模型均衡路径，中国资本回报率的实证研究和 1978～2010 年的 GDP 增长率校准主观贴现率为 0.898，根据黄赜琳（2005）年的做法，我国近年来季度资本收益率为 2.1% 左右，大部分学者的研究选取 0.9～0.998，本书校准值为 0.978。关于我国家庭相对风险规避弹性 δ_c，不同文献的差异比较大，Galirtal（2007）取值为 0.2，龚六堂等（2014）的取值为 2，本书取基准值为 0.87。代表性家庭消费与政府消费性支出的关系系数 γ，吴晓利等（2014）根据从政府社会计划者效用问题考虑，并发现政府消费性支出占居民消费水平的 0.06，将其校准 0.06，我们用相同的方法校准该参数取值为 0.06。休闲相对家庭效用的重要性 ϕ_n 校准为 0.599，根据微观经济数据估计（Fuentes-Albero 等，2009）得到劳动供给的跨期替代弹性 η_n 为 0.4。根据中国实际宏观数据，持有货币占家庭效用的权重 ϕ_m 校准为 0.2。我国不同行业之间的资本折旧率差别很大，根据国内外相关研究成果将私人资本的折旧率 σ_p 校准为 0.12，由于政府投资性支出大都为基础设施建设，相对于私人资本折旧率来说，政府资本折旧率较低，政府资本的折旧率 σ_g 校准为0.05。张佐敏（2013）将私人投资调整成本的系数 κ 校准为2.395。根据宏观经济数据将政府对代表性企业征收产品比例税 τ 校准为0.1，政府生产性支出比重为0.225，那么 ψ_1 为0.775，政府服务性支出和政府投资性支出占政府生产性支出比重 ψ_2 和 ψ_3，分别为0.434和0.341，中间产品的替代弹性校准为10。根据郭长林等（2012）对政府不同支出的生产性的研究，将私人资本、政府投资性支出和政府服务性支出的生产性 α_1、α_2 和 α_3 校准分别为0.17、0.63和0.21，不对价格进行调整的企业的比重 ξ 为0.75。

表5-1　静态参数的校准值

参数	参数含义	校准值
β	主观贴现因子	0.978
δ_c	家庭相对风险规避弹性	0.87
η_n	劳动供给弹性	0.4
φ_n	劳动的权重	0.4
φ_m	持有货币的权重	0.2
γ	代表性家庭消费与政府消费性支出的关系系数	0.06
σ_p	私人资本的折旧率	0.12
κ	私人投资调整成本的系数	2.395
τ	政府对代表性企业征收产品比例税	0.1
ψ_1	政府生产性支出比重	0.225
ψ_2	政府服务性支出占政府生产性支出比重	0.56
ψ_3	政府投资性支出占政府生产性支出比重	0.44
ε_p	中间产品的替代弹性	10
α_1	私人资本生产性	0.17
α_2	政府投资性支出生产性	0.63
α_3	政府服务性支出生产性	0.21
σ_g	政府资本的折旧率	0.05
ξ	不对价格进行调整的企业的比重	0.75

二、动态参数的贝叶斯估计

由于动态参数是四种冲击的一阶自回归参数和波动参数，动态参数包括：生产性技术冲击，数量型货币政策冲击和价格型货币政策冲击的一阶自回归参数：ρ_a，ρ_m，ρ_r，它们的波动参数 ε_t^a，ε_t^m，ε_t^r。本书采用 1978～2016 年的实际 GDP 和居民实际消费作为样本进行动态参数估计。关于参数初始值和先验分布的选取，本书根据已有文献进行选取：①关于先验均值的选取，朱松柏（2013）将技术冲击、投资技术冲击以及货币政策冲击的一阶自相关参数的先验均值都设定为 0.5，本书根据实际情况选取如下，关于波动参数的先验均值的选取，国内外相关文献对波动参数的先验均值的选取均在 0.02～0.8，本书选取如表 5－2、图 5－2所示；②关于先验分布的选取，根据相关国内外文献中中的做法，一阶自回归参数服从正态分布，波动参数服从逆伽马分布（Gerali 等，2010；Kuhn 等，2012）。

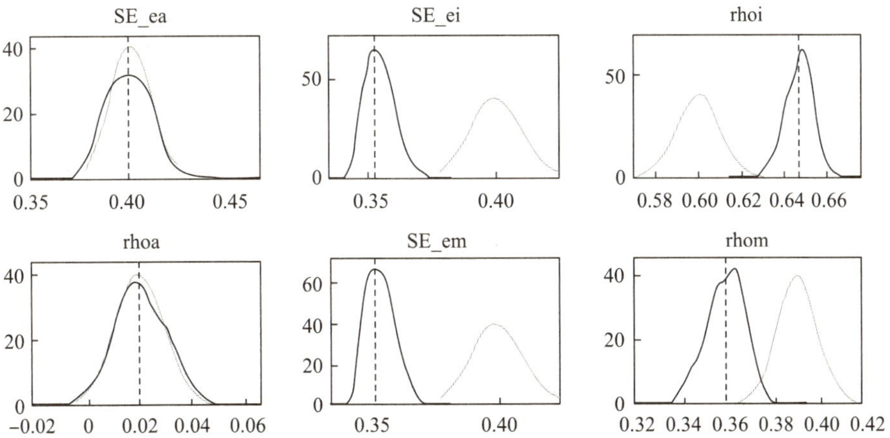

图 5－2 贝叶斯估计的先验分布和后验分布

表 5－2 动态参数的贝叶斯估计结果

参数	先验分布			后验分布	
	分布类型	先验均值	标准值	后验均值	后验标准差
ρ_a	贝塔分布	0.02	0.01	0.0204	0.01
ρ_m	贝塔分布	0.4	0.01	0.3649	0.01

续表

参数	先验分布			后验分布	
	分布类型	先验均值	标准值	后验均值	后验标准差
ρ_r	贝塔分布	0.6	0.01	0.6472	0.01
ε_t^a	逆伽马分布	0.4	0.01	0.3984	0.01
ε_t^m	逆伽马分布	0.4	0.01	0.3534	0.01
ε_t^r	逆伽马分布	0.4	0.01	0.3544	0.01

第三节 模型实证结果分析

经过上述的模型校准之后，本书可以得到与实际经济情形近似吻合的结果。这部分主要讨论：①财政货币政策配合的机制；②将财政政策与货币政策同时纳入模型中时，不同类型的货币政策对居民消费的影响。

一、财政货币政策的配合

模型中将政府的财政支出分为消费性支出和生产性支出，政府消费性支出纳入居民的效用函数，在最优化路径的演进过程中，政府消费性支出、居民货币持有量以及实际利率水平相互配合作用，居民对最优消费进行选择：

$$\varphi_m \frac{1}{m_t} = \left(\frac{R_t}{1+R_t}\right) C_t^{-\delta_c} G_{1t}^{(1-\delta_c)\gamma}$$

生产性支出根据不同的功能分为服务性支出和投资性支出，分别从不同的渠道进入生产过程。服务性支出具有一定的生产性，直接进入生产函数，投资性支出依据资本演进方程 $K_{g,t} = G_{3t} + (1-\sigma_g)K_{g,t-1}$，通过政府投资实际生产进入生产函数 $Y_{j,t} = A_t K_{j,p,t}^{\alpha_1} K_{j,g,t}^{\alpha_2} G_{j,2t}^{\alpha_3} N_{j,t}^{1-\alpha_1}$。此时财政政策通过产出缺口的大小、货币政策的实际利率和货币供应量增长相互配合，对居民的最优消费路径进行影响。

二、财政货币政策对居民消费的影响

在给定外生财政政策系数的情况下，不同类型的货币政策对居民消费和产出

的影响不同。图5－3所示为数量型货币政策冲击对居民消费和实际产出影响的脉冲响应，在正向货币冲击影响下，即货币当局通过数量型货币政策工具，公开市场操作，再贷款和再贴现等手段扩张银根时，居民消费增长率和产出增长率为正。这表明，如果货币持有量增加，居民消费和实际产出均增加，并且均很快达到增长率的顶峰然后缓慢下降，维持居民消费和产出的持续缓慢增长。

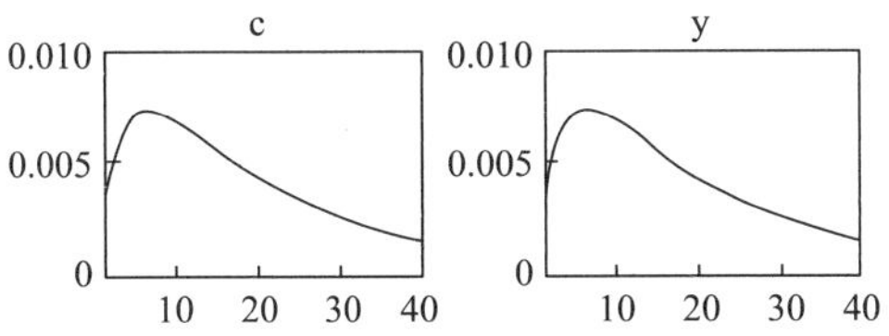

图5－3　数量型货币政策冲击对居民消费和产出的影响

图5－3所示为价格型货币政策冲击对居民消费和实际产出的脉冲响应，由图分析，当存在正向的价格型货币政策冲击，即泰勒规则下的利率正向冲击时，居民消费增长率和实际产出增长率为负。这表明当利率上升时，居民消费和实际产出快速下降。即通过价格型货币政策工具，如利率政策和汇率政策等，降低实际利率，可以使居民消费和实际产出大幅度增加。

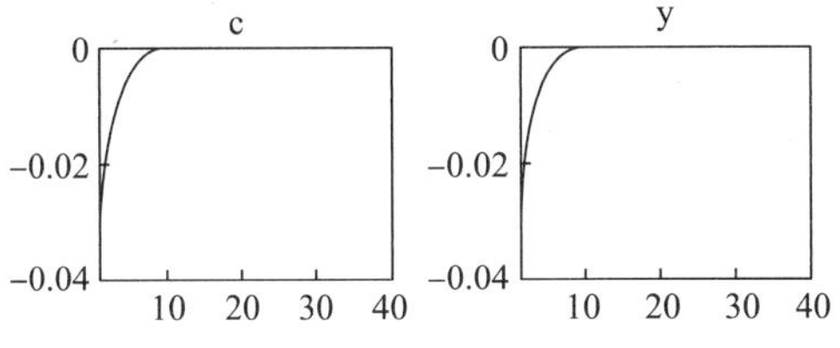

图5－4　价格型货币政策冲击对居民消费和产出的影响

对比上述两种货币类型政策工具对居民消费和实际产出脉冲响应图的分析可知，价格型货币政策工具的时滞性小于数量型货币政策工具，对居民消费的刺激快而迅速，对居民消费增长程度影响更大。在经济下行压力大的情况下，选择价格型货币政策优于数量型货币政策。但在经济较平稳时期，运用数量型货币政策优于价格型货币政策，数量型货币政策可以使居民消费较平稳增长，并且在此情况下实际产出和居民消费的增长有一定的持续性。

本章小结

本章通过构建一个动态随机一般均衡模型，分析了财政货币政策对居民消费的动态影响过程。模型包含三个部门，家庭、厂商、政府。居民在预算约束下，对消费、劳动力供给和资产供给进行决策来最大化其一生的效用。政府的财政支出分为消费性支出和生产性支出，政府消费性支出在进入居民的效用函数、最优化路径的演进过程中，在政府消费性支出和居民的货币持有量以及实际利率水平相互配合作用下，居民对最优消费进行选择。生产性支出根据不同的功能分为服务性支出和投资性支出，分别从不同的渠道进入生产过程。服务性支出具有一定的生产性，直接进入生产函数；投资性支出依据资本演进方程，通过政府投资实际生产进入生产函数。此时财政政策通过产出缺口的大小来与货币政策的实际利率和货币增长相互影响，并配合对居民的最优消费路径进行影响。实证结果表明，价格型货币政策工具的时滞性小于数量型货币政策工具，对居民消费的刺激快而迅速，对居民消费增长程度影响更大。在经济下行压力大的情况下，选择价格型货币政策优于数量型货币政策。但在经济较平稳时期，运用数量型货币政策优于价格型货币政策，数量型货币政策可以使居民消费较平稳增长，并且在此情况下实际产出和居民消费的增长有一定的持续性。根据不同的经济运行情况，政策制定者应该考虑不同的政策搭配以对宏观经济进行调控。

第六章　财政货币政策对居民消费的影响机制及模拟仿真

本章对财政货币政策相关变量的相关性进行了研究。首先，运用 Granger 因果分析法，解释了我国财政货币政策相关变量之间的相互因果关系，运用相关结论验证本书的检验结果，并以所得相关性结果来构建出本书的系统动力学模型，利用之前所得的各个变量之间的相关性进一步构建系统动力学流程图；其次，以基本流率入树模型构建法为基础来构建本书中将要运用的系统模型，从而对系统动力学模型系统中的各个变量之间的相关关系进行探究，基于此构建“财政政策—货币政策”双复合系统仿真模型，对各变量的正反馈环与负反馈环对居民消费的反馈作用力度进行动态分析，找到削弱负反馈环对居民消费水平增长制约作用的动态街，最后对政策模拟效果进行分析。

第一节　方法介绍及数据收集

一、平稳性判断

非平稳序列具有各个时点随机分布的规律特征，因此，利用已知信息对非平稳序列进行分析，进而把握序列总体的随机特征。可利用单位根检验的方法对数据进行经验，判断其平稳性，以防止在之后的建模过程中伪回归现象出现在回归模型中，KPSS 检验、NP 检验、DF 检验、PP 检验和 ADF 检验等检验方法是检验单位根是否存在于时间序列中的常用方法，而在本书中将采用 ADF 检验对数据进行单位根检验，判断序列是否平稳。

二、Granger 因果检验

Granger 因果分析检验方法对于变量间的因果分析具有可行性，通过对不同的变量之间扩散发挥效果的时间差和滞后性进行检验，进一步分析各个解释变量指标与其他指标相关的显著程度，基于对显著程度的分析，找出各变量间相关因果关系的方向性和存在性。因此，本书在借鉴前人相关文献和研究成果的基础上，利用对 Granger 因果分析法的理解，解释了我国财政货币政策相关变量之间的相互因果关系，进而再通过系统动力学的方法构建出财政政策与货币政策变量间的系统动力学模型。

在本书中，利用变量间的相关性关系结论，分析了变量间的作用方向。本章中对变量间作用方向的分析分下面三步：①计算得出变量间的相关系数 R；②以 10% 为显著性标准对相关系数进行 T 检验；③得出变量间作用方向，是正相关还是负相关。

三、数据收集

本书选择指标以科学性、全面性、可计量性以及可比性为原则，故选择了 1991 ~2013 年的人均居民消费（JMXF）、国民收入（GMSR）、城乡居民人民币储蓄存款年底余额增量（CK）、人均可支配收入（KZPSR）、国内生产总值（GDP）、国家财政收入（CZSR）、财政支出（CZZC）、货币和准货币供应增加量（M_2）、基础货币增加量（M_0）、存款准备金增加量（ZBJ）和个人消费税（XFS）指标作为系统研究指标。各变量数据均来自历年《中国统计年鉴》《中国金融年鉴》和中经网。在本书中，人均可支配收入指以城镇和农村人口数量为权重数的加权人均可支配的收入；汇率指 1 美元在采用直接标价法下可以兑换人民币的数量；存量数据有城乡居民存款、货币供应量、金融机构贷款、存款准备金，存量数据不具有可比性。为使数据可比，故使用这些变量的增量数据；货币需求是通过货币数量公式中的基础货币乘以货币流通速度得到的；固定资产投资价格指数和居民消费价格指数以上年度均为 100。

第二节　系统动力学介绍

一、系统动力学基本原理

系统动力学模型（SD）在1956年由美国著名教授Jay W. Forrester构建，该教师供职于全球知名的麻省理工学院史隆管理学院。福雷斯特教授及其助手运用系统动力学方法对全球问题、城市发展、企业管理的领域进行了卓有成效的研究。在我国，关于系统动力学方面的研究始于1980年，这主要是一种利用计算机仿真技术，对包含多个变量的复杂反馈系统动态行为进行综合推理的系统科学研究方法，定性与定量方法相结合是系统动力研究方法的主要特点，并以反馈控制理论研究方法为基础。该方法的应用范围十分广泛，主要适用的研究层面有：社会系统研究、生态系统研究、经济系统研究等复杂情况的系统研究。其研究内容是社会经济系统发展的战略与决策问题，故称为计算机仿真法的“战略与策略实验室”。

系统动力学对实际系统的构建和模拟是从系统的结构和功能两个方面同时进行的。系统的构建是指系统所包含的各单元以及各单元之间的相互作用与相互关系。而系统的功能是指系统中各单元本身及各单元之间相互作用的秩序、结构和功能，分别表征了系统的组织和系统的行为，它们是相对独立的，又可以在一定条件下互相转化。所以在系统模拟时既要考虑到系统结构方面的因素，又要考虑到系统功能方面的因素，这样才能比较准确地研究出实际系统的基本规律。系统动力学方法从构造系统最基本的微观结构入手构造系统模型，其中不仅要从功能方面考察模型的行为特性与实际系统中测量到的系统变量的各数据、图表的吻合程度，还要从结构方面考察模型中各单元之间的相互联系和相互作用关系与实际系统结构的一致程度。模拟过程中所需的系统功能方面的信息，可以通过收集、分析系统的历史数据资料来获得，是属定量方面的信息，而所需的系统结构方面的信息则依赖于模型构造者对实际系统运动机制的认识和理解程度，其中也包含着大量的实际工作经验，是属定性方面的信息。因此，系统动力学对系统的结构和功能同时模拟的方法，实质上就是充分利用了实际系统定性和定量两个方面的信息，并将它们有机地融合在一起，从而合理而又有效地构造出能较好地反映实际系统的模型。

从系统动力学的角度来看，目前的生态、经济以及社会等系统都是开放系统，并具有系统的耗散组织结构特点。在系统内部，各因素存在于一定的动态平衡结构之下。同时，在内外相结合的条件下，该系统的运作严格遵守规定的规律。系统行为主要被系统内部反馈结构及其特定反馈机制所决定，但是，由于外部因素的干扰以及外部环境的变动，在特殊条件下，外部因素会起到重要作用，但是这些外因最终还是只能通过系统内因才能对系统产生重大影响。依据对系统动力学的理解，可将系统结构分为两大部分，一是系统内的各反馈环的相互作用以及回路结构，二是构成系统的各子结构系统及相互间的关系系数。系统动力学的特点大多用于复杂系统的研究中，这类系统具有多个子系统，子系统相互作用异常复杂，各子系统间通常存在多层次的相互作用等特点。

二、系统动力学特点

计算机仿真综合推进技术是系统动力学模型的最大特点之一，它从模型系统内部组织结构出发，分析整个系统的流位系以及流率系，并且在利用系统内部的微分方程组的基础上构造成了系统动力学模型，最终利用计算机上的专业计算机仿真系统进行模型系统的仿真模拟操作，系统动力学模型仿真与一般的经济模型的不同之处就在于系统动力学的这个计算机仿真特性。具体来说，通过系统动力学模型，我们不需要通过过多地用数学关系把系统内变量之间的关系式表达出来。因此这种特性使得系统动力学非常适合于高阶数、非线性以及多回路的系统研究问题，并同时适用于社会、生态和经济系统的研究。系统动力学突破了传统计量经济模型只适用于短期趋势并且高度依赖于历史数据样本的局限性，可以研究在模拟系统内部，反馈机制对变量较长期趋势的影响。

系统动力学认为系统是整体的、相关的，同时具有等级性和相似性。其内部的反馈结构和机制使复杂的大系统能够由数个系统基本的信息反馈回路联结起来。系统动力学模型的目的是从实际应用的变化和发展的角度去解决系统问题。系统动力学建模和仿真最重要的特征之一是实现了结构和功能的双重仿真。因此，必须在系统建模、仿真和测试的整个过程中正确执行系统分解和系统综合原则。类似于其他模型，系统动力学模型只是对实际系统的一些基本特征的简化和表示，并不是复制原来的系统，所以，在建模过程中要抓小放大，定义变量和边界应合理。在系统动力学模型的检验中，具有一套定性和定量的方法，如极端条件下的仿真试验、结构和参数的灵敏度分析、统计方法检验等，然而一个模型评价的最终标准是实践，接受实践应是长期的，并不是几次就可完成。所以，所有模型在之后的应用中也应根据实际变化不断完善，以达到能够适应系统新的变化和目标的目的。

系统动力学模型还具有动态系统的特性，其与递归求解过程的动态性有点类似。存量在系统动力学中被称为流位变量，具有可积累性，而流量在该系统中被称为流率变量，也就是一般所谓的变化率，通过构建一个既有流位变量又有流率变量的系统，利用系统动力学来对某一特殊问题进行分析。同时，系统动态的特征表现为流位变量随着流量变量的变动而变动。

三、构建模型的流程

系统动力学建模给数学建模领域带来很大的创造性，根据个人建模的需要和个人风格，可以选择合适的建模方法。但一般来讲，成功的建模必须依赖于一个相对严格的步骤：①明确问题，依据所要解决的实际问题确定系统动力学的边界问题；②理解问题的因果关系，并提出一个关于此关系的一个动态理论或者是假说，绘制因果关系图；③构建合适的系统动力学模型来验证之前的假设，绘制系统动力学流程图；④检验系统动力学模型的仿真拟合度；⑤在研究成果的基础上提出相关的政策建议和政策设计。

在建立系统动力学模型之前，我们应该理解这些概念：

1. 因果关系

因果关系，指的是由各种原因所导致某些结果的关系。因和果在解释客观事物的因果联系中具有重要作用。它表现了客观事物的普遍联系和其相互的作用。原因是事物或者现象，是结果的条件，结果是由原因引起的事物或现象，是被影响对象发展到某一阶段达到的目标状态。我们通常使用箭头线表示，有正面因果关系和负面因果两种关系。正向因果关系是两个变量有同方向变化趋势，如 E 增加，I 增加；E 减少，I 减少。负向因果关系是两个变量有异方向变化趋势，如 R 增加，P 减少；R 减少，P 增加。

2. 因果关系环图

因果关系环图指的是两个以上的因果关系构建而成的闭合回路图示。其定性描述了系统中变量之间的因果关系。有正向因果关系环图和负向因果关系环图两种。正向因果关系环图会导致系统内部活动加强。如果各因果关系都为正，那么这个环则为正向因果关系环；如果各因果关系是负的个数或是偶数时，那么这个环也是正向因果关系环。负向因果关系环图会导致系统内部活动减弱。如果各因果关系都为负，那么这个环是负向因果关系环；如果因果关系是负的个数或是奇数，那么这个环是负向因果关系环。在因果关系图中，各个变量之间的因果关系由因果链来连接。因果链是一个带箭头的实线（直线或弧线），箭头方向代表因果关系的作用方向，箭头旁标有“+”或“-”号，分别表示两种极性的因果链。a. 正向因果链 A→+B：表示原因 A 的变化（增或减）引起结果 B 在同一方向上发生变化（增或减）。b. 负向因果链 A→-B：表示原因 A 的变化（增或减）引起结果 B 在相反方向上发生变化（减或增）。

综上所述，为了解释财政政策和货币政策之间的互动关系，反映政策对居民消费水平的作用机理，本书采用了系统动力学的方法对这一目标进行了研究。步骤如下：①依据政策对居民消费的影响这一问题确定系统动力学的边界，建立财政货币政策影响居民消费水平的因果关系图；②理解问题的因果关系，并构建模型中主要变量的微分方程；③构建合适的系统动力学模型，划分模型的子系统，建立流位流率树，依据流率基本入树建模的方法原理，建立财政货币政策对居民消费水平影响的存量流率结构模型；④检验系统动力学模型的拟合度；⑤利用构建的系统动力学模型来对财政货币政策对未来居民消费水平的影响进行仿真模拟预测；⑥用控制参数变化来剖析上述问题的作用机理；⑦依据对仿真结果的分析做出合理的政策建议。

第三节　稳定性检验

在对数据进行平稳性检验时，可能会出现伪回归现象，导致检验的结果出现偏差。为熨平检验结果的误差，采用 ADF 方法对样本数据进行单位根检验会使得结果具有可信性。通过 Eviews 7.2 对样本数据进行单位根检验，得到的数据如表 6-1 所示：

表 6-1 主要变量的单位根检验结果数据

变量名	差分阶数	统计值	检验概率
居民消费（JMXF）	2	-7.343883	0.0001
国民收入（GMSR）	2	-6.826597	0.0000
城乡居民人民币储蓄存款增加量（CK）	1	-6.706699	0.0000
全民人均可支配收入（KZPSR）	2	-6.762692	0.0001
国内生产总值（GDP）	2	-3.378978	0.0897
财政收入（CZSR）	2	-14.06601	0.0000
财政支出（CZZC）	2	-2.703235	0.0950
货币和准货币供应增加量（M_2）	1	-4.973484	0.0007
存款准备金增加量（ZBJ）	1	-6.007599	0.0006
消费税（XFS）	1	-1.741251	0.0774
基础货币（M_0）	1	12.0148	0.0025

由表 6-1 的结果可知，通过对各数据时间序列进行 ADF 检验，在 10% 的显著水平条件下，各变量的时间序列均拒绝了原假设，这表明所有的时间序列都是平稳的，不存在单位根。CK、XFSM_2、ZBJ、和 M_0 皆为一阶单整时间序列；而 JMXF、GMSR、KZPSR、GDP、CZSR 和 CZZC 为二阶单整时间序列。根据 Granger 因果关系检验对时间序列的检验要求，需对上面数据中二阶单整的变量时间序列进行对数化处理，并在此对处理后的时间序列进行 ADF 检验，排除不稳定的可能性，所得结果如表 6-2 所示。

表 6-2 数据处理后变量 ADF 检验结果

变量名	差分阶数	统计值	检验概率
居民消费[ln(JMXF)]	1	-3.740352	0.0458
国民收入[ln(GMSR)]	1	-4.54825	0.0027
城乡居民人民币储蓄存款增加量(CK)	1	-6.706699	0.0000
全民人均可支配收入[ln(KZPSR)]	1	-2.922193	0.0604
国内生产总值[ln(GDP)]	1	-3.806722	0.0117
财政收入[ln(CZSR)]	1	-3.964223	0.0068
财政支出[ln(CZZC)]	1	-3.002014	0.0537
货币和准货币供应增加量(M_2)	1	-4.973484	0.0007

续表

变量名	差分阶数	统计值	检验概率
存款准备金增加量（ZBJ）	1	-6.007599	0.0006
消费税（XFS）	1	-1.741251	0.0774
基础货币增加量（M_0）	1	12.0148	0.0025

由表6-2可知，通过对数据进行ADF检验，在10%的显著水平条件下，经过数据处理后的各变量均为一阶单整序列。

第四节　Granger因果关系判断

根据表6-2的结论可知，二阶单整的变量时间序列经过对数化之后皆变为一阶单整，在CK、M_2、ZBJ、M_0和XFS为一阶单整序列的基础上，时间序列ln(KZPSR)、ln(JMXF)、ln(GMSR)、ln(GDP)、ln(CZSR)、ln(CZZC)也皆变为一阶单整，故可对所有时间序列采用格兰杰因果关系检验，得出表6-3中的结果：

表6-3　Granger因果关系检验

原假设	滞后阶数	T统计值	检验概率
ln（CZZC）不是ln（CZSR）的Granger原因	2	0.35962	0.7034
ln（CZSR）不是ln（CZZC）的Granger原因		3.32432	0.062
ln（GDP）不是ln（CZZC）的Granger原因	2	0.38297	0.6879
ln（CZZC）不是ln（GDP）的Granger原因		17.3001	0.0001
ln（KZPSR）不是ln（CZZC）的Granger原因	2	1.22565	0.3197
ln（CZZC）不是ln（KZPSR）的Granger原因		15.8827	0.0002
ln（KZPSR）不是ln（GMSR）的Granger原因	1	0.51429	0.482
ln（GMSR）不是ln（KZPSR）的Granger原因		5.04552	0.0368
ln（GDP）不是ln（GMSR）的Granger原因	2	6.18717	0.0076
ln（GMSR）不是ln（GDP）的Granger原因		5.56432	0.0111

续表

原假设	滞后阶数	T 统计值	检验概率
ln（JMXF）不是 ln（GDP）的 Granger 原因	2	5.50895	0.0151
ln（GDP）不是 ln（JMXF）的 Granger 原因		9.51246	0.0019
ln（JMXF）不是 XFS 的 Granger 原因	1	3.47098	0.078
XFS 不是 ln（JMXF）的 Granger 原因		14.225	0.0013
ln（CZSR）不是 XFS 的 Granger 原因	1	0.06077	0.8079
XFS 不是 ln（CZSR）的 Granger 原因		6.16404	0.0225
CK 不是 ln（GMSR）的 Granger 原因	1	0.69038	0.4164
ln（GMSR）不是 CK 的 Granger 原因		24.2647	9.00e-05
ln（JMXF）不是 CK 的 Granger 原因	1	5.70557	0.0274
CK 不是 ln（JMXF）的 Granger 原因		4.79742	0.0412
ln（JMXF）不是 M_2 的 Granger 原因	2	2.17661	0.1458
M_2 不是 ln（JMXF）的 Granger 原因		2.77564	0.0923
M_2 不是 CK 的 Granger 原因	2	8.89176	0.0025
CK 不是 M_2 的 Granger 原因		13.7056	0.0003
ZBJ 不是 CK 的 Granger 原因	2	10.1001	0.0015
CK 不是 ZBJ 的 Granger 原因		14.3058	0.0003
M_2 不是 JCHB 的 Granger 原因	2	27.348	7.00e-06
JCHB 不是 M_2 的 Granger 原因		4.05737	0.0376
ZBJ 不是 JCHB 的 Granger 原因	2	10.113	0.0014
JCHB 不是 ZBJ 的 Granger 原因		13.0596	0.0004

由表6-3可知，以10%为显著性水平要求，可以得出ln(CZZC)与ln(CZSR)、ln(GDP)与ln(CZZC)、ln(KZPSR)与ln(CZZC)、ln(KZPSR)与ln(GMSR)、ln(GDP)与ln(GMSR)、ln(JMXF)与ln(GDP)、ln(JMXF)与XFS、ln(CZSR)与XFS、CK与ln(GMSR)、ln(JMXF)与CK、ln(JMXF)与M_2、M_2与CK、ZBJ与CK、M_2与JCHB以及ZBJ与JCHB之间存在格兰杰因果关系，因此验证了前面所提出的假设都是成立的。格兰杰因果检验的目的是为了证明所选变量之间存在因果关系，并提出一个关于此关系的动态理论或者是假说，绘制因果关系图，Granger因果判断是关键步骤，是构建流率基本入树模型的前提。上述检验结果表明，模型中所选取的指标在受到财政政策和货币政策的刺激时会形成相应的反馈环，反馈环会给居民消费水平带来持续的影响。

第五节　相关性检验

为了分析因果关系图反馈环的正负，必须获得变量间相互作用的方向，因此本节通过 Eviews 7.2 对变量进行相关性分析，所得结果如表 6-4 所示。

表 6-4　变量间相关分析

变量	相关系数	T 统计量	检验概率
ln(CZZC)与 ln(CZSR)	0.999314	123.6879	0.0000
ln(GDP)与 ln(CZZC)	0.992449	37.07826	0.0000
ln(KZPSR)与 ln(CZZC)	0.992602	37.46453	0.0000
ln(KZPSR)与 ln(GMSR)	0.921212	10.85056	0.0000
ln(GDP)与 ln(GMSR)	0.923075	10.99803	0.0000
ln(JMXF)与 ln(GDP)	0.998274	77.90442	0.0009
ln(JMXF)与 XFS	0.881211	8.542474	0.0000
ln(CZSR)与 XFS	0.911933	10.18429	0.0000
CK 与 ln(GMSR)	0.943119	12.99992	0.0000
ln(JMXF)与 CK	0.871666	8.150314	0.0000
ln(JMXF)与 M_2	0.881867	8.571005	0.0000
M_2 与 CK	0.94588	13.35701	0.0000
ZBJ 与 CK	0.785178	5.810292	0.0000
M_2 与 JCHB	0.834584	6.94261	0.0000
ZBJ 与 JCHB	0.998539	84.67984	0.0000

通过 Eviews 7.2 对数据进行的相关性分析，以 10% 为显著性要求，从表 6-4可以看出变量间的相关系数都是明显显著的。因此，结合变量间的格兰杰因果关系和相关系数可知：ln(CZZC)与 ln(CZSR)、ln(GDP)与 ln(CZZC)、ln(KZPSR)与 ln(CZZC)、ln(KZPSR)与 ln(GMSR)、ln(GDP)与 ln(GMSR)、ln(JMXF)与 ln(GDP)、ln(JMXF)与 XFS、ln(CZSR)与 XFS、CK 与 ln(GMSR)、ln(JMXF)与 CK、ln(JMXF)与 M_2、M_2 与 CK、ZBJ 与 CK、M_2 与 JCHB 以及 ZBJ 与 JCHB 均为正相关。

第六节　因果关系检验图

根据前面的格兰杰因果相关关系检验，我们确立了 GDP、财政支出（CZZC）、财政收入（CZSR）、准备金（ZBJ）、货币供应量（M_2）、基础货币（M_0）、国民收入（GMSR）、居民可支配收入（KZPSR）、存款（CK）、居民消费支出（JMXF）、个人消费税（XFS）等 11 个变量之间的因果相关关系，并得出变量间的因果关系，如图 6－1 所示。

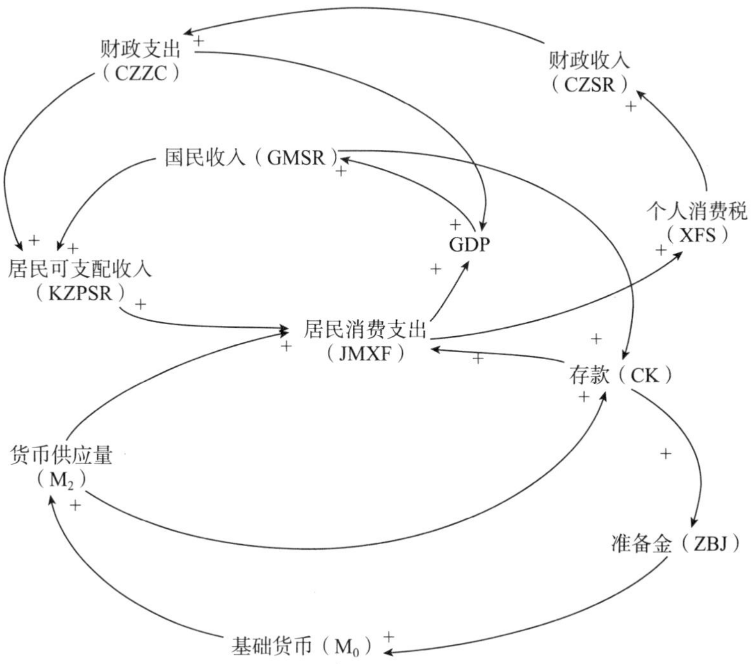

图 6－1　因果关系

图 6－1 中有以下七个以居民消费支出为核心变量的正反馈环：

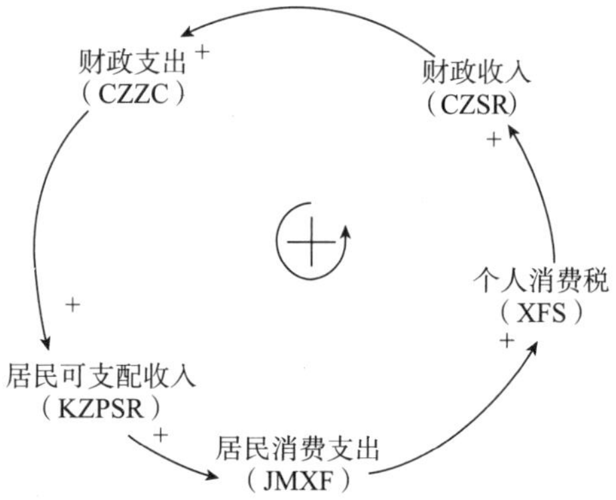

图 6－2　第一个正反馈环

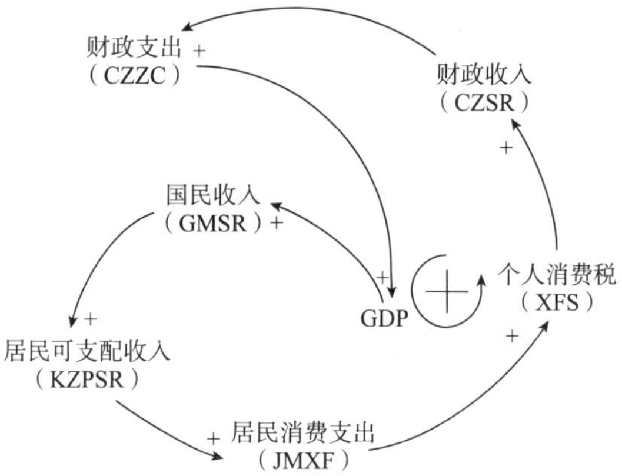

图 6－3　第二个正反馈环

1. 第一个正反馈

JMXF→XFS→CZSR→CZZC→KZPSR→JMXF 描述了财政政策对居民消费水平作用的过程。政府通过增加社会医疗、教育、农业、最低保障等民生支出的投入以增加居民的可支配收入，居民的消费信心开始提升，消费支出也随之增长，而作为对财政支出的反馈，人们所缴纳的个人消费税也开始增加，从而进一步刺激了财政收入的增长。财政收入增长意味着财政可投入资金增加，最终形成一个正反馈环，促进经济增长。

2. 第二个正反馈环

JMXF→XFS→CZSR→CZZC→GDP→GMSR→KZPSR→JMXF 主要描述了作为

财政支出部分的政府购买行为促进居民消费水平提高的过程，政府支出中的政府购买（即政府消费）部分直接记入 GDP，拉动经济发展，经济的发展促进了国民财富的增长，人们的消费欲望开始上升，内需随之增长，政府的税收即财政收入随之增加。

3. 第三个反馈环

JMXF→XFS→CZSR→CZZC→GDP→GMSR→CK→JMXF 刻画了居民的储蓄行为对自身消费水平的影响，由图 6－4、图 6－5 可知，当居民消费偏好上升时，政府的财政收入也会相应增长，进而促使政府加大政府购买和转移支付的财政政策的力度。扩大了国内总需求，国民经济水平得到提升，国民收入也随之增长，国民收入的增加会使得居民将更多的钱用于储蓄，储蓄增加意味着居民拥有更多的资产，从而增加居民消费。

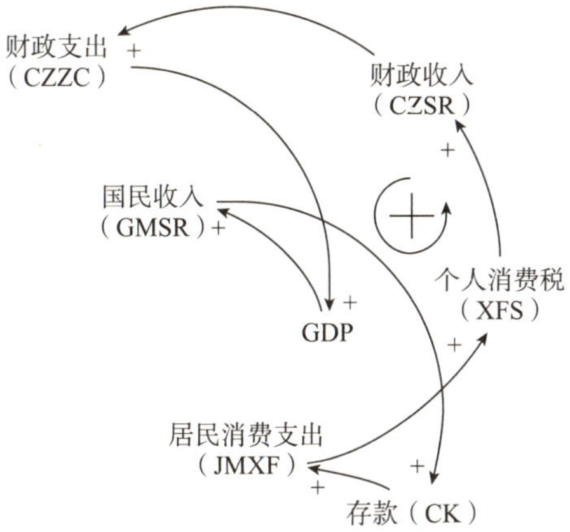

图 6－4　第三个正反馈环

4. 第四个反馈环

JMXF→XFS→CZSR→CZZC→GDP→GMSR→CK→ZBJ→M_0→M_2→JMXF 刻画了居民消费水平受货币供应量 M_2 影响的过程。居民消费水平增长促进政府财政收入增加，政府运用财政政策工具扩大社会总需求，增加了国民收入，居民在储蓄方面的投入增加。对于银行来说，这意味着银行存款准备金的提高，而根据基础货币的定义，银行存款准备金的增加则意味着基础货币 M_0 的增加，M_0 增加使得社会货币供应量 M_2 增加，货币供应量增加使得居民更愿意进行消费，从而提高居民消费水平。

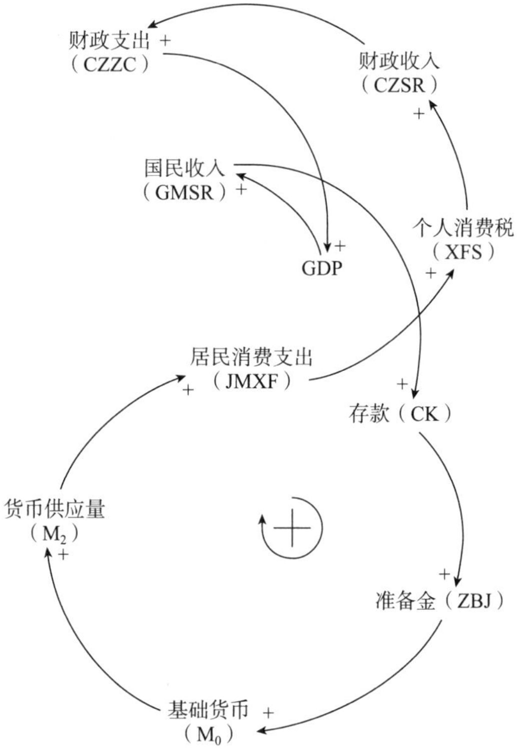

图 6－5　第四个正反馈环

5. 第五个反馈环

JMXF→GDP→GMSR→KZPSR→JMXF 刻画了居民消费水平受居民可支配收入影响的过程。居民消费信心的增长提升了居民消费预期，GDP 随消费的增长而增长，GDP 的增长可以促进国民收入的提高，进而促进了居民可支配收入的增长，从而提升了居民的消费信心。

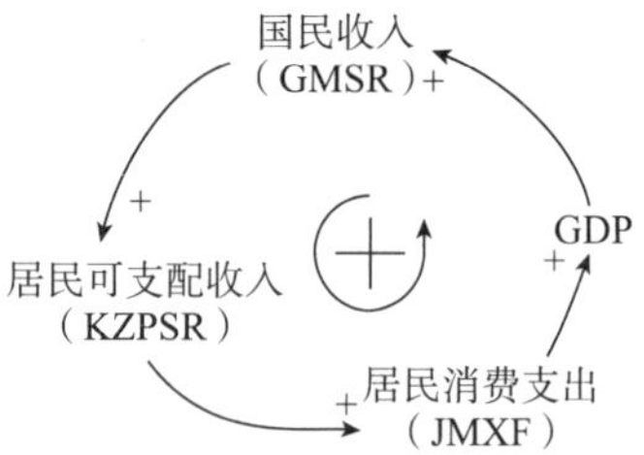

图 6－6　第五个正反馈环

6. 第六个反馈环

JMXF→GDP→GMSR→CK→JMXF 刻画了居民消费水平受国民收入水平的影响过程。居民消费偏好的增加可以促进经济的理性繁荣，GDP 增加，国民收入提高，而国民收入的提高在资本配置比例不变的情况下间接提高了居民的储蓄资金，居民的消费支出随之增加。

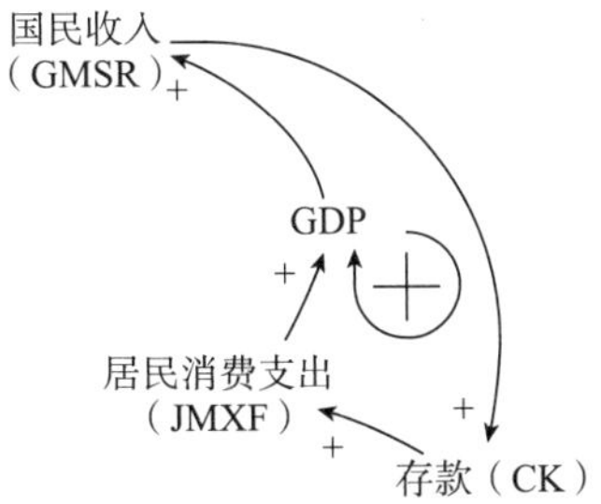

图 6-7　第六个正反馈环

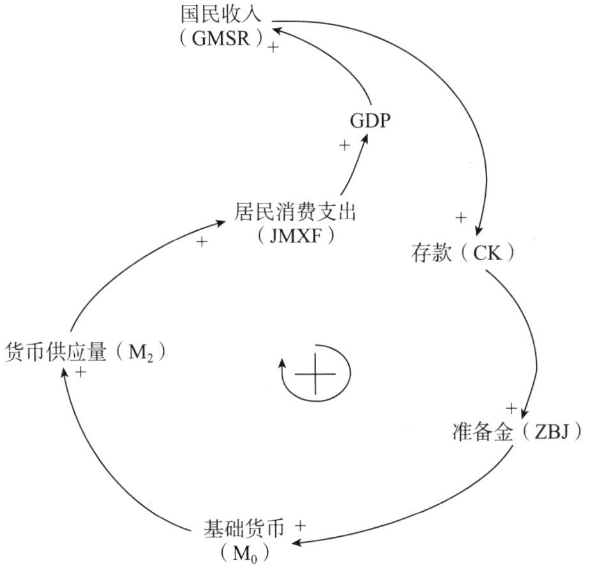

图 6-8　第七个正反馈环

7. 第七个反馈环

JMXF→GDP→GMSR→CK→ZBJ→M_0→M_2→JMXF 反映了居民消费水平受居

民自身存款影响的另一种途径。当居民增加其储蓄存款的数量时，银行的存款准备金也会随之增加，这就意味着基础货币的增加，因为基础货币包括存款准备金和流通现金两个部分，在经济条件不变的情况下，基础货币的增加可以引起货币供应量的增加。伴随着货币供应量 M_2 的增加，居民会调整当下对经济良好状态和通货膨胀的预期，这一预期的调整会促使居民改变消费倾向，从而增加自身的消费支出。

从图 6－1 中可以看出，财政货币政策都可以在一定程度上对提高居民消费水平起到促进作用，并且由图 6－1 可知两者之间有一定的互动关系，而存款（CK）则是传递这种互动关系的关键变量，为了深入研究财政货币政策与居民消费之间相关关系的反馈机制，并且揭示两种政策之间的这种互动关系，首先以图 6－1 中所描绘的因果关系图作为基础，进一步分析财政货币政策对居民消费影响的传导路径，并把影响居民消费的重要逻辑影响因素提取出来作为反馈变量，最后运用系统动力学和逻辑学中的重要概念来构造一个更完善的财政货币政策对居民消费支出水平影响的实证模型。

第七节　流率基本入树模型的构建

流率基本入树模型的构建是系统动力学构建过程中不可缺少的一个部分，在构建过程中我们要求建立不同变量的微分方程，每个微分方程都对应一棵树，建立每个微分方程所对应的入树是必不可少的过程，整体模型就来自于所有方程入树后的集合。1998 年，南昌大学教授贾仁安首次在建立系统动力学模型时利用流率基本入树法，以还原论为基础理论构建了系统动力学模型，同时将图论中生成树的方法运用到其中对反馈结构进行分析。运用流率基本入树方法建立系统动力学模型的步骤包括：首先将需要研究的系统分为几个子系统，随后根据整体反馈系统最基本的流率变量设定子系统所对应的流率、流位和辅助变量，整体系统内各变量之间的因果关系由流率变量来判断，最后运用嵌运算方法来构建系统网络存量图，最终可获得适合于分析本书所研究问题的系统动力学模型。

一、确定变量

本书中涉及的变量如表6－5所示：

表6－5　模型变量

序号	变量名	简称	数据指标	单位	备注
1	M_2	M_2	货币和准货币	亿元	流位
2	居民消费支出	JMXF	居民消费水平＊年底总人口数	亿元	流位
3	GDP	GDP	GDP	亿元	流位
4	财政支出	CZZC	国家财政支出	亿元	流位
5	M_2 增加额	M_2ZJ	货币和准货币(t)－货币和准货币(t－1)	亿元	流率
6	居民消费支出增加量	JMXFZJ	居民消费支出(t)－居民消费支出(t－1)	亿元	流率
7	GDP 增加量	GDPZJ	GDP(t)－GDP(t－1)	亿元	流率
8	财政支出增加额	CZZCZJ	国家财政支出(t)－国家财政支出(t－1)	亿元	流率
9	基础货币	M_0	流通中现金＋存款准备金	亿元	辅助变量
10	准备金	ZBJ	存款准备金	亿元	辅助变量
11	存款	CK	城乡居民人民币储蓄存款年底余额	亿元	辅助变量
12	实际存款利率	SJCKLL	[(1＋名义存款利率)/1＋通货膨胀率]－1	无	辅助变量
13	通货膨胀率	TZL	[CPI(t)－CPI(t－1)]/CPI(t－1)	无	辅助变量
14	CPI	CPI	居民消费价格指数	无	辅助变量
15	国民收入	GMSR	国民总收入	亿元	辅助变量
16	个人消费税	XFS	国内消费税	亿元	辅助变量
17	居民可支配收入	KZPSR	农村居民家庭人均纯收入＊乡村人口＋城镇居民家庭人均可支配收入＊城镇人口	亿元	辅助变量
18	政府消费	ZFXF	政府消费	亿元	辅助变量
19	个人所得税	GS	个人所得税	亿元	辅助变量
20	税收收入	SSSR	国家税收收入	亿元	辅助变量
21	财政收入	CZSR	国家财政收入	亿元	辅助变量
22	准备金率	ZBJL	法定准备金率	无	辅助变量

续表

序号	变量名	简称	数据指标	单位	备注
23	名义存款利率	CCLL	一年期存款基准利率	无	辅助变量
24	货币乘数	HBCS	货币供应量(M_2)/基础货币	无	辅助变量
25	HBXSLOOK UP	HBXSLOOK UP	货币乘数	无	表函数
26	GSLOOK UP	GSLOOK UP	个人所得税	无	表函数
27	ZBJLOOK UP	ZBJLOOK UP	法定准备金率	无	表函数
28	LLLOOK UP	LLLOOK UP	名义存款利率	无	表函数
29	准备金率因子		常数	无	常量
30	利率因子		常数	无	常量
31	消费税税率因子		常数	无	常量
32	所得税因子		常数	无	常量

注：①变量数据来源于《中国统计年鉴》《中国金融年鉴》、同花顺 ifinD 数据库；②存款准备金率如果当年调整则是以时间为权数的加权存款准备金率；③名义存款利率是一年定期基准利率，且如果当年调整则以时间为权数的加权。

二、子系统确认及入树模型的构建

基于前面对财政货币政策各变量因果关系和相关性的结果以及系统结构的分析，本书将财政货币政策影响居民消费的系统分为以下四个子系统：对财政政策子系统、货币政策子系统、居民消费子系统和经济发展子系统等四个子系统分别建立以下流位流率系：（M_2，M_2 增加额），（GDP，GDP 增加量），（居民消费支出，居民消费支出增加量），（财政支出，财政支出增加额）。每组流位流率分别对应着一棵流率基本入树，该流率基本入树以流率为根，通过流位变量和其他流率变量或借助辅助变量来影响流率变量，最后系统动力学的结构包括四棵流率基本入树。

首先介绍一下货币政策子系统。众所周知，货币政策工具包括公开市场业务、法定存款准备金率和再贴现率，在这个系统中，中国人民银行可通过运用这些货币政策工具实现其政策目标，市场上货币政策供应量（M_2）是货币政策工具实现的手段与实施效果的最终反映媒介，而货币供应量的变化又会直接影响居民的消费与储蓄决策。在这个货币政策的子系统里，我们以货币供应量（M_2）为流位，以其增加额为流率来建立如图 6－9 所示的流率基本入树图。

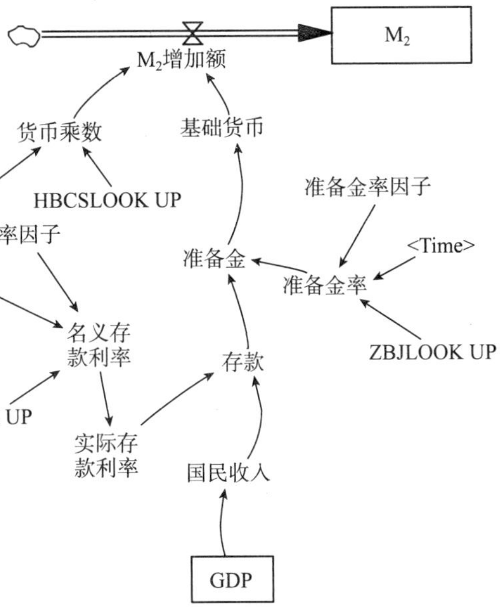

图6－9　货币政策子系统流率基本入树图

由图6－9的结果可以看出，这是棵以 M_2 增加额为根，以GDP为尾的流率基本入树。其中准备金率因子和利率因子为调控参数，初始值设定为1；ZBLOOK UP（表函数）、LLLOOK UP（表函数）和货币乘数为外生变量。在本书的下面章节中，会对货币政策进行模拟仿真分析，并通过调控不同因子的数值大小，来对不同的货币政策进行模拟，分析其对居民消费的影响。

其次是经济发展子系统。在该系统中，分别考虑经济发展对消费水平的影响和消费水平对经济发展的影响，其中经济发展主要通过GDP来衡量。根据凯恩斯理论，居民收入的增长会促进居民可支配收入的提高，而可支配收入的提高会直接促进居民消费的增长，居民消费的增长有利于GDP的增长。经济发展导致政府将更多地政府支出投入到基础设施中，以促进居民就业，增加国民收入。经济发展受财政货币政策影响较大，在这个子系统中我们充分考虑财政货币政策可能存在的决策机制、协调机制和冲突机制的影响。在这个子系统里，我们以GDP为流位，GDP增加量为流率可以得到流率基本入树图，如图6－10所示。

由图6－10可以看出这是一棵以财政支出和居民消费支出为尾，以GDP增加额为根的经济发展子系统流率基本入树的树。作为财政支出部分的政府消费性支出会与居民消费支出一起影响经济的发展。

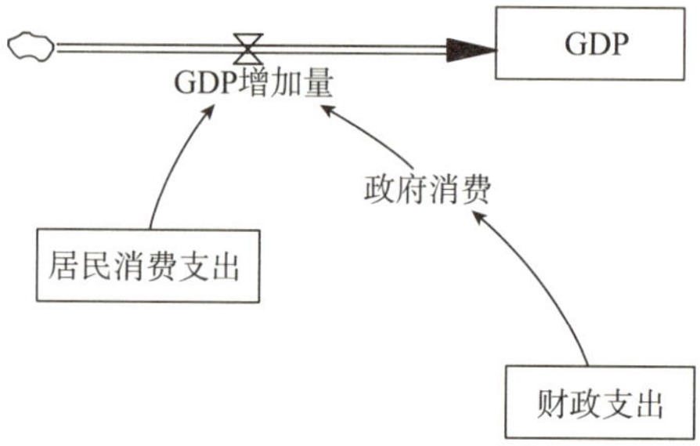

图6－10　经济发展子系统流率基本入树图

然后是居民消费子系统，该系统主要考虑居民收入对消费的影响以及消费对居民收入的影响。一般认为，居民消费的增长会拉动 GDP 的增长，GDP 的增长会促进居民收入水平的提高，假定在通货膨胀水平小于收入增长水平的情况下，收入的提高会促进居民消费的提高。在居民消费子系统中，我们以居民消费支出的变化量为流率。其中，在本子系统中，我们充分考虑财政货币政策协同效应、决策机制和冲突机制对居民收入的影响，作为不可忽略的因素，政策因素以及政策的制约因素在居民消费子系统中要被充分考虑。该子系统以居民消费支出作为流位，可得到流率基本入树图。

由图6－11 可以看出这是一棵以 M_2、GDP、财政支出为尾，以居民消费支出增加额为根的居民消费子系统流率基本入树的树。其中所得税因子和利率因子为这棵树的调控参数，初始值设定为 1；而 GSLOOK UP（表函数）、LLLOOK UP（表函数）和货币乘数为这棵树的外生变量。在下一小节中我们将通过调控这些因子的模拟数值的大小来进行货币政策的模拟，模拟出不同的货币政策，并分析这些政策的作用效果。

最后是财政政策子系统，在该系统中需要考虑财政政策对居民消费的影响和居民消费对财政政策的影响。本书以财政支出为流位，财政支出变化量为流率构造流率基本入树图。财政支出作为外生变量，主要受到国家财政收入的影响。而居民消费的增加会促进税收收入的提高，从而间接促进财政支出增大。财政支出主要用于社会基础性项目，基础性项目的建立一方面可以促进居民就业，另一方面可给居民带来便利，最终促进居民消费的提高。

从图6－12 中我们可以看出，财政政策子系统以财政支出为根，所得税因子和消费税税率因子为调控参数，居民消费为尾建立了一棵流率基本入树。其中所得税因子和消费税率因子的初始值为1，在本章后面小节的内容中，我们通过调控不同因子的模拟数值大小来模拟出不同的财政政策，并将其运用到政策模拟仿真分析中，以此来分析在不同财政政策的条件下，居民消费所受到的影响。

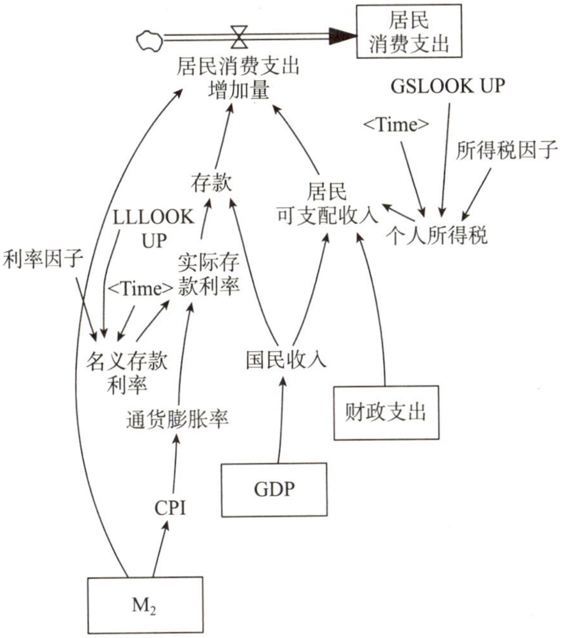

图6-11 居民消费子系统流率基本入树图

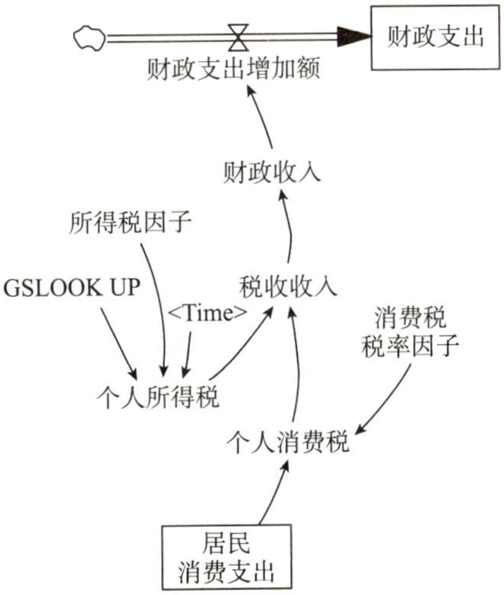

图6-12 财政政策子系统流率基本入树图

第八节 系统动力学流图的构建

以下四组流位流率系：（居民消费支出，居民消费支出增加量），（M_2，M_2 增加额），（财政支出，财政支出增加额），（GDP，GDP 增加量）处于财政货币政策对居民消费水平影响的系统中，分别对这四组流位流率系建树得到居民消费支出增加额入树、M_2 增加额入树、财政支出增加额入树和 GDP 增加额入树。对所得到的四棵入树用 Vensim 软件进行处理，通过嵌运算的方法，即可得出财政货币政策对居民消费水平影响的系统动力学模型（SD 模型）系统图（如图 6－13所示）。

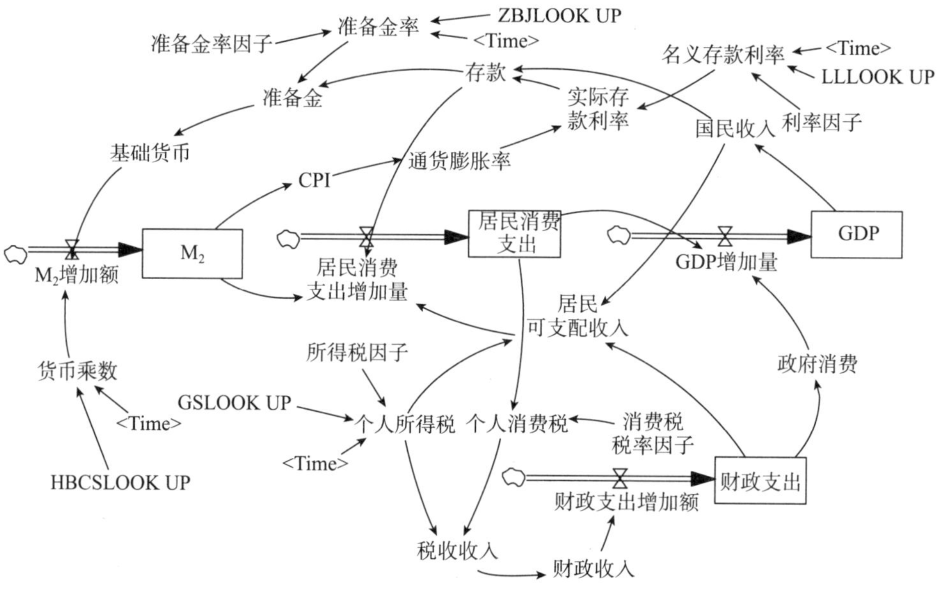

图 6－13 居民消费 SD 模型

上文已列述本系统流图中出现的所有变量，完整建立各变量之间的关系方程是系统流图进行模拟仿真的前提。通过对各变量进行定性分析，并运用软件进行回归便可获得各关系方程，最后将各关系方程放入系统动力学仿真软件 Vensim

中就可以进行模拟仿真分析。本书中用到的主要变量的基本方程形式为：

M_2 = INTEG(M_2 增加额，606225)

M_2 增加额 =4029.11 +0.179427 * 基础货币 * 货币乘数

货币乘数 = HBCSLOOK UP(Time)

基础货币 = 准备金 +13455.5

准备金 =12020 +2.22607 * 准备金率 * 存款

准备金率 = ZBJLOOK UP(Time) * 准备金率因子

存款 = -13293 +0.789782 * 国民收入 +1.28708 * 国民收入 * 实际存款利率

实际存款利率 = [(1 + 名义存款利率)/(1 + 通货膨胀率)] -1

名义存款利率 = LLLOOK UP(Time) * 利率因子

通货膨胀率 = -0.257272 +0.00246139 * CPI

CPI =106.503 -5.38064e -006 * M_2

国民收入 = -99.6732 +0.981234 * GDP

居民消费支出 = INTEG(居民消费支出增加量，123882)

居民消费支出增加量 = -153.95 +0.269069 * 居民可支配收入 +0.0380914 * M_2 -0.167869 * 存款

个人消费税 = -1052.9 +3.92222 * 居民消费支出 * 消费税税率因子

居民可支配收入 =15376.9 +0.836674 * 财政支出 +0.205274 * (国民收入 - 个人所得税)

个人所得税 = GSLOOK UP(Time) * 所得税因子

税收收入 =686.315 +10.4905 * 个人所得税 +4.41521 * 个人消费税

财政收入 = -1187.47 +1.16857 * 税收收入

财政支出 = INTEG(财政支出增加额，76299.9)

财政支出增加额 =639.59 +0.030854 * 财政收入

政府消费 =5852.68 +0.535697 * 财政支出

GDP = INTEG(GDP 增加量，348775)

GDP 增加量 =1971.07 -0.05832 * 居民消费支出 +1.19617 * 政府消费

第九节　检验模型

构建系统动力学模型时要注意两个非常关键的问题：一是模型构建的合理性；二是模型构建的有效性。这两个问题明确反映出了模型行为与系统行为一致性的程度高低。为了有效检验系统动力学模型的合理性和有效性，我们选取了2009～2013年的M_2、GDP、财政支出和居民消费支出的实际宏观实际数据来检验模型和数据的拟合程度，当实际历史数据值和模拟数据值的误差控制在±5%以内时则证明模型合理有效。

上述我们选取的四个变量指标的真实值和模拟值如图6－14至图6－17所示。

财政支出、GDP、居民消费支出和M_2这四个指标的真实值和模拟值的绝对误差和相对误差如表6－5至表6－8所示。

由表6－5至表6－8可知，用本书模型模拟出来主要指标的数值与实际数据数值之间的误差均小于5%，这一条件初步证明该模型合理有效。

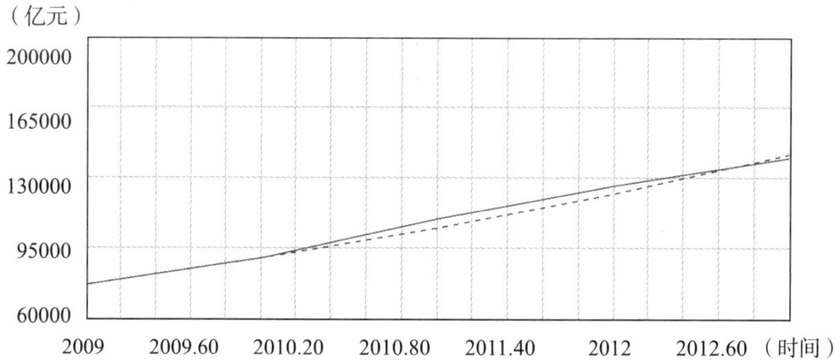

图6－14　财政支出指标检验

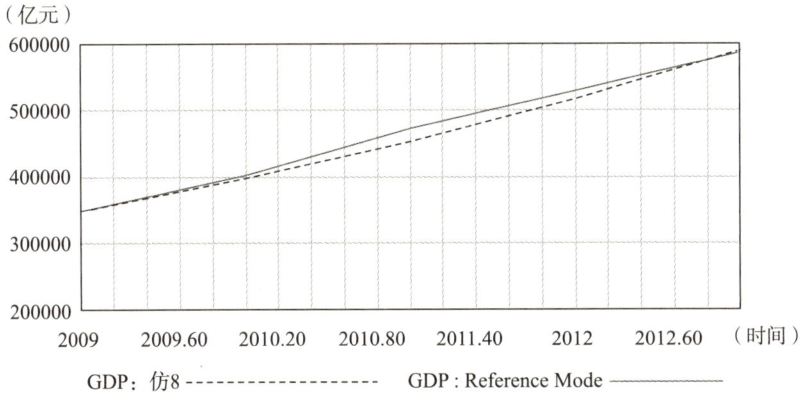

图 6－15　GDP 指标检验

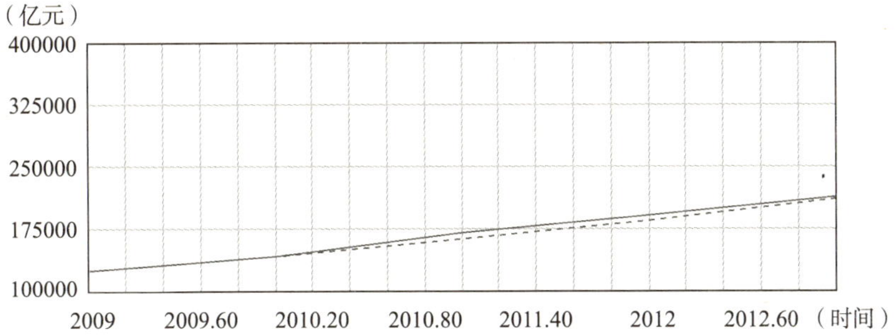

图 6－16　居民消费指标检验

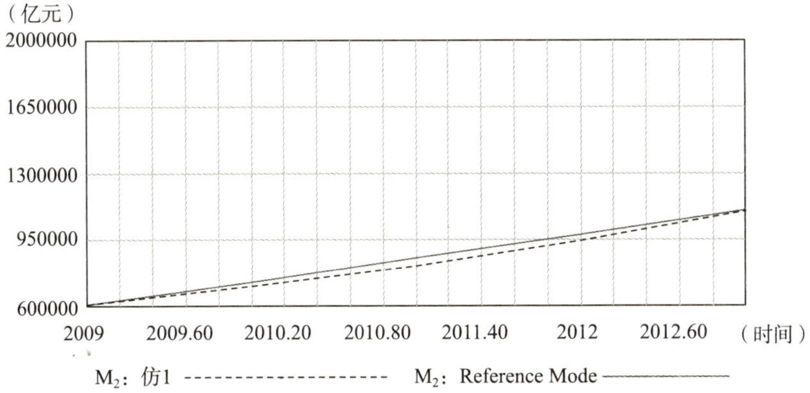

图 6－17　货币供应量指标检验

表 6-6　财政支出误差测算

时间	CZZC 模拟值	CZZC 实际值	绝对误差	相对误差（%）
2009	76299	76299	0	0.00
2010	89521	89874	-353	-0.39
2011	104702	109248	-4546	-4.16
2012	122176	125953	-3777	-3.00
2013	141604	139744	1860	1.33

表 6-7　GDP 误差测算

时间	GDP 模拟值	GDP 实际值	绝对误差	相对误差（%）
2009	348775	348775	0	0.00
2010	397403	402816	-5413	-1.34
2011	453389	472619	-19230	-4.07
2012	517846	529399	-11553	-2.18
2013	592124	586673	5451	0.93

表 6-8　居民消费误差测算

时间	JMXF 模拟值	JMXF 实际值	绝对误差	相对误差（%）
2009	123882	123882	0	0.00
2010	141782	141091	691	0.49
2011	161990	169362	-7372	-4.35
2012	184359	191055	-6696	-3.50
2013	210078	212708	-2630	-1.24

表 6-9　M_2 误差测算

时间	M_2 模拟值	M_2 实际值	绝对误差	相对误差（%）
2009	606225	606225	0	0.00
2010	702273	725852	-23579	-3.25
2011	810931	851591	-40660	-4.77
2012	945109	974159	-29050	-2.98
2013	1100000	1106000	-6000	-0.54

为了进一步证明该模型的合理性和有效性，本书采用了平均绝对百分误差（MAPE）方法来证明。平均绝对百分误差方法主要是以相对百分数来衡量模型来预测误差，这一方法能有效地衡量本文模型模拟结果的有效性。

平均绝对百分误差的计算公式为：

$$\sum_{i=1}^{n}\left|\frac{y_{i}-\hat{y}_{i}}{y_{t}}\right|$$

其中，$\hat{y}_i$ 为仿真值；y_i 为历史值；n 为仿真次数。

我们可以根据平均绝对百分误差（MAPE）的值来判断模型结果的优劣，误差值 <10% 说明预测结果高度准确；20% >误差值 >10% 说明预测结果比较准确；50% >误差值 >20% 说明预测结果可以接受；误差值 >50% 说明预测结果很不准确。本模型的具体检验结果如表 6－10 所示。

表 6－10　模型 MAPE 结果

项目	财政支出	GDP	居民消费水平	货币供应量
MAPE	2.04%	1.87%	2.01%	2.40%
结论	高度精确	高度精确	高度精确	高度精确

由表 6－10 可了解到，实际历史数据值与模型仿真模拟值之间的误差十分小，这说明本书构建的模型模拟效果非常好，仿真模拟拟合度比较高，这一结论可以较好地说明本书构建出来的系统动力学模型可以比较好地拟合出财政货币政策对居民消费水平影响的实际状况。

第十节　模拟仿真政策解析

本章通过调控准备金率因子、利率影子、消费税率因子和所得税因子的数值大小，并以系统动力学仿真分析模型为基础，分析比较四个因子变量所代表的财政货币政策变化对我国居民消费水平产生的影响。基于以上分析，我们设置以下政策模拟方案：

政策 1：准备金率因子减少 0.5%；

政策 2：利率因子减少 0. 25% ；

政策 3：消费税税率因子降低 2. 5% ；

政策 4：所得税因子减少 90% ；

政策 5：利率因子减少 0. 25% 、准备金率因子减少 5% ；

政策 6：准备金率因子减少 0. 5% 、消费税税率因子降低 2. 5% 。

选择四个因子变量变化率的原则为：在模型的模拟中，我们发现所得税因子变化对居民消费水平变化的影响很小，为了更直观地反映出所得税对居民消费水平的影响，我们选择了较大的降低幅度 -90% ；消费税税率因子的选择则为主观选择；存款准备金率因子和利率因子的变化率是根据 2015 年以来中国人民银行下调存款基准利率和存款准备金率的政策来选择的，当利率因子减少 0. 25% 时，存款准备金因子同时减少 0. 5% 。

运用 Vensim 软件进行政策模拟，得出了以下几幅模拟结果图，如图 6 - 18 至图 6 - 23 所示。

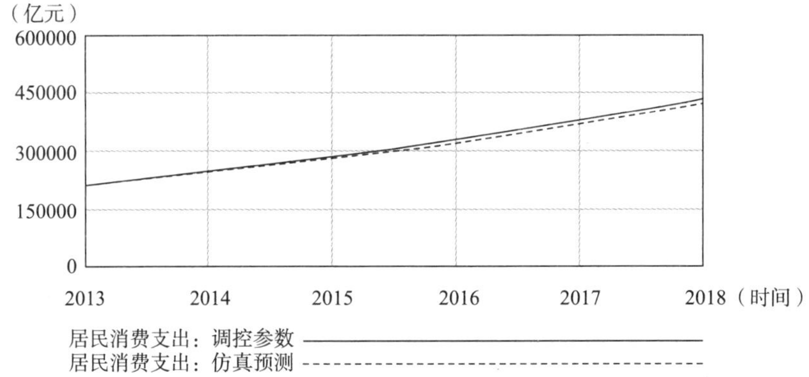

图 6 - 18　利率因子减少 0. 25%

从图 6 - 18 可以看出，促进我国经济增长的“三驾马车”包括出口、投资和消费，在出口受到抑制的情况下，在投资的经济促进效应接近饱和的情况下，居民降低储蓄的资产配置比例，将更多资金投入到消费中，消费比率的增加使得内需扩大，政府的消费税收增加，财政收入增长，政府能够投入到民生性支出中的资金增加，进而间接促进了国民收入的增长，从而刺激居民消费的增长。

如图 6 - 19 所示，存款准备金率因子减少 0. 5% 时，居民的消费水平呈曲线式提高。存款准备金率是货币政策的三大政策工具之一，不同于其他的一般性政策工具，存款准备金率的改变会对信贷扩张产生影响，引发市场上的货币供应量产生巨大变化。存款准备金率的降低会使银行的基础货币增加，从而直接增加市场上的货币供应量，增加居民手中的资金，进而刺激居民的消费欲望，提升居民的消费信心。与利率对经济的促进效应相比，存款准备金率的降低所产生的经济影响更为直接，它能极大促进居民消费水平的提高，以此推动我国经济的增长。

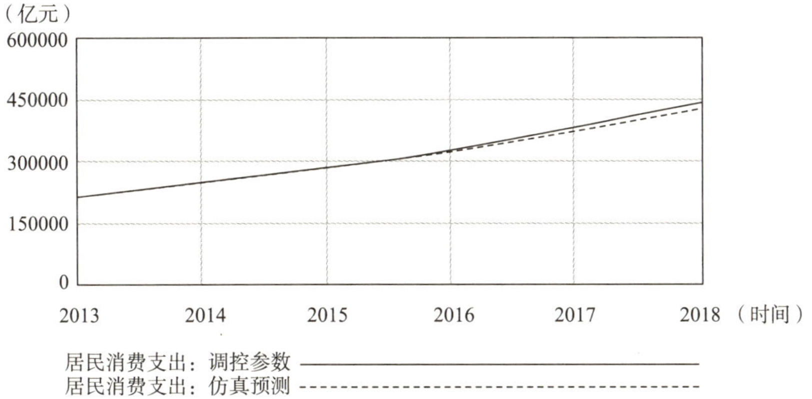

图 6－19 准备金率因子减少 0.5%

如图 6－20 所示，消费税税率因子的减少对居民消费水平起正反馈作用。消费税属于税率的一种，相比于所得税，消费税在我国属于价内税，涉及居民生活的方方面面，是财政收入的最广泛来源，占财政收入的重大比重，更影响我国居民生活的方方面面。消费税税率因子的降低意味着财政收入的降低，商品的普遍价格降低。在居民的收入水平保持不变的情况下，居民的相对收入增长，手中货币的购买力相对增强，消费能力得到提高，所能购买的商品数量和能够选择的商品种类增加了，从而刺激居民的消费欲望，增强居民的消费信心，提升居民的消费水平。

由图 6－21 可以看出，相对于消费税和存款准备金率的变化，所得税因子的改变对居民消费支出的影响并不显著。所得税在财政收入中所占的比例相对较低，对财政收入的反馈作用比较弱。根据对象的不同，可将其划分为个人所得税和企业所得税，所得税属于直接税。通过模拟仿真检验，发现所得税税率的变化

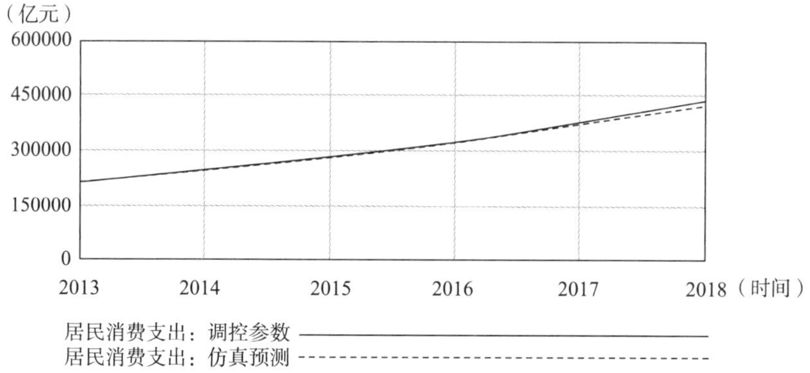

图 6－20　消费税税率因子减少 2.5%

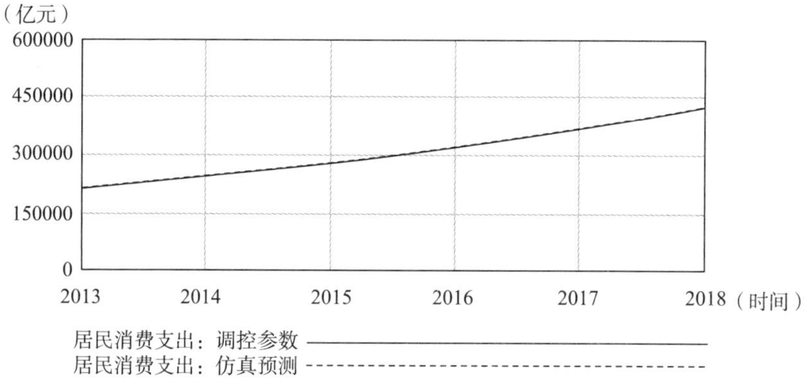

图 6－21　所得税因子减少 90%

较低程度影响着我国的居民消费水平，甚至于当所得税税率接近 90% 时，居民的消费水平还没有明显的波动。究其根本，是我国的特殊国情所致，而所得税收入又被以较低的比例纳入我国财政收入。所以，当所得税的税率开始呈现出下降的趋势时，我国的财政收入并未同时呈现出下降的趋势，因此也不能导致居民消费水平的最终下降。与此同时，虽然通过所得税适当降低的方法，可以直接增加居民的可支配收入，但由于居民基数较大，增加的可支配收入在居民总收入中的占比很低，因此，所得税税率的降低并不能给居民消费水平的提高带来显著效果。

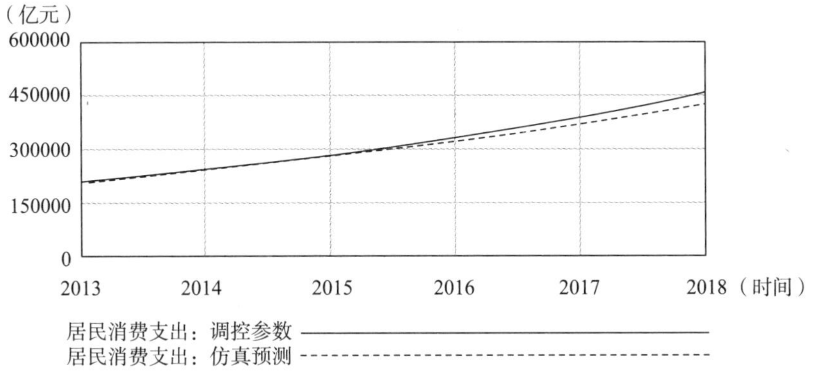

图 6－22 利率因子减少 0.25%、准备金率因子减少 0.5%

从图 6－22 可知，利率与存款准备金率的降低，能够有效地促进居民消费水平的提升。其原因为利率与居民的消费水平呈现出反比例方向的关系，而存款准备金率与居民的消费水平也呈现出反比例方向的关系。

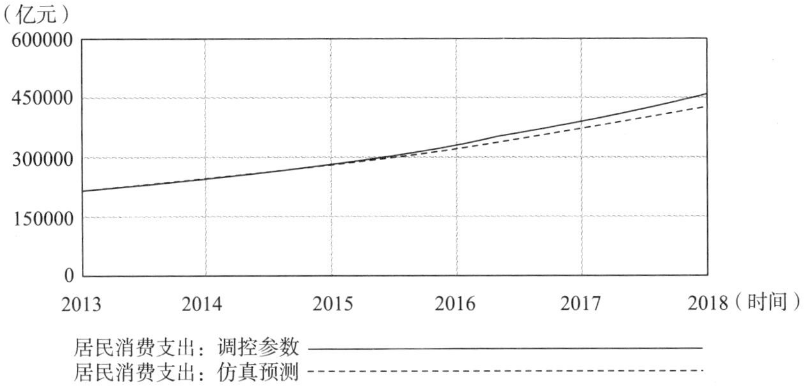

图 6－23 准备金率因子减少 5%、消费税税率因子降低 2.5%

图 6－23 为存款准备金率因子减少 5%、消费税税率因子降低 2.5% 时的模拟结果，从中可以得出，当消费税率和存款准备金率同时降低时，居民消费水平能得到显著提高，并且不存在明显的时滞效应。对比模拟结果与以上五种政策的模拟结果，我们发现，通过降低消费税率与存款准备金率能有效地促进居民的消费水平，并且效果显著于前五种政策。

本章小结

本章选取了人均居民消费（JMXF）、国民收入（GMSR）、城乡居民人民币储蓄存款年底余额增量（CK）、人均可支配收入（KZPSR）、国内生产总值（GDP）、国家财政收入（CZSR）、财政支出（CZZC）、货币和准货币供应增加量（M_2）、基础货币增加量（M_0）、存款准备金增加量（ZBJ）和个人消费税（XFS）等指标从1991年至2013年近23年的数据进行相关性分析。本章中，首先对数据序列进行了平稳性检验，发现CK、M_0、M_2、ZBJ和XFS都为一阶单整序列，而GDP、JMXF、GMSR、CZSR和CZZC为二阶单整序列，这一结果不符合Granger因果关系检验对数据序列的要求，故对GDP、JMXF、GMSR、CZSR和CZZC等数据序列取对数，使数据都是一阶单整。接着对以上变量进行Granger因果关系检验，发现这些变量间确实存在显著关系。本章最后对变量间的相关性进行了分析，以此判断以上变量间呈现出正相关还是负相关的关系。综上所述，本章首先对数据进行检验与分析，以便为本书下部分的系统动力学模型结构的建立做基础。其中，第一部分阐述了系统动力学的含义、运作原理及主要特征、构建系统动力学模型的过程；第二部分按照前部分所得相关变量的联系描绘出变量间的因果关系图；第三部分明确各个变量间的联系，把各个因素之间的关系由子系统表示出来，并建立子系统的树模型；第四部分进行系统动力学流图的构建；第五部分对模型进行检验并判断其合理性，检验模型的精准性与合理性。

第七章　促进居民消费的政策建议

由前文的研究可知，目前我国居民消费水平虽有提高，相比于国际水平，我国居民消费率还处于较低水平。进一步分析我国居民消费现状发现，我国投资消费严重失衡，城乡居民消费水平差距较大，各省居民消费存在较大差异，居民消费结构有待完善，由此表明通过财政政策与货币政策来提高我国居民消费尤为重要。此外，前面的研究表明：财政政策主要通过“税收机制”影响居民消费，货币政策主要通过“信贷机制”影响居民消费，利率只在长期内对居民消费有影响；而货币供给量和贷款无论是在长期还是短期内都有较大影响。基于以上结论，本书发现财政货币政策对提高居民消费尤为重要。另外，本章通过构建动态随机一般均衡模型，分析了财政货币政策对居民消费的动态影响过程。结果表明，价格型货币政策工具的时滞性较小，能够迅速刺激居民消费增长，且居民消费增长幅度较大；而数量型货币政策可以使居民消费较平稳地增长，并且实际产出和居民消费的增长有一定的持续性。本书还运用系统动力学对财政政策与货币政策进行模拟仿真，结果发现：所得税因子的变动对居民消费水平的影响较低，利率因子降低，准备金率因子降低，消费税税率因子都会对居民消费水平产生显著影响。此外，本书还发现财政政策与货币政策相结合对提高居民消费有更加显著的效果。总结以上结论，本章从完善税收政策，完善我国居民消费贷款政策，提高我国居民收入，控制房价快速增长，协调财政货币政策等方面提出相关政策建议。

第一节 完善税收机制

税收作为财政政策的工具，具有特殊性。税收是财政收入的主要来源，因此税收政策理应成为财政收入政策最主要的方面；而财政支出受财政收入的影响，因此税收政策在一定程度上也会影响财政支出政策。税收不仅与企业有关，还与居民息息相关，所以应科学合理地运用税收政策，在不减少财政收入的基础上，实现经济结构优化，保持经济总量平衡。但是，由于其作用效果非常复杂多变，所以在制定税收政策之前，应考虑各方面的因素，进行审慎的思考。当前现状为我国缺乏一个以收入调节功能为主体的税收体系，税收调节收入分配差距的作用非常有限。而且所得税、商品税和财产税对居民消费的作用机理存在明显差异。对不同税种实行有增有减的结构性减税政策，最终为实现税制结构与扩大居民消费相协调的长远目标创造有利条件。税收不仅能够影响总供给还能影响总需求，通过对税收政策加以控制，促进总需求与总供给的平衡，可以达到经济平稳增长的最终目标。税收政策还可以调整经济结构、优化产业结构、调节收入结构以及协调地区发展的不平衡。目前，我国内需结构严重失衡，投资比重过大，而消费严重不足。政府部门可以运用合理的税收政策对收入进行调整与再分配，提高低收入居民的收入，促进居民消费的增加，进而解决内需严重失衡问题，这对于促进我国经济持续健康发展具有重要意义。

一、改革消费税，促进消费升级

消费税是政府向消费品征收的税项，可对批发商或零售商征收。销售税是典型的间接税。消费税实行价内税，只在应税消费品的生产、委托加工和进口环节缴纳，在以后的批发、零售等环节，因为价款中已包含消费税，因此不用再缴纳，税款最终由消费者承担。

我国现行消费税是从 1994 年开始征收的，配合增值税对部分消费品实行差别税收政策，从而起到对生产和消费的特殊调节作用。此后，消费税的改革尚处于零散、缓慢的推进阶段。从 2006 年起，我国使用统一的消费税税目至今，之前所使用的政策，税目内容陈旧，与当前我国实际发展状况有出入。因此，应尽快优化消费税税目，使得消费税税目能密切符合我国的实际情况。自2015年起，电池和涂料被纳入消费税征收范围；到2016年，开始对普通化妆品免征消费税，对130万元以上豪华小汽车加征消费税，消费税逐步扩围、部分推动，但一直没有整体推进，仍存在征收范围偏窄、税率结构不合理、征税环节单一等问题。以消费税的征收为例，我国对于商品在零售环节征收消费税的情况极少，大部分针对商品生产、委托加工或进口环节征收。即使针对这一环节征收消费税有利于征收管理，然而消费税调节功能的错位，会使得之前的调节消费变成调节生产，这往往会导致消费税的调节作用得不到有效发挥。因此，政府应调整消费税征收方式，加强消费税的引导功能。

我国的消费税类税种众多，重复征税现象比较严重，如何厘清不同消费税税种的功能边界，构建合理的消费税体系，应该成为消费税改革的重要方向。消费税的改革必须遵守“税收法定”原则，尤其是涉及税率的调整，必须按照《立法法》的规定，按照法定程序“依法改革”。营改增后，有必要继续推进消费税改革，将奢侈性消费行为纳入消费税征税范围，建立增值税与消费税的完整连接。消费税将向着扩围、调节税率结构、调整征收环节的方向改革。

二、优化个人所得税制度

在我国，个人所得税是唯一一种有调节收入分配功能的税种，然而目前我国税制的改革仅仅针对税率以及扣除额等方面，却忽略了税收制度、模式、运行方面的问题。首先，应注重税收的制度模式改革，建立一个完善的科学税收制度模式。目前，我国个人所得税主要实行分类制，即对不同级别的收入所得进行不同额度的纳税，分配制只盯住了一种渠道并且按照该渠道收入税率纳税，然而个人的收入可以来自多种渠道，个人纳税税率应该进入更高的阶级，因此个人所得税分配制有必要采取分配制与综合制相结合的模式，将个人各种渠道收入汇总综合纳税。其次，税收结构的改革，对比起国外的金融租赁行业，我国起步晚且目前正处于发展中，而其中关于资产过户的相应税收规定也在制约着我国金融租赁行业的发展。以物流为例，电子商务具有较高的利润，然而由于税后制度的不完善，电子商务逃避了许多税收。同时，以所得税在内的很多税收，均反映出地方税收制度规范性欠缺的现象。因此，有必要科学地界定应税收入、加强纳税监管工作，对费用扣除额实行“指数化”等。

当前，我国的贫富收入差距较为悬殊，政府调节收入差距，缩小居民收入差距的一个重要手段便是征收个人所得税。然而，长久以来并未取得较为满意的效果。因此国家也在不断加大对个人所得税的调整力度，例如，2011 年6 月，国家对个人所得税进行调整，将起征点从居民收入 2000 元提升至 3500 元，并且将税率的第一等级由 5% 下降为 3%，此措施使中低等收入的家庭负担得以减轻，家庭可支配收入不断增加，由此消费得以提高。然而，我国居民个税体制依旧不够完善，对收入分配差距的影响力度不够大，亟须进一步改进。

以法律形式决定的个税，其起征点的调整具有一定的滞后特征，若要科学、合理地减轻纳税人的税收痛苦指数，需将起征点与居民收入水平以及物价水平进行综合考量，对这些经济指标进行联动测量，并根据这些先行影响因素及时调整个税起征点。

采用分类结合综合的方式征收个人所得税。到目前为止，我国采用对纳税人的各项收入来源进行分类，“分别征收、各个清缴”的措施。大体上，我国主要针对个人所得的工资薪金、劳务报酬、个体工商生产经营所得等 11 种收入征收个人所得税。任何事物都有两面性，其不足表现为：对于收入的具体来源并未明确说明，进而使得具有多样来源收入的纳税者所缴税款较少，而来源单一的纳税者所缴税款较多。然而，具有多样来源收入的纳税者中大部分为高收入群体，而来源单一的纳税者大部分为中低收入群体，因此，“分别征收、各个清缴”的措施会产生中低收入群体所承担的赋税高于高收入群体所承担的赋税，使得税收调节均码收入分配差距的功能不能较好地实现。

由于个体存在特殊性，因此，个体之间必然存在差异性，而目前的费用扣除准则并未将其纳入考虑范围。例如，即使收入水平相同，单身居民、双方所得薪资报酬一致的两口之家、家有老人孩子的一家之主这三种情况中纳税人所需承担的压力也有所不同，因此，在以上状况下对同等收入的居民征收同等税收对纳税人来说是不公平的。为解决此等问题，可考虑以家庭为征收对象，将其作为单一整体征收税收。同时，还应考虑到纳税人在科、教、文、卫方面的支出状况，对于纳税人个人担负的部分可以视具体情况对其进行税前扣除。同时，对于地区间居民收入、生活成本的差异性问题，目前的费用扣除准则也没有对其进行具体的考量。由于地域间存在差别，不同地区的居民收入水平不一致。例如，东部发达地区的居民收入水平会高于中西部地区，省会地区的居民生活成本会高于地县地区，因此，可以将各地区的物价水平与生活成本纳入考量范围，扣除相关费用，进而对税收标准进行调整。同时，需结合实际情况考虑通货膨胀因素，因此，还应将通货膨胀因素纳入考量范围，在每年或者每固定几年进行调整，并进行相应的扣除。

目前，我国财产税相对其他税种来说在整个税收体制中的作用相对较小，更多体现在，在整个税收规模中财产税占比较低。相比于个人所得税，财产税不会随着国民收入的提高而相应提高，这也就限制了财产税调节收入分配的功能，削弱了其抑制投资促进消费的作用。借鉴国际方面的经验，相关数据表明，一些发达国家在财产税方面的收入约占整个财政收入的10%～12%，发展中国家平均水平也达到5%～6%，而我国作为主要的发展中国家，财产税税收收入只占整个财政收入的2%左右，占比明显过低，并没有充分发挥作用。因此，亟须扩大财产税的涉及范围以及合理调整税基，科学地完善财产税税制，充分发挥财产税的作用。

三、减少流转税，降低居民税负

流转税通常被定义为以商品生产、流通环节所产生的流转额或者流转数以及非商品性的交易所产生的营业额为征税对象，并对其进行征税的税种。流转税主要包括增值税、消费税、营业税和关税，其为商品生产和商品交换的产物，是我国政府财政收入的主要来源。通常从“收入效应”和“替代效应”来对解释流转税对居民消费的影响机理。以“收入效应”解释流转税对居民消费的影响主要表现为国家对企业征收商品流转税，商家为降低成本而提高商品价格，从而将流转税成本转移给消费者。因此，消费者如购买商品则其可支配收入减少，为维持储蓄水平不变，居民会因流转税的提高而减少消费。以“替代效应”解释流转税对居民消费的影响主要表现为对不同的商品征收不同的流转税，从而使得这些商品的价格相应产生区别，而理性的消费者将会选择价格低且具有可替代性质的商品或者劳务进行消费，从而降低流转税给其所带来的影响。因此，可从“收入效应”和“替代效应”为切入点，来考虑如何降低我国的流转税。基于以上分析，本书就减少流转税提出以下建议：

一是完善我国税制结构，逐步降低流转税比重。我国的间接税主要由增值税、营业税和消费税构成。长久以来，我国的流转税一直处于较高的水平，此种现象不但阻碍居民消费水平的提高，而且严重制约经济的发展，其中首当其冲的便为中低收入阶层。较高的流转税增加了中低收入阶层的压力，主要用“痛苦指数”对此种压力进行具体表现，痛苦指数的不断加大会降低消费者的消费积极性，进而直接妨碍国家内需的扩大。当前，我国中低收入用户占据了很大部分，他们生活水平的高低以及消费质量的满意程度严重影响着我国社会治安与经济的稳定发展。所以，当前我国税制改革的主要方向应以降低以流转税为主的间接税比重为主，进而使所得税等直接税比重不断提高。

二是优化税率，减轻生活必需品税赋。当前，我国的增值税税率包括从最低档的3%到最高档的17%在内的四档税率。当前，国际上公认的中性税种为增值税，因此，我国应使用具备同一性质的单一税率。复杂的税率档次不仅加大了征税成本，还会降低其对上下游企业征收增值税的抵扣效率，同时，也使不少企图逃税避税的行为有可乘之机。在居民的基本生活中，食品必不可少，需稳定甚至降低其价格，进而稳定甚至降低居民的生活成本。即使当前我国已对粮食、食用油以及奶制品等生活必备消费品以低税率进行征收，征收比率仅为13%，但对于降低居民生活必备品的消费成本仍然没有起到很好的效果，较之于其他国家，其优惠程度也远远不足。因此我国应简化税率，进一步降低生活必须消费品的税负。

四、开征社会保障税，提高居民消费信心

伴随我国经济的飞速发展，经济结构与经济发展速度的不匹配问题凸显，我国居民的消费信心受到多种因素制约。一方面，房产价格居高不下，医疗服务成本持续上升，教育费用高昂等问题显性增长，生活成本的急速上升使我国居民将收入的大部分投向了储蓄，从而降低了我国居民的消费信心。另一方面，我国人口结构偏老龄化，服务端需求增加，消费端动力不足，这给社会保障基金带来巨大压力，收支矛盾突出，社保体系亟待完善。我国居民社会保障水平不高、覆盖率不足，特别是农村地区的社会保障体系建设仍然游离在现行体系之外，农民养老大多依靠自身及子女的积蓄支持，因此自然会抑制自身当期消费；农民子女的消费水平也会降低，使得居民储蓄率被动上升，造成我国居民的消费信心长期不足。

开征社会保障税促进社会保障机制建立的规范化、法制化，从长期来看保证了社会中低收入群众的基本生活，减少了居民的储蓄偏好，增加了消费和投资方面的收入分配，提振了居民的预期及即期消费信心，增强了我国居民的消费信心。社会保障税是税收的再一次创新发展，起到调节税收的作用。一方面，他具有强制性、无偿性等特点，是国家财政的稳定来源；另一方面，社会保障税税率

的设定标准全国统一，劳动者按其收入水平所缴纳社会保障税与其长期所获得的社保水平呈正相关，这有效缓解了不同地区、不同行业、不同劳动者的社保差距矛盾，促进社会公平。

开征社会保障税同时要注重将农民纳入体系设计中。农村居民的消费能力和消费信心在相当长的一段时间内处于抑制状态，其中城乡之间社会保障水平的差距是造成这种现象的原因之一，社会保障税应面对农村社会保障税的征收方向不断地开展探寻，可以以农村居民人均纯收入的比例为征收标准或者参考以往的农业税的计税方式来进行征收。总而言之，通过建立社会保障税的制度，能有效地促进居民消费信心的提升，提高城乡居民特别是中低收入的居民家庭的预期收入水平，不断提高居民消费需求。

五、完善我国税收体系

国内生产总值即 GDP 是指一个国家或者一个地区在一定时期内生产的所有最终商品和劳务的市场价值，是衡量整个国家或地区经济发展状况的指标。然而 GDP 能真正反映整个社会的福利效应吗？经济的迅速发展建立在环境污染、资源退化的基础上，这个经济是健康的吗？为此我们引入一个新的概念——绿色 GDP，绿色 GDP 是指一个国家或地区扣除了自然资源的损失之后新创造出的真实国内生产总值，换句话说绿色 GDP 是扣除了环境污染、自然资源损失、人口失控等不良因素带来的经济损失成本之后计算出的真实的经济总额。经济增长不是一个孤立的过程，它受各种社会以及自然因素的促进和制约，社会经济的增长不能建立在污染环境、自然资源浪费的基础上，这样的经济是不健康的，是不能持续发展的，然而又如何来制约这种对自然资源无尽的需求行为呢？财政政策是调节需求必不可少的一个工具，我国财政政策主要包括财政支出以及税收政策两大块，政府部门通过控制财政支出以及税收规模来影响和调节整个经济的总需求，税收政策在影响总需求上起着举足轻重的作用，因此想要有一个健康可持续发展的经济，开展一系列相关的税收征收刻不容缓。

1. 加快完成环境税立法并出台

环境税即对经济主体中一些环境污染的行为进行课税的一种，以此来制约这种行为的泛滥增长，从而起到保护我国自然环境的作用。在我国现行的税法中，相关环境保护类的税种并不完善而且没有得到有效的利用，这同时也导致了经济主体对自然资源的无止境滥用，即使整个经济出现迅速增长，这种增长也是短暂的、不健康的。在整个经济运行中如果生产者不用并且不需要专门承担对环境侵害的后果的话，其就可能只专注于利润最大化，而枉顾对整体环境的影响，甚至“拔一毛以利天下而不为也”。而如果把特别税和排污量挂钩，污染越少、税收负担越轻，则即便生产者没有高尚的道德觉悟，不惧怕严峻刑罚的威慑，也会自觉积极地去减少污染。

环境税的征收意味着污染产业需要在经营之外缴纳更多的税款，这一方面为环保资金的获得提供了稳定来源，同时也加大了环境治理的力度。另一方面让污染产业作为纳税主体为环境治理埋单在实践上更具有正当性。其实，在环境税开征之前，污染产业已经需要通过缴纳排污费的形式对污染物的排放负责。但以税费的形式记入国家财政收入的类别，则意味着其严肃性、确定性、法制性不可同日而语。征税应当坚守“税收法定”的宪政原则。在我国尽管很多税种由行政机关代定，但也会由国家部委统一筹划安排。而排污费多由各级地方政府征收，征收标准、征收范围、征收力度都比较混乱。有的成为了职能部门的“小金库”，有的成为了企业廉价获得“排污权”的捷径，甚至有的地方官员饮鸩止渴，把不收排污费作为诱饵来招商引资。费改税之后，虽然不少环节还依赖于执法者，但在整体上相关资金的征集和使用将更为规范化、透明化、公正化。在《预算法》刚刚修订的大背景下，环境税收入也能很好地被纳入财政预算。这即是环境税后推出在法律上的理由。

完善我国环境征税设计，能促进我国经济的可持续发展，并且科学地优化我国的产业结构，也就是说，在发展经济时，企业将会拥有更大的能力去担负更多的社会责任。以此循环发展，经济收入与产业结构以及税收问题将会不断良性发展，而在这三者的良性循环下将产生促进环境不断改善的良性社会效益。总之，环境税征收方案的立法出台将会对破解环境污染问题产生重要的积极意义。

第一，促进经济增长。目前我国经济改革进入深水期，经济发展中所谓的中等收入陷阱如同一把利剑悬在头顶，传统的经济发展模式，即粗放式地利用资源和环境的发展模式，已难以为继。在面临高生产成本的发展模式下，环境税的征收作为传统税收模式的创新发展，能够相对降低节能技术创新研发成本和财务门槛，对经济的发展有极大的促进作用。另外，征收环境税这一手段如果能结合实际情况综合灵活运用，对产业结构优化等也会有帮助。

第二，提升实体税种法定化程度。在温饱已普遍实现并向小康迈进的现阶段，大量的国民已经开始越来越珍视环境友好型的健康家园。环境质量的恶化成为了一些地区人民感到焦虑、产生摩擦的常见原因。故环境税的启动，作为整体工程的一部分，有望成为人民革新观念、推动社会和谐科学发展的一个里程碑。而全国人大六年多来对环境税持之以恒的关注，也有望令这一税种早日被法典化；从另一个角度而言，这也能有效地提升我国实体税种的法定化程度。

2. 进一步完善资源税

资源税的设立主要出于保护国有资源的目的，防止资源的过度开发而向开采者征收相应的税收。我国的资源税主要涉及的是级差资源税，为了促进企业之间的公平竞争，政府针对不同品种、不同质量的资源设定的资源税率也各不相同。

资源税的出台大大地增强了政府的宏观调控能力，同时为企业改变经济增长方式提供了便利，这也在某种程度上促进了经济的可持续发展。然而我国的资源税并不是非常完善，这主要体现在以下四个方面：

第一，忽略了资源开采的社会成本。我国目前实行的资源税是普通的税收和级差相结合的征税方式，然而在实际的运行过程中，相关部门更注重调节级差收入，所以资源税在某种程度上也可以说成是级差资源税。在这种征税模式下相关资源并没有被给出明确的价格，忽略了资源开采的社会成本，资源税能发挥的作用也就大大地被削弱了。

第二，我国资源税涉及范围过窄。目前，我国设立的资源税主要针对矿石产品和盐类资源，而忽略了森林、草原、水资源等一系列重要资源，这也就导致了其他重要的有限资源遭到了过度开采，脱离了资源税保护的珍稀资源往往面临的是严重的浪费和无止境的消耗。资源税的覆盖范围的确应该被重视起来，地球上的有益资源是有限的，今天的过度使用将会给以后带来无限的困难。

第三，税收额度过低。我国现行的资源税税率大致为：对应税产品征税的最高税额是 60 元/吨，最低税额是 0.4 元/吨。而国际上的资源税平均税率情况为，加拿大一般为 18% ~20%、美国为 12.5%、巴基斯坦为 10%、法国为 12.5%，其他大多数国家对石油、天然气的税率都为 10% ~20%。由此可以看出我国目前实行的资源税的总体税率偏低，由此导致我国全年的资源税额占税收总额的比例也一直偏低。过低的税率使得企业不重视资源的使用和开采所需的较低成本，这不利于企业加大技术创新、提高资源利用效率，反而加大了企业对资源大肆开采的力度，造成大量的资源浪费；过低的税率不能有效地解决资源在被使用过程中对社会造成巨大的负外部效应这个问题，给社会带来了严重的环境污染。

第四，资源税计征方式不恰当。目前，资源税的征收方式以从量定额为主，仅对原油和天然气按5%从价定率征税，其余大部分资源都按从量定额来征税。这种计征方式简单，有利于税收机关的征收管理，但这种计征方式使得税收没有与资源的价格挂钩，不利于税收在经济方面的杠杆调节作用，不利于通过调节资源的价格来影响资源数量的供给。且在资源价格上涨的大环境下，会使得企业为追求利润而有选择性地大量开采，导致资源价格上涨，同时还会造成国家税款的流失。

第五，资源税计征依据不合理。我国现行的《资源税暂行条例》规定计征方式以销售数量为依据，这使得资源的税收与已经开采但未经销售或使用的资源无关，即没有销售或使用的资源无须付出任何税收代价，因为课税数量与资源开采方式、开采数量无关，这间接地致使企业和个人对资源进行无序开采，因而降低了资源利用率和资源的回采率，造成了大量资源的积压和浪费？并造成许多企业采取掠夺式方式来对资源进行开采。

第二节　完善信贷机制

自1998年开始，中央银行出台了配套的政策来增加住房消费贷款和企业消费贷款，以促进国内消费需求，但商业银行消费信贷总量的增加十分有限。尽管居民对个人住房和汽车消费贷款有较大的需求，但由于受自身抵押、评估、保险等系列中间环节的影响，加之银行与个人消费者之间普遍存在的信息不对称，相关的风险防范制度不完善等问题，银行的坏账风险不断加大，这使得银行开展业务的积极性较低，执行效率低，贷款需求得不到完全满足，货币政策效应存在严重的阻碍和外部时滞。

要改变这一局面，必须要加大支持消费信贷力度，改善消费环境，建立个人信用体系，健全消费信贷法律体系，利用各种财政货币手段，进一步改进和完善信贷政策导向效果评估，引导金融机构优化信贷结构。逐步建立个人消费信贷的二级市场，以满足当前不断发展的个人消费信贷业务需求。

一、完善居民消费贷款制度

完善的个人信用评价体系的建立对居民消费贷款制度的完善至关重要，而政府部门在体系的构建中担任关键角色。全国范围内统一的个人信用评价体系的建立，通过国内金融机构之间的信息互换，对全国范围内消费者的信用状况作出综合、公正的评价，从而降低金融机构的信贷风险。加快立法进程，健全个人消费信贷法律体系，从法律制度上为个人消费信贷的发展创造良好环境，以规范贷款人、消费信贷主体、信用评级机构和担保机构的行为。同时根据居民消费特点建立便捷的评估程序和贷款手续，减少中间环节和资源浪费。尽快研究制定《消费贷款管理办法》等业务规章，对消费贷款的业务流程、中介评估和风险管理进行统一规范，为业务公平竞争和规范发展创造良好的环境。

为鼓励金融机构更多地将信贷资源配置到"三农"、小微企业等重点领域和薄弱环节，实现信贷政策的结构引导作用，需要在构建完善的中央银行抵押品管理框架的基础上，对信贷政策中支持再贷款和再贴现的管理政策进行进一步完善，同时加大再贷款、再贴现政策的推行力度，增加支农再贷款、支小再贷款，资产质押再贷款的基本制度。"三农"、小微企业和"棚改"是国民经济重点领域中的薄弱环节，亟须金融机构的大力支持，而要促进金融机构加大对该领域的信贷结构配置，相关货币政策工具的运用如常备贷款便利、中期贷款便利和抵押补充贷款（PSL）等必不可少。与此同时，金融机构要充分协调好信贷政策和产业政策之间的相互配合，特别是在住房政策方面要实行差别化信贷管理模式，管控风险，充分发挥市场的积极作用，在发挥信贷的作用上注重结合证券类金融工具提高资金使用效率，如发行与"三农"、小微企业相关的金融债券等。

通过完善个人信用评价体系，可以使银行充分了解贷款人的信用等级，从而使得信用良好的居民更易获得贷款；完善央行抵押品管理框架和信贷政策、支持再贷款和再贴现管理政策可以增加商业银行的资金资金来源，从而可以扩大贷款规模，贷款规模的增大会促使消费信贷增加，进而提高居民消费水平。

二、丰富消费信贷品种，优化信贷投向结构

纵观近几年来中国消费信贷的总体情况，其基本模式是由政府倡导、以国有商业银行为主要承办金融机构，逐渐向非国有商业银行进行业务渗透。但相对于发达国家而言，中国的消费信贷发展时间尚短，仍处于业务种类相对少、规模较小、质量相对低的开拓阶段；同时发展也不均衡，品种向住房、汽车信贷集中，机构向四大国有商业银行集中，地域向大中城市和经济发达地区集中。扩大个人消费信贷的覆盖范围，丰富信贷品种，积极发展租赁消费等多元化形式的信用消

费，逐步下调金融租赁公司和汽车金融公司存款准备金率，鼓励其发挥好支持扩大消费的作用。建立和完善高效、方便、快捷的个人信用服务体系，降低服务费用，创新更多的信贷消费品种，吸引客户群体广泛参与，进而提升居民的金融意识。居民金融意识的提高，有助于降低银行的沟通成本，分解银行的经营风险。

消费信贷的发展和完善意味着消费者可以以较低的利率和更加简便的手续得到其所需的消费贷款，使居民能够更加灵活地安排其长期的消费储蓄比例，调整居民对未来的预期。因此，消费信贷发展有利于促进消费，特别是提高当前的消费水平。为有效地刺激消费增长，必须进一步扩大消费信贷规模。根据吴龙龙（2015）的研究，消费信贷规模与挤出效应正相关，这意味着在扩大消费信贷规模的条件下，会使得挤出效应上升，对居民消费产生负反馈。换言之，在扩大消费规模的同时，弱化其对挤出效应的影响至关重要。研究表明这种影响以消费者收入水平、消费倾向、消费计划中信贷消费品占消费品总量的份额、贷款利率和期限、贷款额度占信贷消费品价款的比例、消费者积累首付款的实际期限的内在条件为基础，因此通过改变上述相对条件可相应地改变信贷规模与挤出效应总量的影响程度，在上述条件变化后产生的影响很小时，对贷款投向结构进行分散化处理，能够有效缩小消费者的首期支付和本息偿还额度与消费者还款能力的差距，从而削弱对非信贷消费的挤出效应。现阶段居民消费信贷的方向主要集中于房屋贷款与汽车贷款，这类贷款的数额大，且非常依赖个人的还款能力，随之而来的其挤出效应也随之增大。与此同时，把新增的消费信贷投向数额小、品种多样的消费领域时，对于消费信贷的刺激将显著增强，相应的其挤出效应也会有效减弱，从而有效提高了居民消费信贷。

积极扩大消费信贷品种，可以考虑加大对农村地区的消费信贷开发力度，并有效促进扩大信用卡消费，这既能提高农村地区经济发展水平，又能促进消费信贷规模的发展。在健全个人信用征信体系、加强失信处罚力度的条件下，根据市场实际需要，大力开发个人消费信贷品种、针对城乡不同消费特点实施有针对性的特色消费信贷服务。对于西部地区和广大农村，还应采取一些特殊的政策措施来促进个人消费信贷业务的发展。

此外，在欠发达地区，个人消费信贷的品种、开展业务的方式还可以更加多样。例如，在农村，除了上述消费信贷品种外，还可以发展对农民的小额信贷业务或者对大件耐用消费品实行“赊销”业务；在西部地区的城市，可以对下岗失业人员扩大发放小额担保信贷，同时把小额信贷与创业培训以及社区劳动保障平台有机结合起来，增加发展消费信贷的后劲。

三、优化信贷手续和流程，完善信用卡市场

优化信贷手续和流程是商业银行自身发展创新的必然要求，随着科学技术手段的增加和工作方式的进步，商业银行的竞争由传统存贷业务的竞争转变为办公效率和服务水平的竞争。随着信息化时代的到来，智能设备的普及运用和信息交流的价值被逐渐发掘，大部分金融部门开始向着办公无纸化、审查核查流程一体化方向发展，银行部门之间的信息交流更加紧密通畅，客户个人的数据资料也一目了然，部门内部的风险开始得到有效控制，内部风险管控成本大大降低，在项目上报、审核、核查、贷款放出流程方面，以技术手段大大提升了部门之间的信息交流速度，提升了贷款审查、审批、核准放款程序的工作效率。部门日常的沟通交流是贷款业务顺利进行的保证，部门之间的交流越通畅密切，业务的执行速度也就越快，贷款的核查效率也随之提高；消费信贷系统用户管理的规范化有助于防范操作风险和系统管理风险，促使业务操作流程趋于专业化、标准化和清晰化，这是商业银行核心竞争力的内在标准；严格的贷后管理是贷款回收的一道"防火墙"，商业银行采取定时自查和适时督导相结合的方式对贷款业务进行严格把关，定时自查是商业银行内部定期开展对贷款业务的专项调查，而适时督查则是督导客户经理对新增贷款和到期贷款进行核对审查的过程。

中国的信用卡市场有着广阔的发展前景，然而相对于美欧，大多数中国商业银行在信用卡的价值发掘上存在许多问题。在信用卡的业务模式方面，商业银行在对信用卡的特点了解模糊的情况下，采用"跑马圈地"的方式粗放地开拓信用卡市场，这在造成信用卡利润降低的同时也隐藏着信用风险。而建立可持续发展的业务模式，需要建立在金融机构充分了解信用卡特点的基础上，并与自身的发展优势相互补充。国有商业银行有国家信用背书，组织构架大，金融产品丰富，拥有天然的品牌吸引力，因此需要专注于服务质量上的提升；股份制银行相对国有银行来说竞争力较弱，在市场竞争中就要进行有针对性的选择，注重提升银行卡业务的差异化、优质化特点；中小型商业银行则需要在目标细分市场上依靠其特色的信贷产品吸引消费者。简而言之，商业银行想要实现信用卡业务的持续发展，只有立足于消费者需求和优质产品开发这两个基本点。同时，随着金融科技的发展和金融概念的普及，信用卡的消费人群也将呈现扩张趋势。

四、建立个人信用体系的客观标准

“无规矩不成方圆”，单纯地依靠公民的公共意识去维护信用是理想化的主观意识，配套的法律制度为个人信用体系的建设和健康运转加了一道“紧箍咒”，为信用体系各个子系统的规范化运转提供了法律保障，也是打开个人信用体系建设运转的关键“钥匙”，个人信用体系法律制度的建立对个人信用行为的监督与管理具有重要的积极意义，也只有配套法律制度的出台落地才能真正对社会信用经济的发展起到积极促进作用。在个人信用体系法律制度的建立过程中，政府的支持起着至关重要的作用。个人信用体系的构建不仅包括个人信用评价指标、评价方式的构建，更需要明确的法律法规在个人信用体系下进行基本框架下的规范引导，而政府作为管理者、决策者虽然不直接参与个人信用体系的整个构建过程，但在个人信用体系法律法规完善化建立过程中承担着不可或缺的积极重要作用，具有不可替代性。政府的特殊作用体现在立法和执法两个方面，执法即依据信用管理的相关法律对个人信用体系进行监管。在个人信用体系法律制度建设方面，我国可以借鉴西方的成熟经验，以政府的有效监管、市场的自我调节机制和行业自律作为中心点，相互串联构建我国的个人信用体系。而在对守信者的激励以及失信者的惩戒机制构建方面，政府应建立统一标准，并结合失信举报制度与守信奖励制度实行“双轨”并行，推动各地、各部门依法按照客观、真实、准确、审慎的原则执行，并向社会公示，完善的个人信用体系制度建设可以促进形成守正祛邪的社会环境。

个人征信体系的重要作用就是依据个人信用报告来决定是否授信以及授信额度等信息。相较于美国的个人信用报告的标准化形式，我国更倾向于对个人基本信息的获取以及个人信用交易信息的大数据进行综合分析。目前我国的个人征信体系建设仍处于发展阶段，征信业管理部门建立的有关标准可将国外经验与我国实际情况结合考虑，而行业中涉及的标准化问题包括个人征信数据源的内容、个人信用报告的格式、个人资质认证、信用等级评估指标以及征信数据库开发等。近年随着我国金融的发展以及大数据的兴起，通过个人信用数据建立起的信用评级评分系统得到了广泛运用。该信用评级评分系统是将贷款申请人的个人基本信息与信用交易信息相结合，以个人的信贷申请书和征信报告等资料为基础，通过建立数学与统计模型方法对申请人的信贷风险程度进行量化分析，并确定信用等级和信用限贷的技术方法。以信用评分形式呈现的个人贷款信用级别划分简单高效，提高了金融机构的贷款决策的速度、一致性和客观性。金融机构在对申请人的贷款申请进行审批时，只需要在高分与低分之间进行简单的审核权衡，这大大提高了金融机构的工作效率。在国际银行业，个人信用评分已经被广泛运用，但在我国其仍属于新生事物，在个人信用评分系统的发展中，要注重将其与我国实际情况的巧妙结合。我国各银行都拥有一套自己的个人信用评分系统，在个人征信体系已经建立的情况下，关键是要建立统一的客观标准。这样，其他机构只要执行这个标准就可以，这样可以大大降低监督成本。

五、完善消费信贷风险转移机制

完善消费信贷风险转移机制，进行化解消费信贷风险的市场化建设。消费信贷是一种信贷业务，一定程度的风险是不可避免的。且消费信贷业务尤其是住房贷款期限较长，有的甚至达到几十年，放贷银行自身根本无法承担这样的长期风险。因此建立完善的消费信贷的风险转嫁机制是目前所必需的，具体的方式有以下几种：

（1）通过保险转移风险：由于借款人及抵押物存在不可抗力的风险，银行在对客户提供贷款时，一般要求借款人投保。但目前消费信贷配套的保险品种较少，因此保险公司应拓展业务领域，开发消费信贷与财产险、失业险、意外伤害险组合在一起的保险品种，这样既能分散银行消费信贷业务的风险，又能增加保险公司新的利润来源。

（2）建立政府支持的消费贷款担保机构，转移消费贷抵押品的不可抗力风险。信贷担保机构为无法找到有效担保的借款人提供担保，借款人以其所购房屋或其他有价权证向担保公司提供反担保。在助学贷款中，现行措施因担保人难以落实而很难操作，不妨借鉴国外经验，由父母担保，政府贴息，以降低风险。

（3）建立独立的住房贷款证券化专门机构（SPV），发展抵押贷款二级市场。SPV 在成立之初要有政府背景，是一个独立的不破产的非银行金融企业。SPV 在资本市场上发行证券，并购买商业银行的住房消费信贷资产，以消费信贷到期的收入支付证券的利息。在抵押贷款保险较为完善的情况下，抵押贷款本身具有较高安全性。例如，住房贷款证券就是一种收益好、保值性强的优质证券，它可以成为中央银行公开市场业务的操作对象。积极发展抵押贷款二级市场，不仅可以解决消费信贷的流动性风险，还可使银行避免长期资产业务所承受的利率风险。

（4）加强各商业银行自身消费信贷风险的管理。强化消费信贷风险防范体系，需要各商业银行进一步加强风险管理的制度化建设。目前某些银行消费信贷业务分别由不同部门经营管理的现象必须改变，财务管理也应从过去的账户式管理向客户式管理转变。在贷款操作中，制定科学的贷款管理方法，严格贷款“三查”，落实风险责任，增强银行的风险自控能力。各商业银行应改善消费信贷的供应结构。近几年，随着人们消费水平的提高和生活观念的改变，在消费结构中，吃、穿方面的比重下降，住、行、教育、旅游方面的支出比重上升，要积极办好新品种的消费信贷，满足如购房、耐用消费品、教育助学、旅游、汽车、婚嫁、家用电脑、健身器材等方面的贷款需要。在业务发展中，商业银行应根据客户的特点和收入状况推出适合消费者需求的个性化的、多层次的消费贷款品种来满足经济条件不同、消费需求不同、偿还能力不同的消费者的需要。如对老年人推出还款额递增的贷款方式，对中年人推出还款额递减的贷款方式，这样有利于降低支付风险。

第三节　完善利率机制

一、建立利率形成机制

利率的形成和决定因素是利率形成机制的主要内容。利率机制是指一国经济运行过程中利率对资金价格的调节作用，即利率如何调节储蓄、消费和投资的流向和流量，以实现促进资源合理配置，推动经济增长。在利率市场化进程即将完全解除对各类利率的管制和迫切需要强化利率传导机制、降低融资成本的大背景下，我国亟须明确建立一个公开市场操作政策指标利率。利率的形成机制和作用机制是相互依存、相互影响的，因为影响利率形成机制的因素，正是利率作用机制中利率所能调控的因素，如储蓄、投资等。

要尽早形成合理的利率形成机制。因为利率不仅体现了资金和各类金融资产的价格，同时还是金融资产基准定价的参考标准。但是，目前我国的利率体系非常复杂，包括银行利率、非银行利率，同时不同期限、不同风险的利率也是不同的。金融资产的定价和价格的变动在目前环境下就显得比较复杂，难以把握、研究和管理。因此，需要一个合理的利率形成机制，使得所管理的金融资产和财富能够得到市场合适的评价和判定。

就我国目前的实际情况而言，为保证中央银行货币政策的有效性，使利率机制能够有效地发挥传导作用，利率市场化将是我国金融体制改革的方向。利率市场化的最终目标是在全社会的资金供求关系中形成以基准利率为中心，市场利率为主体，兼具国家宏观调控与市场自身调节功能的一套利率管理系统。大多数完成了利率市场化的经济体中，都形成了市场操作政策指标利率，并可通过正常的正逆回购操作来保证市场利率位于目标水平附近。在央行对于经济形势的判断不发生变化时无须调整这个利率指标，在需要调整时则通过“议息会议”决定是否对公开市场操作政策指标利率进行调整。

二、修复利率传导机制

货币政策需要考虑利率传导机制，而银行和一些主要的金融机构清理自己的资产负债表时发现，流动性不足、杠杆过高和资本金不足都会影响传导的有效性。实现利率市场化后，在一个完善的金融市场中，各个市场及各品种利率均由市场决定，并相互传导。央行的调控也需要按照市场化方式，通过货币政策操作影响利率锚的升降，从而传导至其他利率品种，最终实现引导市场整体利率的目标。

修复利率传导机制，从建立公开市场操作政策指标利率开始。短端利率被锚定下市场机构的充分期限套利，是一个平滑顺畅的利率传导机制能够存在的关键。因此，在目前利率市场化进程即将完全解除各类利率管制的情况下，在迫切需要强化利率传导机制、降低融资成本的当下，政策当局明确建立一个公开市场操作政策的指标利率，已刻不容缓。否则，过度寄希望于 PSL 等结构性工具，不仅是舍本逐末的，还会进一步让问题复杂化。人民银行可以考虑采取欧洲中央银行的公开市场操作模式，明确建立以 7 天回购利率作为公开市场操作政策的指标利率，每周定期进行 1 次或 2 次公开市场操作，不断强化其利率的政策信号以显示和引导功能，并将议息会议所讨论的政策利率逐步转移到 7 天回购利率上来，明确并将每年议息会议的日程固定下来。

在对外经济往来过程中，我国很长一段时间都处于国际收支顺差地位。基于此种情况，中央银行主要把数量型调控作为货币政策的主要调控工具，从而通过控制货币供应量的手段来实现宏观调控。2013 年，中央银行提出以价格指标和数量指标相结合的方式作为未来货币政策的主要调控方向，在这一方式下，价格指标被渐渐转变，政策利率也在央行资产负债表市场化的调节过程中得到逐步完善，这意味着中国正在积极探索和推进利率市场化。在实现利率市场化的下一个阶段中，实现货币政策框架成功转型的关键在于如何将政策利率的变动传导至其他的中长期收益固定的市场利率，以及市场利率是否能够在政策利率影响银行存款利率的过程中起到中间传导作用。

第四节　提高居民收入

我国经济保持了持续快速增长，而在出口步履维艰、投资效果有限的情况下，内需消费的增长成为促进我国经济持续快速增长的内在原因。近年来的研究调查表明，我国的经济增长伴随着居民消费水平的持续降低，消费这驾“马车”在经历了长途奔袭后似乎也开始显露疲态，但实际情况却并非如此。通过对决定居民消费水平的内在构成因素分析可以发现，决定居民消费支出的往往是居民收入的增长，而这个居民收入指的是经过价值调整后的居民收入，在金融意识和金融概念的普及下，居民收入的提高和居民消费水平的增长之间存在着积极联系，也就是说居民收入的提高会促进居民消费水平的上升，而居民消费水平的提升则会促进经济增长。

一、实行减税政策，扩大就业

在 2015 年的政府工作报告中，李克强总理提出了关于“大众创业，万众创新”的概念，这一概念的提出大大地促进了社会纵向流动以及社会公平，与此同时扩大了就业量、提升了居民收入水平。收入的稳定增长又进一步促进了消费的增长。中小型企业集聚了大部分的社会劳动力，这也就解决了我国一大部分的就业问题，然而目前亟待解决的问题是这类中小型企业面临较大的税收负担，税收负担极大地限制了企业的发展，造成企业动力不足，在吸收更多劳动力就业上显得十分乏力。

目前，我国侧重于结构型减税政策，本书认为在减轻中小企业的税收负担时应进一步加大力度实行多元化策略。具体操作如下：现行对中小微企业征收的所得税率为 20%，本书认为可以考虑实施调低，加大对于该类企业的减税力度；

对于新成立的中小企业可以采取 3 年内免征所得税政策；对于小规模纳税人在目前 3% 的增值税税率基础上实行“减半”征收。为了激励中小企业加大创新，政府更应在税收政策上支持企业的科研投入，目前仅仅在开发阶段的费用化支出上实行加计扣除，还可以考虑若企业使用一部分销售收入用于开展科研活动，则对这部分收入实行减税或者免税。中小企业目前也面临着一系列的融资难问题，服务于该类企业的信用担保机构分为营利和非营利公司，对于上述公司应当给予更多的优惠政策。考虑到非营利信用担保公司数量较少，可满足中小企业融资需求的能力有限，对于营利性的服务机构，可以适当降低其在中小微企业贷款利息收入上的增值税率，以鼓励这类金融机构给中小企业放贷，增加中小企业的资金流动性。

企业的一个重要作用就是通过吸纳劳动力以降低失业率，缓解政府压力。因此，政府可以通过财政政策的配合运用，如增加企业的财政补贴等来缓解居民的就业压力，促进居民再就业。而另外随着失业率的降低，在社会经济条件不变的情况下，居民的总体收入水平会随之提高，进而达到增加居民消费的目的，促进经济增长。总之，通过给予企业税收优惠，促进失业人员再就业，提高其收入水平，最终会提高居民消费。

二、调整收入分配结构

经济学领域主要把形成居民收入分配不公的原因归纳为五个因素：受教育和训练的机会、天赋能力、财产所有权、操纵市场的能力、其他偶然因素。然而中国有着特殊的国情，仅仅依靠西方学术界总结出来的一般性元素来解释中国居民收入分配不公现象的形成原因是远远不够的，因为其不但根植于政治制度中，还与中国经济发展的进程和中国显著的二元经济结构有着密切联系。正是基于上述情况，在深入分析中国近 20 年来居民收入分配变化的原因后，中国学者发现：居民教育水平的提高、城市化规模的扩大、经济结构的调整、经济开放程度的深化等成为了不可忽视的关键因素。收入分配对居民收入的影响主要体现在两个方面：首先集中在初次按劳分配的过程中，劳动者获得劳动报酬收入的高低对居民消费能力产生直接影响，同时诸如工资和利润收入对比关系等所属的初次分配结构，则对居民消费产生间接影响。其次在再分配环节，过大的收入差距会对居民消费产生负面影响。收入分配结构的调整不是一蹴而就的，而是一项长期的、系统的改革，因此居民消费的增加效应在短期内效果并不显著。凯恩斯边际消费理论认为，越均等的收入分配越将加大消费收入比重，即在居民收入不断增加的情况下，低收入者边际消费倾向上升，高收入者边际消费倾向反而下降，从而使得中层收入者具有最强边际消费能力。基于该理论，政府应当通过合理实施财政政策的手段，扩大转移支付，以达到增加中层收入人群数量、减小贫富差距和城乡差距的目的。例如，向低层收入人群提供在贷款、征税和政府补贴方面的优惠，使这一类人群消费能力和消费意愿得到增加。

与此同时，在贷款和政府补贴方面，应重点扶持低层收入人群分布比较密集的地区以及发展相对落后的农村地区，对这些地区给予一定的公共财政支出政策方面的倾斜。例如，通过降低县域农村商业银行、村镇银行等金融机构的存款准备金率，并降低农村居民的贷款利率等手段，支持农村居民创业，以实现全面小康为目标，增加农村居民的可支配收入；深入农村金融体制改革，建立健全农村金融服务体系，力求解决农业产业化和农村中小企业面临的融资需求；加大对农业项目的财政补贴，通过降低税率、抵免应税额等税收优惠政策措施防止城乡收入差距过大，充分利用税收优惠政策来扶持农业。

在一定程度上，改善居民收入分配的理想措施有提高居民劳动份额，改善居民劳动收入分配不平等、资本收入分配不平等现象等。如大力扶持第三产业发展，鼓励中小企业优化发展模式，推动垄断市场加速改革，加快社会保障体系健全速度，深化工资正常增长机会改革和最低工资制度改革等。当前完善以收入调节为主的税收体系，从而调节居民收入结构、减小贫富差距是我国目前税收调整的重要目标。不得不承认的是，我国在所得税、商品税和财产税方面对居民消费的影响程度存在差异。因此，实施不同税种的结构性增减税政策，将有利于实现税制结构与扩大居民消费相协调的长远目标。中国的税制结构具有以间接税为主的税制特点，其具体表现为乡镇居民相比于城市居民需要承担更重的间接税税负，因此拉大了城乡居民收入差距。实行以民生财政为侧重点的结构性减税政策，一方面应立足于“营改增”的税制改革背景，通过降低增值税税率来降低间接税的比重；另一方面则应通过加速健全个人所得税和房产税等财产税制来增加直接税的比重。

第一，完善个人所得税制度。在我国，个人所得税是唯一一种有调节收入分配功能的税种，然而目前我国税制的改革仅仅针对于税率以及扣除额方面，却忽略了税收制度、模式、运行方面的问题。首先，注重税收的制度模式改革，建立一个完善的科学税收制度模式。目前，我国的个人所得税制度主要是分类制，即对不同级别的收入所得进行不同额度的征税。分配制只盯住了一种渠道并且按照该渠道收入税率纳税，然而个人的收入可以来自于多种渠道，因此个人纳税税率的征收应该进入更高的阶级，个人所得税分配制有必要采取分配制与综合制相结合的模式，按照个人各种渠道收入汇总综合纳税。其次，改革税收结构，一系列与资产过户相关的税收存在导致我国金融租赁行业的发展远不如国外，如所得税等，很多地方的规范性也不够，因此有必要科学地界定应税收入，加强纳税监管工作，对费用扣除额实行“指数化”等。

第二，加快财产税制完善工作。目前我国财产税相对于其他税种来说在整个税收体制中作用相对较小，更多体现为整个税收规模中财产税占比较低。相比于个人所得税，财产税不会随着国民收入的提高而相应提高，这也就限制了财产税调节收入分配的功能，削弱了其抑制投资、促进消费的作用。借鉴国际方面的经验，相关数据表明，一些发达国家在财产税方面的收入约占整个财政收入的10%～12%，发展中国家的平均水平也达到5%～6%，而我国作为主要的发展中国家，财产税税收收入只占整个财政收入的2%左右，占比明显过低，并没有充分地发挥财产税的作用。因此，亟须扩大财产税的涉及范围以及合理调整税基，科学地完善财产税税制，充分的发挥财产税的作用。

三、加大重点领域的支出

对普通居民来说，住房、教育、医疗等三方面的支出占居民收入的绝大部分，在我国，收入高比例地转化成储蓄，用于医疗、养老、住房、子女等方面是一种普遍的现象，这也就说明了我国并非是因没有消费能力而制约了消费者的消费需求，而是因一些预防性动机而影响了消费需求。国家财政支出应从经济建设转向民生建设，以改善民生为重点，进一步加强社会公共性开支。政府在社会事业上加大支出投入，一方面可以明确居民未来消费的方向以加强消费目的性，进而改善预期效应；另一方面消费途径的增加相应提高了居民的当期消费。2014年，公共财政支出中，住房保障支出占1.80%，教育支出占5.55%，医疗支出占0.4%，社会保障支出占3.1%。相对于大多数欧美等发达国家来说，我国这些方面的公共支出要低得多。对这些重点公共领域支持不足，特别是医疗支出方面，不仅会影响我国居民消费，进而间接影响经济发展，还会诱发一系列社会民生问题。

因此，政府应该加大公共财政支出中教育、医疗、住房保障和社会保障等方面的支出比例，以减少居民在这些方面的经济负担，增加居民的当期消费和对未来预期收入的确定性，同时应注重改变我国财政支出结构。

一是应该坚持把教育放在优先发展的位置，教育支出的增加可以提高居民的受教育程度，使其能在未来得到高收入。首先保证现有的基础教育支出预算保持稳定的增长态势，其次对于教育经费设立分级管理、分级负担的配套管理、筹集机制，并且积极拓展开发新融资渠道以保障教育事业。依靠新的筹资手段，利用民间资本，公私合营等方式筹措教育专项资金，取消现有的教育费附加，确保财政教育支出的可靠来源。

二是应该加大医疗卫生方面的支出，缓解居民医疗负担，有利于提升中、低层收入者的社会福利水平，进而起到刺激这部分人群消费欲望的作用。完善卫生医疗体制机制、加大公共卫生基础设施投入，扩大公共卫生建设的辐射范围，尤其要考虑边远地区等相对落后地区的设施水平。以相关政府为出发点将该部分地区列为重点关注对象，激励政府加大医疗卫生方面的支出，起到一个真正的承担作用，切实减轻落后地区居民的医疗负担。

三是应该增加住房保障投入。在中国，住房在居民的观念中占据着重要的地位，对于大部分中国人来说住房是一种心理上的保障，是稳定性和确定性的象征。随着房地产行业的火热，被推高的房价给居民带来了巨大压力。政府应该增加住房保障的投入水平，从棚户区改造切入，使最困难的棚户区居民可以尽快改善住房条件，同时发展共有产权房，以积极、有效的 PPP 项目来建设保障房和小区开发，做好住房救助的相关工作，减轻居民的住房压力。完整的税收保障制度能保证居民预期向扩大消费的方向发展。合理调节城市住房价格，要注意以下几点：一是不同城市之间居民的住房支付能力稳定性是有差异的，政府调节住宅市场应注意各个地区住房市场发展的不同阶段和不同结构特点，不能搞“一刀切”，对住宅价格过高城市如北京、上海和杭州等要运用信贷和税收等措施加强调控，对住宅价格较高城市要密切关注其发展态势，适时适度调控。二是对住宅价格的适度上涨应该支持，但同时要使用调高工资和差别利率等手段直接或间接增加居民收入，使其保持良性联动，避免支付能力的稳态由于住宅价格的单方面上涨而恶化。三是完善提升贵阳、西宁和银川等住宅价格相对较低城市的医疗、教育和交通等软硬件设施，采取优惠政策吸引更多的人才和劳动力来这里安居乐业，从而转移北京、上海和杭州等住宅价格较高城市的部分住宅需求压力，这不仅解决了高房价城市的支付能力稳定性问题，也增加了住宅需求流入城市的居民收入。

四是应该加强社会保障机制建设。依据我国现行阶段经济发展状况，以偏远地区为中心，首先应巩固社会救助体系建设，保障居民最低生活水平；其次应开展医疗保险、养老保险、失业保险等重大保险项目以保障居民收入稳定、降低收入风险；最后建立社会优抚、灾害救济等福利保障机制，进一步扩大社会保障辐射范围。

四、制定居民收入增长政策

相关数据显示，当农村、城市居民收入上涨1个百分点时，相对应的消费品市场的销售总额增加幅度分别是1.18个百分点和1.05个百分点。上述统计数据显示消费品市场的销售额度会随着居民收入的增加而增加，并且增加幅度前者高于后者。基于此，政府可以实行相应的政策措施改善我国居民工资低水平、储蓄高水平的现象，以保证居民收入增长率能够与国家经济增长相匹配。具体可以从以下两个方面开展工作以提高居民收入水平：

第一，积极实行提高中、低层阶级收入水平的措施。城市就业状况很大程度上影响了中、低层阶级的收入，也就是说解决好了城市就业问题，居民收入水平会随之提高。本书建议从以下三方面解决城市就业水平：一是积极鼓励年青一代大学生创新创业，进而拓宽城市居民就业渠道；二是加强优化我国产业经济结构，目前我国劳动力大多聚集在第三产业，大力发展第三产业能够有效缓解就业压力；三是完善人才市场体系，能够适当缓冲经济结构变化引起的就业压力。

进一步划分中、低层收入水平人群，具体情况具体分析，针对中、低层收入人群采取相对应的具体措施。对于低收入人群，政府除在提供就业方面加大政策倾斜、提高就业率以外，还可以相应提高城市最低工资及最低生活保障标准等。例如，针对为下岗职工提供就业机会的企业，在税收方面可以制定优惠政策；各地区的最低工资标准也应配合当地的实时经济状况，灵活制定以及调整，从而保证工资有效上涨以适应经济水平的增长，构造一张稳定有效的社会保障网，实实在在地起到保障低收入阶层居民基本生活水平的作用。针对中等阶层收入人群，首先政府应该提供较为公平的受教育机会，重视相关教育支出；其次加强我国人力资源方面的建设，使得现有的以及新增的教育资源得到有力的优化整合；最后可以从以下三个方面建设良好的社会激励机制：一是加强对高级人才的培养；二是重视高级教育职称的认定以及考核；三是建立高辐射范围的教育培训网络。

第二，大力改善农村居民收入状况。在我国农村人口占比仍然较高，约占全国人口的60%，在我国消费市场上农村居民也是最具有潜力、最庞大的消费群体。这就表明了能否维持我国经济稳定快速地发展，很大一部分取决于农村居民收入是否能有效得到提升进而带动市场消费的增长。基于此，政府可以开展以下几个方面的工作，通过有效提高居民收入带动市场消费。一是税收政策的进一步完善，具体可以表现为推出完善的，与农业生产相关的直接补助政策；推出完善的农业税收减免政策；增加农村居民进城打工等服务性工作的机会，提高基本工资收入，对接相应企业保障农民薪酬按时发放。二是扩大村镇教育支出，提升农村居民知识储备、教育素养，保证教育资源能够有效整合。相关政府部门应该积极优化财政支出结构，切实保证农村义务教育能够得到有效稳定的落实；设立农村教育专项资金，支持家境较为困难子女能够得到公平的教育机会，并且将国家农村贫困生资助政策落实到位，与此同时给予农村房屋建设资金支持，减轻农村子女压力负担，给农村子女提供健康的教育环境，缩小城市与农村在教育资源上的差距。三是落实农村经济结构调整，给予技术支持以提高农业生产效率，生产多元化优质产品，紧跟市场需求步伐，切实提升农村居民收入水平。随着收入水平的改善进一步作用于产品的高产、优质，形成一个良性循环，切实提升农村整体经济发展水平。四是纠正政府“非农偏好”理念。政府应加强农村公共设施以及服务建设，主要包括公共医疗卫生、教育、养老等基础设施，提高农村居民生活质量，提升居民劳动力“质量”，从根本上提升收入水平；另外，考虑加强农村政策性补贴力度以加强社会保障，积极鼓励消费，降低预防性储蓄动机，提升农村消费水平，构建良性农村生产网络。

第五节　协调财政货币政策

目前，我国处于经济转型的关键时期，当务之急的任务之一就是调整经济结构，尤其是产业结构、所有制结构和分配结构。在这个过程中将会面临许多新情况和新问题，协调好财政政策与货币政策就显得十分重要了。财政政策与货币政策调节的重点不同，财政政策在经济结构调整方面作用较显著，而货币政策在完善金融市场方面作用更大。面对复杂的经济形势，加强财政与货币政策的协调配合尤为关键。此外，财政政策工具与货币政策工具种类不同，发挥的作用也不一样。值得注意的是，需要协调好各种政策工具，防止工具作用相互冲突、抵消，保证政策工具作用最大化。

一、提高中央银行的适度独立性

财政货币政策是由政府单独制定还是由政府与中央银行共同决定在很大程度上取决于中央银行的独立性。货币政策具有较强的滞后性，第四章的 DAG 模型说明货币供应量存在较大的惯性，即上一期货币供应量每增加 1 个百分点，本期货币供应量将增加 0.9791 个百分点，所以在制定货币政策时应该充分考虑以后的时间视野。但由于执政者一般只考虑当前的经济情况，所以从长期看货币政策很难保证经济的平稳运行。一方面，考虑到执政者可能会忽略未来的经济情况，所以央行要保持一定的独立性，从而尽可能使货币政策的制定与实行免受政府部门的干扰；另一方面，由于货币政策决策时需要具备较强的专业知识，由政府主导容易导致决策失误。从这两方面看，货币政策理应由专业性更强的中央银行单独制定更为合适。

提高货币政策的独立性应该从以下三个方面加以入手：第一，目标的独立性，是指货币政策的最终目标和中间目标完全由中央银行自主决定，即在货币政策的决策过程中，政府部门不能以任何形式直接干预。在这点上，欧盟国家做得比较好，欧盟各成员国与欧洲中央银行签订了《欧洲联盟条约》，该条约规定：欧洲中央银行和各成员国中央银行在制定和实施货币政策时，不得接受和寻求来自联盟机构或各国政府的指示。第二，工具独立性，是指政府部门不能对央行货币政策工具进行直接干预，而应由央行独立确定自己的操作工具。例如，应该允许央行限制政府借贷、在开放经济条件下允许央行对汇率进行控制等。但是，目前在中国，政府向银行借款，银行基本不能拒绝，这在某种程度造成了地方的债务危机，也将导致银行不良贷款的增加，进而扩大银行的信贷风险。第三，人员的独立性，是指中央银行的人事任免不受政府干预而应由央行内部独立自主决定。这一点对央行能否保持独立性至关重要，因为即使央行拥有独立目标和独立工具，若政府可以任命央行人员，则央行的独立性将不复存在。设想如央行行长可以被政府随时更换，则央行相对政府部门处于劣势，这些都会严重影响货币政策的独立性。因此要提高货币政策的独立性，应确保央行在地位上不低于政府部门，且其人员任免免受政府控制。

二、推进财政体制改革和转型

随着我国税制改革的推进，中央政府和地方政府之间的财权和实权不断进行调整，这促进了中央政府宏观调控能力的提高。当然，在调整过程中也存在一些问题。首先，税制改革能赋予地方政府一定的经济自主权，但地方政府往往只追求 GDP 增长以获得更多政绩而忽略了经济的健康持续发展。其次，中央政府一般考虑全国经济的发展，地方政府仅考虑地方的发展，这就造成中央政府和地方政府之间目标取向不同。由于二者目标不同，在中央政府制定宏观政策时往往因考虑整体情况而忽略地方的利益，而地方为了自身利益会对中央政策不支持或延迟执行。在这种情况下，财政与货币政策的协调配合必然受到干扰。

目前，我国财政投融资体系尚不完善。首先，我国财政投融资体系的投融资范围不清晰。财政投融资体系由财政部管理，不以营利为目的，只为实现财政政策目标和促进产业发展。财政投融资体系主要以社会主义事业发展为目标，但我国财政投融资体系在农业等基础产业领域的投资不足而将更多的资金投资于具有竞争性的商业项目上。财政金融体系定位的不清晰，加剧了政策性金融机构与商业金融机构的竞争，从而制约了我国财政与货币政策的协调配合。其次，财政投融资体系资金来源渠道较窄。我国财政投融资体系主要依靠财政拨款、央行借款和发行债券的方式获得，很少从民间介入资金，这就导致财政投融资体系资金严重不足，从而使得财政货币政策的协调性受到影响。基于以上分析，本书提出下列建议：

（1）明确中央政府和地方政府二者的财权关系。根据前面的分析，地方政府具有一定的经济自主权，由于地方政府与中央政府的目标取向不同，可能会为了自身利益而使得中央制定的政策无法有效地落实并实施。另外，中央政府的资金支持的充足性会直接影响财政货币政策的有效性。因此，本书建议中央应合理赋予地方财权，避免与中央目标相冲突，增加中央政府的收入占比，从而加大中央对地方的调控能力。

（2）完善我国财政投融资体系。首先，明确投融资体系的职责，对其投融资范围进行合理定位，明确其投资融资范围。财政投融资体系作为政府实现其产业政策和财政政策目标的工具，应尽量避免因其资金过多介入竞争性行业而挤出私人投资。财政投融资体系的资金应投入公共产品等基础性行业，这些行业投入资金大、回收期长，对私人投资来说没有吸引力，私人资金主要投入于竞争性较强、回报较好的行业。因此明确财政金融体系的投融资范围有助于提高资源的配置效率。其次，拓宽财政投融资的资金渠道。单单依靠财政拨款和央行借款不足以完全满足财政投融资的资金需求，需要引入民间资本，放开民间资本投入门槛，适当提高回报，增加对民间资本的吸引力，从而增加财政投融资体系的资金来源，进而提高财政货币政策的协调性。最后，加强对财政投融资项目的管理，一方面可以引入先进的管理模式，提高经营效率；另一方面建立合理的项目评估绩效，提高投资项目的质量。

（3）优化财政收支结构，健全公共财政体制建设。首先，应扩大对社会保障、医疗保障、教育等社会福利方面投资占财政支出的比重，不断提高公共产品的数量与质量，优化财政支出结构。此外，还应不断拓展社会保障的覆盖率，加大对中小企业、农业的支持立法，促进社会保障民生建设。其次，健全地方财政支出体系。中央要平衡各地财力，保障各地均有能力保障基础公共产品的供给。最后，加快我国税制改革，尤其加快所得税改革，降低中低收入者所得税税率，适当调整高收入群体所得税税率，充分发挥税收对收入初次分配的作用。努力推进环境保护税种的出台，完善增值税改革和我国出口退税制度，促进我国税制优化以实现经济持续健康发展。

三、促进财政部与中央银行的沟通与合作

财政部和中央银行是财政政策与货币政策的主要制定者与实施者，加强财政部与央行的交流与合作，有助于两者相互了解，从而可以避免财政政策与货币政策相抵消的效果，增进财政货币政策的协调配合。尤其当我国央行从财政部独立出去以后，交流就显得更加重要了。事实上，国际上许多国家的财政部与央行都存在交流沟通。在美国，美联储主席与财政部部长几乎每周都会聚会一次，就相关经济政策进行交流。在欧洲，欧盟各成员国的中央银行也会与财政部长交流，他们几乎每个月也会有一次交流相关经济问题的会议。

目前，我国处于经济转型阶段，我国经济体制还存在许多弊端，需要不断完善与发展。在经济体制改革的过程中将会面临许多复杂的问题，因此加强财政部与中央银行的交流就显得非常重要。通过加强财政部与中央银行的交流，可以使二者及时了解相关信息，并且能够制定出解决问题的最佳政策。财政部与央行的不合作，可能会导致两者制定的政策存在抵消效应，政策协调配合的效果大打折扣，导致相关经济问题迟迟得不到解决，造成社会福利损失。在我国，中国人民

银行对货币政策只有建议权，货币政策的决策权实际上由国务院掌握，但央行可以决定货币政策具体如何实施，因此加强两大部门的沟通交流仍然十分重要。

前面我们提到，加强财政部与中央银行的交流合作尤为重要，下面将介绍具体实施过程。首先，可以考虑由国务院带头成立一个财政货币政策协调配合机构。由于财政政策与货币政策的实际决策权都在国务院手中，所以由国务院带头最为合适。该机构的成员可包括财政部的主要人员、中国人民银行的主要人员、财政货币政策专家和相关学者。会议应定期召开，可以考虑每周或每月召开一次，可以邀请相关人员列席会议，就经济热点问题、财政政策问题、货币政策问题展开热烈的讨论，相互交换意见。当国家面临突发问题时，该机构可临时召开会议，迅速探讨突发问题并提出相关解决方案。其次，可以在财政部成立一个货币政策委员会，同时在中央银行成立一个财政政策委员会，分别邀请中央银行和财政部相关负责人管理委员会。这样，在财政部和中央银行制定财政政策和货币政策时，都有对方的专业人员在会上提出建议，可以加强两大部门的信息交流，避免财政政策与货币政策相抵，从而提高政策协调配合效率。最后，可以借鉴国际经验让财政部部长与中央人民银行行长的定期会晤机制，深入探讨财政政策与货币政策的协调配合问题。

四、加快完善国债市场

债券作为一种特殊的资金融通工具在经济的发展中起着极为重要的作用，而国债作为国家信用的代表，它的发行总量的变化更反映着一个国家的经济发展现状。国债的发行、流通、回收对货币供应量的变化起着重要的调节作用，而其本身作为财政与货币政策的双重工具，起着其他工具所不可替代的作用。通过完善国债市场，可以优化财政政策与货币政策配合的方式，进而使财政政策和货币政策配合更融洽。具体建议包括：

（1）加强国债余额管理，完善国库现金管理制度。我国国债余额管理开始时间较晚，2006 年才正式启动。国债余额管理的实质是取消对我国每年国债发行额的限制，设定一个每年国债余额最高标准的新型国债管理办法。余额管理制度侧重于存量管理，发行额度管理侧重于流量管理。如果不考虑国债的期限结构，则两种制度没有多少差别，因为存量等于流量的累计数。但在考虑国债期限结构的情况下，尤其是国债的期限结构对货币政策的执行起着至关重要作用的前提下，余额管理制度的优势就体现出来了。随着国债市场在我国的逐步发展，调整扩宽我国国库现金管理的操作范围、丰富国库现金管理操作工具、修订完善国库现金管理相关法律等措施起着至关重要的作用：其一，我国目前现有的国库现金管理只是针对中央而言，随着我国经济的不断深入发展、经济结构的不断转变和国债市场不断扩大，对地方性国债的管理重视度也要相应地加强，促进中央和地方性国债共同有序发展。其二，我国现有的现金管理工具主要有国债正逆回购和商业银行的定期存款两种，相较于国外成熟的国债现金管理有较大差距。其三，健全的法律管理制度是国库现金制度实施的前提保障，结合我国具体国情，因时制宜的修订完善国库现金管理法律规则至关重要。

（2）优化国债持有人结构，提高机构投资者持有比例。目前我国国债持有者结构较为不合理，一般而言，国债持有人中机构投资者所占比例较高，而我国国债个人持有者要高于机构持有者。国债作为财政政策与货币政策协调配合的主要结合点，国债持有人结构会影响财政货币政策的配合效果，一般机构持有人持有国债的比例越高，政策协调配合实施效果越好。由于个人只是将国债作为储蓄手段，不关注国债价格，而机构持有国债的头寸较大，他们对价格的细微波动都非常关注。因此，建议中央银行提高对国债市场的控制力度，可通过提高购买国债的门槛的方式减少个人投资者对国债的购买，从而提高机构投资者所占国债的比例。

（3）丰富国债发行品种，形成完整国债收益率曲线。新常态下，我国货币政策中间目标从货币供应量转变为利率的前提是拥有一个有效的、顺畅的利率传导机制。我国现有的债券市场已能初步满足这一要求。但是，与发达经济体，如美国、日本、英国等的利率传导条件相比，我国国债收益率曲线还不完整，不同期限的国债品种仍然可以通过套利策略获得高额收益，且我国短期国债在利率市场上的传导效率较低。许多发达国家管理国债的方法是将国债风险设定在可以接受的范围内，随后以尽可能小的成本发行国债以满足政府融资要求。当然，作为货币政策工具，国债的发行也会考虑货币政策的需要。目前，我国国债品种较为单一，主要的国债品种为中长期，2 年期以下的国债和 10 年期以上的国债发行较少，且发行频率偏低，从而导致我国国债的收益率曲线的不完整，使得我国国债供给和国债市场的流动性受到极大的限制。而国债供给不足又将导致我国货币政策工具中公开市场业务较难实施，流动性不足削弱了货币政策对国债收益率曲线的敏感度。因此，针对我国国债品种单一、供给不足、流动性不足等问题，政府应增加短期国债发行，尤其需要加大 2 年期以下国债的发行数量，以扩大国债供给，增加国债的流动性，从而为货币政策公开市场业务提供有力的保障。此外，政府要重视长期国债（尤其是10年期以上的国债）的发行，促进我国国债收益率曲线的完整。虽然我国目前国债市场还很不完善，但随着我国国债市场的发展，国债的金融效应将逐步凸显，国债将对财政货币政策的协调配合起到促进作用。

五、完善财政货币政策协调机制

财政政策与货币政策调节的重点不同，应发挥好财政政策在经济结构的调整的重大作用，同时发挥好货币政策在完善金融市场方面的作用。目前我国处于经济转型的关键时期，当务之急的任务之一就是调整经济结构，尤其是产业结构、所有制结构和分配结构。在产业结构上，首先要加强对农业的扶持，鼓励农民发展农副产品加工业，提高农产品的附加值以增加农民收入；其次要运用现代化技术创新传统工业，加大在技术研发方面资金和人员的投入；最后要逐步提高服务业在我国经济结构中的比重。以公有制为主体，大力发展非公有制经济，加大国企的改革力度，确保国企在经济转轨过程中处于核心位置，提升我国经济体的世界竞争力。在收入分配上，据国家统计局数据表明，我国2014年基尼系数为0.468，并且该数值还在不断扩大，远远高于国际基尼系数0.4，这表明我国贫富差距过大。因此政府应加大对收入分配的调节尤其是对再次分配的调节，使我国当前不断扩大的收入差距得到有效控制。目前，我国金融市场与发达国家相比，存在许多不足，主要表现为金融市场规模小、金融市场发展不平衡、股票市场缺乏弹性、外汇市场规模小且品种单一等。央行应合理运用货币政策，完善多层次金融市场体系的建设，在大力发展资本市场的同时，重视货币市场、外汇市场等市场的发展，促进各市场的资金流动，提高市场运行效率，更好地发挥金融市场资源配置作用。

在面临不同的经济形势时，财政与货币政策的分工也不一样。一般而言，在经济过冷时，财政政策能更好地发挥其作用；在经济过热时，使用货币政策效果更好。当经济出现通货膨胀时，只要通过货币政策把货币供应量控制住，就可以大体控制物价上涨幅度，而财政政策对于抑制通货膨胀的效果比较有限。当经济出现萧条时，由于"流动性陷阱"的存在会使得货币政策效果非常不明显，这时就要通过财政政策使居民重拾信心。综上所述，财政政策应侧重于"粗调"，货币政策则侧重于"微调"。

在完善财政货币政策配合机制方面，一方面要提高财政货币政策的同步性，另一方面要加强对财政货币政策工具操作的协调。首先，要完善产业政策、收入政策与财政货币政策的协调配合机制，以发挥综合效应。一方面，政府应适时调节产业政策；另一方面，央行要加强信贷管理、优化信贷结构。其次，协调好各种政策工具，防止工具作用相互冲突、抵消，保证两者的协调。比如，若想实现税收政策走向中性，则同时应该避免对银行在内的微观主体的行为扭曲，促进税收在金融方面的创新。

本章小结

本章提出五个方面的政策建议来提高我国居民消费。首先，本章从完善税收政策角度提出政策建议，建议改革消费税、减少流转税、优化个人所得税制度、开征社会保障税以及完善我国税收体系；其次，本章提出完善我国信贷机制，本书建议完善居民消费贷款制度、丰富消费信贷品种、优化信贷手续和流程、完善信用卡市场和完善个人信用体系建设；再次，在完善利率形成机制时，提出要建立利率形成机制和修复利率传导机制，提出需要尽快形成合理的利率形成机制；又次，针对我国居民收入增长缓慢的问题提出提高居民收入的政策建议，本书建议实行减税以扩大就业、调整收入分配结构、加大重点领域的支出和制定居民收入增长政策；最后，本书提出协调财政货币政策的政策建议，本书建议提高中央银行的适度独立性、推进财政体制改革与转型、加强政府部门与央行的合作与交流、加快完善国债市场以及完善财政货币政策配合机制等。这些建议对提高我国居民收入，促进居民消费，实现我国经济持续健康发展有一定的作用。

第八章　总结

一、研究结论

本书基于财政政策与货币政策协调配合的视角探讨了居民消费的动态影响机制及效应。本书深入分析了我国和国际上其他国家的居民消费水平的差异，发现我国居民消费水平虽有增长但居民消费率偏低。通过对我国居民消费现状的分析，发现我国投资消费严重失衡、城乡居民消费水平差距较大、各省居民消费存在较大差异、居民消费结构有待完善，由此表明提高我国居民消费尤为重要。

首先，本书运用 DAG 方法和 SVAR 模型研究了财政货币政策对居民消费的影响机制及其效应，克服了传统的 VAR 和格兰杰因果检验的研究方法的局限性，更好地刻画了财政货币政策变量与居民消费之间的同期因果关系，随后通过预测方差分解分析了财政政策和货币政策对居民消费的影响效应。实证检验结果表明：第一，在货币政策渠道上，我国存在着由货币供应量→金融机构各项贷款→居民可支配收入→居民消费的同期因果关系，且在短期内货币政策主要通过“信贷机制”影响消费，在长期内更多地通过“利率”机制发挥作用。第二，在财政政策渠道上，我国存在着由税收→居民可支配收入→居民消费，这表明我国现阶段财政政策对居民消费的影响途径主要为“税收机制”，各税收中，只有企业所得税对居民消费具有一定的影响，在长期内消费税与企业所得税对居民消费的影响较大。第三，无论是财政政策渠道还是货币政策渠道，居民可支配收入与居民消费都存在着同期因果关系，这意味着居民可支配收入是影响居民消费的关键因素。方差分解结果表明，无论是财政政策渠道还是货币政策渠道，货币供应量都能够较好地解释居民消费的波动，这意味着货币政策对居民消费的影响更大。

其次，本书利用动态优化方法对各微观经济主体（居民、厂商、政府、货币当局、金融机构等）在不确定环境下的行为决策进行了详细的刻画，构建动态随机一般均衡模型，结合 SVAR 模型所得的不同变量之间的结构关系，校准相关参数，得到符合中国实际宏观经济现状的随机模型，利用该模型得到的稳态增长路径来研究优化财政货币政策对居民消费动态影响的路径。实证结果表明，价格型货币政策工具的时滞性小于数量型货币政策工具，对居民消费的刺激快而迅速，对居民消费增长程度影响更大。在经济下行压力大的情况下，选择价格型货币政策优于数量型货币政策。但在经济较平稳时期，运用数量型货币政策优于价格型货币政策，数量型货币政策可以使居民消费较平稳增长，并且在实际产出和居民消费的增长方面有一定的持续性。根据不同的经济运行情况，政策制定者应该考虑不同的政策搭配对宏观经济进行调控。

最后，本书分析了财政货币政策工具变量的相关性并构建了系统动力学模型，对各正反馈环和负反馈环的作用力度进行了动态模拟分析，运用仿真学、逻辑学、系统动力学等理论分析方法，以变化财政税收、财政支出，以及货币政策相关因子变量作为条件，对各因子变量对居民消费支出产生的影响结果进行逻辑学分析，并得出分析结果：第一，财政税收的大部分来自于非所得税部门，相对于其他税收所产生的显著影响，所得税只占其中的极小部分，所带来的影响也较小。所得税只占居民收入的一小部分，即使降低也不能显著提高居民收入，因此不能显著提高居民消费水平。第二，利率因子降低、准备金率因子降低、消费税税率因子的降低均能够显著提高居民消费水平。资金的使用成本即为利率，利率的下降所带来的是资金的使用成本降低以及贮藏机会成本的上升，随之而来的是居民投资和消费的资产配置比例上升，财政收入的增长，政府投向民生性项目的支出增加，进而促进居民消费支出的增加。通过降低存款准备金率，银行的可用资金增加，企业可以从银行借入更多资金用于生产产品，从而可以扩大居民就业，促进居民收入提高；居民收入的提高在一定程度上会增加居民消费水平，而居民消费水平的提高会推动我国经济发展；经济发展又会提高居民收入，居民收入提高会促进居民消费提高，最终形成良性循环。政府征收消费税的目的一方面是为了引导居民消费方向，调整居民消费结构；另一方面可以提高财政收入。消费税率的向下调整带给了居民积极的消费信号，提高了居民的消费信心，间接刺激了居民的消费欲望，居民消费支出上升。第三，结合财政政策与货币政策，居民消费水平提高的效果更显著。在本书的政策模拟部分，同时降低利率因子和存款准备金率因子以及同时降低准备进率因子和消费税税率因子，同时降低利率因子和存款准备金率因子是两个货币政策的结合而同时降低准备金率因子和消费税税率因子是财政政策与货币政策的结合。通过对比发现，同时降低准备金率因子和消费税税率因子对居民消费的影响更显著且持续时间更长，因此本书建议应通过财政政策与货币政策协调配合以促进我国居民消费的提高。

二、不足之处

与大多数文献相比，本书在研究方法、研究视角上创新性地探讨了财政货币政策对居民消费的影响，但本书仍存在许多不足，主要体现在以下几个方面：

第一，本书的模型都是建立在封闭经济条件下的，没有考虑开放经济中外国进出口和人民币汇率波动等因素的影响。

第二，由于我国 1990 以前的数据存在严重缺失，本书选取的数据大多是 1990 年以后的数据，数据样本的不充分可能会影响本书的说服力。

第三，本书只是简单对比分析两个政策协调配合比单个政策更能显著提高居民消费，没有具体研究如何协调配合能最大化地提高居民消费。

第四，本书在居民消费的定量分析中，仅通过方差分解和政策模拟仿真分析了财政货币政策变量对居民消费的影响，定量分析的深度可能不够。

第五，本书在居民消费影响的研究中，只考虑了部分的变量，可能会忽略其他重要变量对居民消费的影响。

三、研究展望

鉴于存在诸多不足，本书为以后的研究作以下展望：

第一，在开放经济条件下建立实证模型，并探讨人民币汇率、进出口和外国经济波动等因素对居民消费的影响，并提出对应的政策建议。

第二，为扩大实证研究的样本数据，可以使用省级或市级面板数据进行分析，从而提高论文的说服力。

第三，对财政货币政策之间的协调性进行深入分析，研究财政货币政策会对居民消费水平产生何种协调作用，并且探讨哪种财政政策和货币政策能够最大限度地提高居民消费。

第四，可以考虑使用更好的定量分析模型，深入探讨财政与货币政策对居民消费的影响，并比较两种政策影响的大小，以此提出针对性意见。

第五，将更多合理的变量引入到模型中来，分析其对居民消费水平会产生何种影响以及其影响路径。

参考文献

［1］巴曙松，刘孝红，牛播坤．中国货币政策与财政政策的协调问题研究［J］．福建金融，2006（9）：12－17.

［2］陈钮芬．我国居民收入、人口、教育、财政政策和货币政策与居民消费模型的实证分析［J］．数理统计与管理，2004（2）：11－14.

［3］陈涛，何宜庆．经济适用房规模的 SD 模型及其仿真［J］．理论新探，2011（11）：19－36.

［4］陈学彬，杨凌，方松．货币政策效应的微观基础研究——我国居民消费储蓄行为的实证分析［J］．复旦大学学报（社会科学版），2005（1）：42－54.

［5］楚尔鸣．我国货币政策消费传导效应的回归分析［J］．消费经济，2005（1）：18－21.

［6］楚尔鸣，鲁旭．基于面板协整的地方政府支出与居民消费关系的实证检验［J］．经济理论与经济管理，2008（6）：45－49.

［7］储德银，闫伟．地方政府支出与农村居民消费需求——基于 1998－2007 年省级面板数据的经验分析［J］．统计研究，2009（8）：39－43.

［8］邓子基．财政政策与货币政策的配合同社会经济发展的关系［J］．当代财经，2006（1）：33－38.

［9］郭杰．乘数效应、挤出效应与政府支出结构调整［J］．经济理论与经济管理，2004（4）：27－31.

［10］郭庆旺，贾俊雪．政府公共资本投资的长期经济增长效应［J］．经济研究，2006（7）：29－40.

［11］高波，王先柱．中国房地产市场货币政策传导机制的有效性分析：2000－2007［J］．财贸经济，2009（3）：129－135.

[12] 郭新强，汪伟，杨坤．刚性储蓄、货币政策与中国居民消费动态[J]．经济研究，2013（3）：46－59.

[13] 余斌，张俊伟．新时期我国财政、货币政策面临的挑战与对策［J］．管理世界，2014（6）：9－18.

[14] 高波，王先柱．中国房地产市场货币政策传导机制的有效性分析：2000－2007［J］．财贸经济，2009（3）：129－135.

[15] 郝雁．对中国货币政策效应时滞的实证分析［J］．南开经济研究，2004（3）：109－112.

[16] 何立新，封进，佐藤宏．养老保险改革对家庭储蓄率的影响：中国的经验证据［J］．经济研究，2008（10）：117－130.

[17] 何晓英．调整内需结构，扩大消费需求［J］．宏观经济管理，2009（8）：25－26.

[18] 黄飞鸣．准备金政策新框架与内需结构调整［J］．当代财经，2011（4）：63－71.

[19] 黄威，丛树海．我国财政政策对居民消费的影响：基于省级城乡面板数据的考察［J］．财贸经济，2011（5）：31－37.

[20] 黄燕芬．货币政策与财政政策协调性研究［N］．人民日报，2004－04－23.

[21] 黄赜琳．中国经济周期特征与财政政策效应——一个基于三部门 RBC 模型的实证分析［J］．经济研究，2005（6）：27－38.

[22] 胡宝娣．城乡居民消费结构优化升级五大潜力分析［J］．科技管理研究，2007（3）：92－93.

[23] 胡书东．中国财政支出和民间消费需求之间的关系［J］．中国社会科学，2002（6）：26－32.

[24] 胡永刚，郭长林．财政政策规则、预期与居民消费——基于经济波动的视角［J］．经济研究，2013（3）：96－107.

[25] 胡永刚，杨智峰．财政农业支出对农村产出与居民消费影响的 SVAR 分析［J］．数量经济技术经济研究，2009（7）：19－30.

[26] 胡援成，张朝洋．政策调控下房地产开发企业的资金循环与债务危机识别［J］．当代财经，2014（2）：25－35.

[27] 胡援成，张朝洋．美元贬值对中国通货膨胀的影响：传导途径及其效

应［J］. 经济研究，2012（4）：101，112，123.

［28］胡俊南．基于价值创造的我国制造企业商品经营与资本经营协调性研究［D］. 南昌：南昌大学博士学位论文，2012.

［29］贾康，孟艳．关于财政政策与货币政策协调配合的认识［J］. 中国金融，2008（5）：58－60.

［30］贾俊雪，秦聪，张静．财政政策、货币政策与资产价格稳定［J］. 世界经济，2014（12）：3－26.

［31］蒋瑛琨，刘艳武，赵振全．货币渠道与信贷渠道传导机制有效性的实证分析——兼论货币政策中介目标的选择［J］. 金融研究，2005（5）：70－79.

［32］闫坤，程瑜．新形势下促进居民消费的财政政策研究［J］. 宏观经济研究，2009（5）：56－60.

［33］凯恩斯．就业利息与货币通论［M］. 北京：华夏出版社，2005：140－147.

［34］李广众．政府支出与居民消费：替代还是互补［J］. 世界经济，2005（5）：38－45.

［35］李义超，周英章．我国货币政策和财政政策的效用比较研究［J］. 数量经济技术经济研究，2002（3）：9－12.

［36］李亚娟. 1979－2010 年货币政策对居民消费影响的实证分析［J］. 商业经济，2012（23）：45－57.

［37］李斌．中国货币政策有效性的实证研究［J］. 金融研究，2001（7）：10－17.

［38］李春琦，唐哲一．财政支出结构变动对私人消费影响的动态分析——生命周期视角下政府支出结构需要调整的经验证据［J］. 财经研究，2010（6）：90－101.

［39］李永友，丛树海．居民消费与中国财政政策的有效性：基于居民最优消费决策行为的经验分析［J］. 世界经济，2006（5）：54－64.

［40］李永友．需求结构失衡的财政因素：一个分析框架［J］. 财贸经济，2010（11）：63－70.

［41］李颖. 1998 年以来我国财政政策对扩大消费需求的实践效果及启示［J］. 经济问题探索，2010（7）：1－6.

［42］李颖．基于我国内需结构失衡的财政货币政策协调配合研究［D］. 天

津：天津财经大学，2009：61－65.

［43］李毅君．我国内需结构失衡的分析及其调整［J］．商业时代，2012（16）：10－12.

［44］李晓芳，高铁梅，梁云芳．税收和政府支出政策对产出动态冲击效应的计量分析［J］．财贸经济，2005（2）：32，39，97.

［45］刘斌．货币政策冲击的识别及我国货币政策有效性的实证分析［J］．金融研究，2001（7）：1－9.

［46］刘国光．促进消费需求提高消费率是扩大内需的必由之路［J］．财贸经济，2002（5）：5－9.

［47］刘超，张伟．我国货币政策目标间因果反馈及仿真——基于系统动力学视角［J］．吉首大学学报，2012（3）：13－17.

［48］刘贵生，高士成．我国财政支出调控效果的实证分析——基于财政政策与货币政策综合分析的视角［J］．金融研究，2013（3）：58－72.

［49］刘明．信贷配给与货币政策效果非对称性及“阈值效应”分析［J］．金融研究，2006（2）：12－20.

［50］刘金全，郑挺国．我国货币政策冲击对实际产出周期波动的非对称影响分析［J］．数量经济技术经济研究，2006（10）：11－19.

［51］刘溶沧，马拴友．赤字、国债与经济增长关系的实证分析兼评积极财政政策是否有挤出效应［J］．经济研究，2001（2）：13－19.

［52］刘少东．财政与货币政策协调配合的基本思路［J］．财经界（学术版），2013（1）：4－6.

［53］刘尚希．中国消费率下滑引致的经济风险分析［J］．地方财政研究，2008（6）：4－10.

［54］刘灵芝，陈正飞．收入差异对中国农村居民消费结构的影响［J］．统计与决策，2012（1）：104－107.

［55］刘伟，苏剑．“新常态”下的中国宏观调控［J］．经济科学，2014（4）：5－13.

［56］龙少波，陈璋，胡国良．货币政策、房价波动对居民消费影响的路径研究［J］．金融研究，2016（6）：52－66.

［57］卢盛荣，邹文杰．货币政策地区效应的微观基础研究：我国省际居民消费储蓄行为的实证分析［J］．经济科学，2006（5）：40－49.

[58] 马理，娄田田．基于零利率下限约束的宏观政策传导研究 [J]．经济研究，2015（11）：94－105.

[59] 毛晖，郑晓芳．民生性财政支出对居民消费的影响——基于 2007－2013 年省级面板数据的实证研究 [J]．会计之友，2017（20）：44－49.

[60] 蒙代尔．蒙代尔经济学文集第三卷——国际宏观经济模型 [M]．北京：中国金融出版社，2003：81－103.

[61] 米什金．货币金融学 [M]．李扬等译．北京：中国人民大学出版社，1998.

[62] 钱纳里，鲁宾逊，塞尔奎因．工业化和经济增长的比较研究 [M]．上海：上海三联书店，1995：73－75.

[63] 杨子强．加强财政政策与货币政策的协调配合 [J]．中国金融，2010（6）：24.

[64] 沈江，王玮．试议新时期我国财政政策与货币政策的协调配合 [J]．海南金融，2014（3）：38－41.

[65] 孙国峰，张砚春．消费信贷部门的扩张是否提升了货币政策的效力？[J]．金融研究，2011（11）：62－73.

[66] 沈巍伟，兰天．我国货币供应量与经济增长关系的实证研究 [J]．云南财贸学院学报（社会科学版），2008（5）：73－76.

[67] 孙皓，胡鞍钢．城乡居民消费结构升级的消费增长效应分析 [J]．财政研究，2013（7）：57－61.

[68] 斯蒂格利茨．经济学（下册） [M]．北京：中国人民大学出版社，1997.

[69] 万解秋，徐涛．政府支出、财政扩张与货币政策效率 [J]．财贸经济，2011（2）：44－48.

[70] 王彬．财政政策、货币政策调控与宏观经济稳定——基于新凯恩斯主义垄断竞争模型的分析 [J]．数量经济技术经济研究，2010（11）：3－18.

[71] 王文甫，朱保华．政府支出的外部性和中国政府支出的宏观效应：动态随机一般均衡视角 [J]．经济科学，2010（2）：17－28.

[72] 王文甫，张南，岳超云．中国财政政策冲击的识别与效应——符号约束方法下的 SVAR 分析 [J]．财经研究，2015（6）：70－81.

[73] 王仲建，陈金贤．公众预期与货币政策效果分析 [J]．中国软科学，

2000（6）：32－36.

［74］王君斌，郭新强，蔡建波．扩张性货币政策下的产出超调、消费抑制和通货膨胀惯性［J］．管理世界，2011（3）：7－21.

［75］王威明，董毅，雷改林．我国经济新常态下财政政策与货币政策的协调配合［J］．时代金融，2015（24）：22－24.

［76］王向红．扩大内需和消费的财政政策选择［J］．环渤海经济瞭望，2012（4）：33－34.

［77］王远鸿．中国经济内外不平衡问题分析［J］．经济理论与经济管理，2007（10）：5－10.

［78］王仲建，陈金贤．公众预期与货币政策效果分析［J］．中国软科学，2000（6）：32－36.

［79］王晓策．中国经济发展的内需结构失衡问题研究［D］．吉林大学，2012.

［80］方福前．中国居民消费需求不足原因研究——基于中国城乡分省数据［J］．中国社会科学，2009（2）：68－82，205－206.

［81］谢建国，陈漓高．政府支出与居民消费——一个基于跨期替代模型的中国经验分析［J］．当代经济科学，2002（6）：34－40.

［82］徐敏．国民收入分配对投资消费失衡的影响分析［J］．经济问题，2012（7）：27－31.

［83］徐忠，张雪春，丁志杰，唐天．公共财政与中国国民收入的高储蓄倾向［J］．中国社会科学，2010（6）：93－107.

［84］肖芸，龚六堂．财政分权框架下的财政政策和货币政策［J］．经济研究，2003（1）：45，53，93.

［85］杨圣明．畸形消费与投资结构形成的症结［J］．中国流通经济，2010（9）：12－14.

［86］杨子晖．财政政策与货币政策对私人投资的影响研究——基于有向无环图的应用分析［J］．经济研究，2008（5）：81－93.

［87］杨子晖．政府消费与居民消费：期内替代与跨期替代［J］．世界经济，2006（8）：37－46.

［88］杨子晖，周天芸，黄新飞．我国财政赤字是否具有通货膨胀效应——来自有向无环图研究的新证据［J］．金融研究，2014（12）：55－70.

[89] 杨汝岱，陈斌开．高等教育改革、预防性储蓄与居民消费行为 [J]．经济研究，2009 (8)：113－122.

[90] 余东华．论我国投资率、消费率的变动趋势及其对经济增长的影响 [J]．石油大学学报 (社会科学版)，2004 (3)：24－27.

[91] 袁丹，薛耀洁，房京坤．关于扩大居民消费需求的财政政策研究与比较 [J]．商，2014 (3)：247.

[92] 袁志刚，朱国林．消费理论中的收入分配与总消费及对中国消费不振的分析 [J]．中国社会科学，2002 (2)：69－76.

[93] 苑德宇，张静静，韩俊霞．居民消费、财政支出与区域效应差异——基于动态面板数据模型的经验分析 [J]．统计研究，2010 (2)：46－50.

[94] 张志栋，靳玉英．我国财政政策和货币政策相互作用的实证研究——基于政策在价格决定中的作用 [J]．金融研究，2011 (6)：46－60.

[95] 郑泽华．储蓄分流与货币政策传导效率 [J]．东北财经大学学报，2002 (1)：40－43.

[96] 张斌．扩大消费需求的税收政策 [J]．财贸经济，2012 (9)：33－39.

[97] 张斌．扩大消费需求与税制结构调整 [J]．涉外税务，2011 (6)：22－25.

[98] 张珂慎．中国货币政策对消费影响的研究 [D]．湘潭大学博士学位论文，2011.

[99] 周绍杰，张俊森，李宏彬．中国城市居民的家庭收入、消费和储蓄行为：一个基于组群的实证研究 [J]．经济学 (季刊)，2009 (4)：1197－1220.

[100] 张晓婉，刘莉．中国投资消费结构失衡研究 [J]．经济研究导刊，2014 (20)：4－5.

[101] 张勇．以内需结构调整为导向的财政政策转型研究 [D]．西北大学，2007.

[102] 赵秋蓉．我国货币政策对投资和消费的影响——基于 VECM 的实证研究 [J]．金融发展研究，2013 (10)：11－15.

[103] 赵丽芬，李玉山．我国财政货币政策作用关系实证研究——基于 VAR 模型的检验分析 [J]．财经研究，2006 (2)：42－53.

[104] 赵志耘，吕冰洋．政府生产性支出对产出—资本比的影响——基于中国经验的研究 [J]．经济研究，2005 (11)：46－56.

［105］赵昕东，陈冬明．我国财政货币政策对区域消费的影响研究［J］．宏观经济研究，2011（4）：33－36.

［106］郑开焰，蔡雪雄．财政货币政策刺激居民消费的效应分析［J］．经济学动态，2010（11）：67－70.

［107］曾康霖．财政货币政策的选择及效应评价［J］．财贸经济，2001（7）：11－15.

［108］邹卫星，房林．为什么中国会发生投资消费失衡？［J］．管理世界，2008（12）：32，42，50.

［109］周波．中国财政政策规则及其体制稳定性分析［J］．数量经济技术经济研究，2012（2）：84－99.

［110］周英章，蒋振声．货币渠道、信用渠道与货币政策有效性——中国1993－2001年的实证分析和政策含义［J］．金融研究，2002（9）：34－43.

［111］诸葛骁．后危机时期优化我国内需结构的货币政策研究［D］．江西财经大学，2013.

［112］张东刚．政府消费支出变动与近代中国经济增长［J］．经济研究，2000（5）：57－62.

［113］Ahmd. Income，Saving and the Theory of Consumer Behavior［M］. Cambridge：Harvard University Press，1986（2）：96－120.

［114］Aileay. Money Illusion［M］. New York：Adelphi Press，1971：150－167.

［115］Aschauer. The General Theory of Employment，Interest and Money［J］. New York and London：Harcourt Brace and Company，1985（18）：33－40.

［116］Aschauer D. A Fiseal Poliey and Aggregate Demand［J］. Amerieau Economic Review，1985（75）.

［117］Aarle B. V.，Garretsen H.，Gobbin N. Monetary and fiscal policy transmission in the Euro－area：Evidence from a structural VAR analysis［J］. Journal of Economics & Business，2003，55（5－6）：609－638.

［118］Balcilar M.，Gupta R. and Shah Z. B. An In－sample and Out－of－sample Empirical Investigation of the Nonlinearity in House Prices of South Africa［J］. Economic Modelling，2011，28（3）：891－899.

［119］Beetsma R.，A. L. Bovenberg. Monetary union without fiscal coordination may discipline policymakers [J]. Journal of International Economics, 1998, 45 (2): 239 - 258.

[120] Benassy, Jean - Pascal. Fiscal policy and optimal monetary rules in a non - Ricardian economy [J]. Review of Economic Dynamics, 2003 (9): 498 - 512.

[121] Bailey M. National Income and Price Level [M]. New York: McGraw - Hill, 1971.

[122] Barro. Output effects of government purchase [J]. Journal of Political Economy, 1981: 343 - 350.

[123] Bernanke, Gertler. The Credit Channel of Monetary Policy Transmission [J]. Journal of Economic Perspective, 1995.

[124] Blanchard, Giavazzi. Theory of the Consumption Function [M]. Princeton University Press. 1957.

[125] Blinder Alan B. Issue in the Coordination of Monetary and Fiscal Policy [J] . Social Science Electronic Publishing, 1982, NBER982.

[126] Bradley M. D. , Susan M. P. The State of the Federal Budget and the State of the Economy - Further Evidence [J]. Economic Inquiry, 1986, 24 (1): 143 - 153.

[127] Carroll C. D. , Otsuka M. and Slacalek J. How Large Are Housing and Financial Wealth Effects? A New Approach [J]. Journal of Money, Credit and Banking, 2011, 43 (1): 55 - 79.

[128] David Meishlman, Thomas D. Simpon. Monetary Policy and Consumer Expenditures: The Historical Evidence [J]. The Federal Reserve Bank of Boston, 1971.

[129] D. Gross. Do Liquidity Constraints and Interest Rates Matter for Consumer Behavior Evidence from Credit Card Data [J]. Quarterly Journal of Economics, 2002.

[130] Findlay D. W. The IS - LM Model: Is There a Connection between Slopes and the Effectiveness of Fiscal and Monetary Policy? [J]. The Journal of Economics Education, 1999, 30 (4): 373 - 382.

[131] Fuhrer J. C. Habit Formation in Consumption and Its Implications for Monetary - Policy Models [J] . The American Economic Review, 2000 (6) .

[132] Georgios Karras. Openness and the Effects of Monetary Policy [J] . Journal of International Money and Finance, 1999 (18): 13 - 26.

[133] Giavazzi, Pagano. Theory of Consumer Behavior [M]. New Brunswick, N. J.: Rutgers University Press, 1995 (7): 70 –94.

[134] Guerrieri L., Iacoviello M. Occ Bin: A Toolkit for Solving Dynamic Models with Occasionally Binding Constraints Easily [J]. Journal of Monetary Economics, 2015 (70): 22 –38.

[135] Guglielmo Maria Caporale, Geoffrey Williams. Monetary policy and financial liberalization: The case of United Kingdom consumption [J]. Journal of Macroeconomics, Spring, 2001: 177 –197.

[136] Guidice, Gabriele, Alessandro Turrini and Jan in't Veld. Can Fiscal Consolidations be Expansionary in the EU? Expost Evidence and Exante Analysis [J]. European Commission, Economic Papers, 2003 (195).

[137] Hansen A. H. Fiscal Policy and Business Cycles [M]. New York: W. W., Norton and Company, 1941: 56 –73.

[138] Harald Uhlig. A Toolkit for Analyzing Nonlinear Dynamic Stochastic Models Easily [R]. Working Paper, 2006.

[139] Hemming R., S. Mahfouz and Schimmelpfenning. Fiscal Policy and Economic Activity during Recessions in Advanced Economics [J]. IMF Working Paper, 2002, 87 (2): 373 –386.

[140] Johansen S. A Small Sample Correction for the Test of Cointegrating Rank in the Vector Autoregressive Model [J]. Econometrica, 2002 (70): 1929 –1961.

[141] Karras G. Government Spending and Private Consumption: Some International Evidence [J]. Money, Credit and Banking, 1994, 26 (1): 9 –22.

[142] Koivu T. Monetary Policy, Asset Prices and Consumption in China [J]. Economic Systems, 2012, 36 (2): 307 –325.

[143] Kristian Jonsson Fiseal Policy Regimes and Household Consumption [J]. Journal of Public Policy, 2007, 27 (3): 183 –214.

[144] Kydland F. E., E. C. Prescott. Time to Build and Aggregate Fluctuations [J]. Econometrica, 1982, 50 (6): 1345 –1370.

[145] Leith C., Moldovan I. and Rossi R. Optimal monetary policy in a new Keynesian model with habits in consumption [J]. Review of Economic Dynamics, 2012.

[146] Michel Juill, Sebastien Villemot. Stochastic Simulations with Dynare: A Paractical Guide [R]. Working Paper, 2009.

[147] Modigliani F., Brumberg R. Utility Analysis and the Consumption Function: An Interpretation of Cross Section Data. In: Kurihara K. K. (eds.), Post - Keynesian Economicsy.

[148] Muscatelli V. A., Tirelli P. and Trecroci C. Monetary and Fiscal Policy Interactions over the Cycle: Some Empirical Evidence [J]. CESIFO Working Paper No. 817, 2004 (5): 218 - 224.

[149] Pettis M. Sharing the pain: The global struggle over savings [J]. Carnegie Endowment for International Peace, Policy Brief, 2009 (84): 1 - 7.

[150] Pindyck Robert S. The Cost of Conflicting Objectives in Policy Formulation [J]. Annals of Economic and Social Measurement, 1976, 5 (2): 239 - 248.

[151] Richard Hausman. 中国：如何维持平衡的增长 [J]. 国际经济评论，2006 (4): 32 - 37.

[152] Rochelle Samuels. Asymmetric Effects of Monetary Policy: Empirical Evidence from Jamaica Using the Consumption - Wealth Channel [R]. Working Paper, 2012 (8).

[153] Sargent T. J., Wallace N. Some Unpleasant Monetarist Arithmetic [J]. Federal Reserve Bank of Minneapolis Quarterly Review, 1981, 5 (Fall): 1 - 17.

[154] Spirtes P., Glymour C. and Scheines R. Causation, Prediction, and Search [M]. MIT Press, Cambridge, 2000, MA.

[155] Stephen Green. China - Was GDP growth in 2012 only 5.5%? [EB]. Standard Chartered Bank Research, 2013 - 2 - 18.

[156] Tsung - wu Ho. The Government Spending and Private on Consumption: A Panel Cointegration Analysis [J]. International Review of Economics and Finance, 2001, 10 (1): 95 - 108.

[157] Yang Jian, Guo Hui and Wang Zijun. International Transmission of Inflation among G - 7 Countries: A Data - determined VAR Analysis [J]. Journal of Banking & Finance, 2006 (30): 2681 - 2700.

后　记

近年来，笔者围绕财政货币政策与居民消费关系这一主题开展深入研究，先后主持完成中国博士后第54批面上项目“扩大居民消费视角下的财政货币政策动态协调研究”（2013M541865）和国家社科基金一般项目“财政货币政策在提高居民消费中的动态反馈协调机制研究”（14BJY152）。本书正是在这些研究成果的基础上经修改而成的。

改革开放以来，我国经济实现了快速增长，但是我国经济结构却一直不合理，经济对于投资的依赖性过高，居民消费远远不足。本书对我国居民消费现状分析表明，我国投资消费严重失衡，城乡居民消费水平差距较大，各省居民消费存在较大差异，居民消费结构有待完善，而财政货币政策是宏观经济政策的最重要、最直接的政策，由此表明，通过财政政策与货币政策提高我国居民消费尤为重要。基于我国居民消费现状分析，本书结合有向无环图，利用结构向量自回归模型探讨了我国财政政策和货币政策对居民消费的影响机制及效应。针对结构向量自回归模型所得的不同变量之间的结构关系，本书运用动态优化方法对各微观经济主体（居民、厂商、政府、货币当局、金融机构等）在不确定环境下的行为决策进行详细的刻画，构建动态随机一般均衡模型，校准相关参数，得到符合中国实际宏观经济现状的随机模型，通过该模型的稳态增长路径来分析我国财政政策和货币政策对居民消费的动态影响路径。本书再以居民消费为研究对象，运用系统动力学模型探究了财政政策与货币政策对居民消费的动态影响，并进行了财政货币政策的动态仿真分析，结果表明，在财政政策中，所得税因子对居民消费的影响较小，消费税税率因子对居民消费影响较为显著。

当然，本书只是对基于居民消费的财政货币政策动态协调机制的初步探讨，本书的模型都是在封闭经济条件下建立的，没有考虑开放经济条件下外国进出口和人民币汇率波动等因素的影响。在居民消费的定量分析中，仅通过方差分解和政策模拟仿真分析了财政货币政策变量对居民消费的影响，定量分析的深度可能不够。在研究居民消费的影响因素中，只考虑了部分的变量，可能会忽略其他重要变量对居民消费的影响。所以本书提出应在开放经济条件下建立实证模型，探讨人民币汇率、进出口和外国经济波动等因素对居民消费的影响，对财政货币政策之间的协调性进行深入分析，研究财政货币政策会对居民消费水平产生何种协调作用，考虑使用更好的定量分析模型，深入探讨财政货币政策对居民消费的影响大小，并比较两种政策影响大小，以此提出针对性意见。

本书研究历经六年时间，在漫长的研究过程中，得到了众多师长和同仁的帮助。首先要感谢博士后合作导师江西财经大学王乔教授和南昌水业集团李钢董事长的悉心指导和大力支持，2012 年 7 月至 2018 年 10 月笔者分别在江西财经大学博士后流动站和南昌水业集团博士后工作站从事博士后研究，其间笔者主要围绕财政货币政策开展研究，并取得了阶段性研究成果。同时感谢江西财经大学胡援成教授、蒋经法教授、匡小平教授，南昌大学黄新建教授，华东交通大学史焕平教授等，他们在笔者研究过程中给提出了宝贵建议并且提供了大量帮助。还要感谢我指导的硕士研究生王怀军、周敏、许能慧、熊志发、张忱、黎广明、郭煜璇等，他们有些已经毕业步入工作岗位，有些还在读，感谢他们为本书付出的大量劳动。最后要感谢经济管理出版社为本书出版付出的努力。当然，由于笔者研究水平有限，本书只是对财政货币政策协调机制进行了初步研究，还望读者多提宝贵的完善意见，在此一并致以诚挚谢意。

作　者

2018 年 12 月